U0535012

中国社会科学院老学者文库

丝绸之路交流集

薛克翘 ◎ 著

中国社会科学出版社

图书在版编目（CIP）数据

丝绸之路交流集 / 薛克翘著. -- 北京：中国社会科学出版社，2025.5. --（中国社会科学院老学者文库）. -- ISBN 978-7-5227-4883-2

Ⅰ. G115-53

中国国家版本馆 CIP 数据核字第 202563VM40 号

出 版 人	赵剑英	
责任编辑	赵　丽	
责任校对	李　莉	
责任印制	戴　宽	

出　　版	中国社会科学出版社	
社　　址	北京鼓楼西大街甲 158 号	
邮　　编	100720	
网　　址	http：//www.csspw.cn	
发 行 部	010-84083685	
门 市 部	010-84029450	
经　　销	新华书店及其他书店	
印　　刷	北京明恒达印务有限公司	
装　　订	廊坊市广阳区广增装订厂	
版　　次	2025 年 5 月第 1 版	
印　　次	2025 年 5 月第 1 次印刷	
开　　本	710×1000　1/16	
印　　张	22.75	
字　　数	311 千字	
定　　价	129.00 元	

凡购买中国社会科学出版社图书，如有质量问题请与本社营销中心联系调换
电话：010-84083683
版权所有　侵权必究

目 录

前 言 ……………………………………………………… (1)

交 通 篇

一 从法显的"五天竺"到玄奘的"五印度" ……………… (3)
二 汉代中国与阿富汗和巴基斯坦之交通 ………………… (16)
三 玄奘西行与达摩笈多东来路线考 ……………………… (36)
四 玄奘有关海上丝路的记载 ……………………………… (48)
五 唐代滥波国和罽宾国——7、8世纪中阿交流谈 ……… (59)
六 慧超所记阿富汗诸地考 ………………………………… (77)
七 古代南海的孟加拉航线 ………………………………… (94)
八 印度古地名四考 ………………………………………… (116)

文 学 篇

一 印度古典梵语小说《十王子传》宗教意蕴探微 ………… (135)
二 梵剧《茉莉和青春》密教考 …………………………… (150)
三 须菩提考 ………………………………………………… (164)

四　《水浒传》与密教 …………………………………（179）

五　长生殿的文学与宗教因缘 …………………………（198）

宗　教　篇

一　晋宋间中印海路佛教交流 …………………………（225）

二　少林禅学与中印文化交流 …………………………（239）

三　一代大师达摩笈多 …………………………………（249）

四　《西域记》的密教信息 ………………………………（258）

五　金襕袈裟小考 ………………………………………（275）

文化交流篇

一　晋宋间中斯文化交流 ………………………………（289）

二　天府之国与中印文化交流 …………………………（303）

三　唐代中斯文化交流 …………………………………（316）

四　郑和下西洋二事考 …………………………………（335）

五　郑和锡兰山碑研究述评 ……………………………（344）

前　　言

2005年我60周岁退休时就说过，学术青春才刚刚开始。我是这样，我看周围的同事，包括师长们和同学们，也基本都是这样，青不青春倒还另说，但却没有谁是一退休就回家养尊处优当老爷子的。所谓青春，有长有短，多则10年20年，少则3年5年。人生犹草木，青春如花朵。我如今还能写写文章，出出书籍，学术青春也算绵长。春华秋实，无可怨悔。

退休10年后的2015年，我手头的大项目《中印文化交流百科全书》的一卷本和二卷本均已完成。这一年只写了一篇论文《金襕袈裟小考》。在随后的7年时间，我写出了23篇论文。平均每年完成约3.3篇论文，不算少也不算多。其实，这些文章大多都与我前几年出版的几部书有关。例如，前年，为了纪念中国巴基斯坦建交70周年，我写完了《巴基斯坦：玄奘走过的土地》和《中巴文化交流史》古代部分（待出版），去年我又写了《中国阿富汗交通史》和《中国孟加拉国交通史》，本文集《交通篇》的文章基本上就与这几本书相关联。再如，2021年我出版了前两年刚完成的《中国斯里兰卡文化交流史》，本文集《文化交流篇》的多数文章都与此书相关联。至于本文集《文学篇》和《宗教篇》的文章，和我前些年出版的《神魔小说与印度密教》（2016）和《印度密教》（2017）关系密切。

本文集的23篇文章，供大家参考、批评和提意见。这里要特别感谢中国社会科学出版社编辑赵丽同志为此书出版付出的和将要付出的劳动。

薛克翘

2023年5月3日于京东太阳宫

交通篇

一　从法显的"五天竺"到玄奘的"五印度"

（一）缘起

在一次学术研讨会上，一位资深韩国学者讲到"五印度"这个词时，一位斯里兰卡比丘兼资深佛学家提出质疑："'五印度'是什么意思？指的是哪五个印度？"由此可见两点：一是翻译出了问题。笔者的同事及友人、中国社会科学院亚太研究所研究员刘建先生认为，不能把"五印度"生硬地翻译为 Five India，而应译为"五方印度"，宜写作 Five Regions of India（North, East, West, Central and South India）。二是斯里兰卡的这位佛学家第一次听到"五印度"这个概念，说明南传佛教界对此陌生。但对中国人，尤其对中国佛教界来说，"五天竺"或"五印度"的说法由来已久，习以为常。韩国和日本学界也普遍接受这一提法。

现在讨论这个问题，目的是弄清"五天竺"概念的由来及其含义。这不仅对研究中印关系史具有参考价值，对于研究南亚古代文化史、丝路交通史也具有一定的参考价值。

（二）"五天竺"概念的由来

一句话，"五天竺"（或"五印度"）的概念，最初来自印度古人对次大陆地理和民族的整体认知。但印度人并没有直接提出

"五天竺"这个词。

在早期的佛教经典中，如阿含类佛经中，并没有"五天竺"的总提法，只有东、西、南、北、中天竺的分区提法。即便到了大乘佛教的经典中，"五天竺"这个词也没有出现。在梵文词典中，也没有"五天竺"这个词。不过，既然印度古人早已将次大陆按东西南北中五个方位划分出五个区域，"五天竺"说法的出现便在情理之中。

后汉支娄迦谶译《道行般若经》卷四中提到南、北、西三天竺：

> 佛语舍利弗："是般若波罗蜜当在南天竺。其有学已，从南天竺当转至西天竺。其有学已，当从西天竺转至到北天竺。其有学者当学之。"[①]

《道行般若经》是早期传入中国的佛经，一直存留至今。它为中国人了解印度的地理方位提供了最初的知识。

1. 中天竺与世界中心

在五天竺中，首先被确定的是"中天竺"。根据印度佛教徒的观点，释迦牟尼出生于中天竺，如北凉天竺三藏昙无谶译《大般涅槃经》卷二二所说："如来出在中天竺地。"[②] 而释迦牟尼生前活动的区域亦为中天竺，尤其是他的出生地和成道地，更是重中之重。正如道宣《释迦方志》卷上所说：

> 惟夫法王所部，则大千之内摄焉。若据成都，则此洲常

[①]《道行般若经》，支娄迦谶译，《大正藏》第8册，台北新文丰出版公司1983年版，第446页。

[②]《大涅槃经》，昙无谶译，《大正藏》第12册，台北新文丰出版公司1983年版，第495页。

为所住故。此一洲则在苏迷山南之海中也。水陆所经，东西二十四万里，南北二十八万里。又依论说，三边等量二千由旬，南边三由旬半。是则北阔而南狭，人面象之。又依凡记，人物所居，则东西一十一万六千里，南北远近略亦同之。所都定所，则以佛所生国迦毗罗城，应是其中，谓居四重铁围之内。故经云：三千日月、万二千天地之中央也。佛之威神，不生边地，地为倾斜故。中天竺国如来成道树下，有金刚座，用承佛焉。据此为论，约余天下，以定其中。①

引文中的"苏迷山"通常音译为须弥山，意译为妙高山，是对喜马拉雅山脉等南亚次大陆北部各条山脉神圣化表述。如引文中所说，古代印度佛教徒将次大陆描绘成人脸的样子，是一个上宽下窄的等腰梯形。并说"佛之威神，不生边地"。所以，在他们看来，除了中印度，别的地区均属于"边地"。中国由于不是佛的生地，就更被视为"边地"了。中国的佛教徒也这样认为。所以，与法显同行去西天取经的道整走到中天竺便以为到了真正的"中国"，当即决定留在巴连弗邑（即华氏城，今印度比哈尔邦首府巴特那）而不再返回秦土。对此，《法显传》记载道：

道整既到中国，见沙门法则，众僧威仪，触事可观。乃追叹秦土边地，众僧戒律残缺。誓言自今已去至得佛愿，不生边地。故遂停不归。②

中国人向以华夏为中国，而佛教徒却视之为"边地"，这就不能不引起崇奉儒教的中国人的不满。刘宋时的天文学家何承天就

---

① 道宣：《释迦方志》，范祥雍点校，中华书局1983年版，第7页。
② 法显：《佛国记》，《大正藏》第51册，台北新文丰出版公司1983年版，第864页。

曾提出质疑,据《释迦方志》卷上:

> 昔宋朝东海何承天者,博物著名群英之最。问沙门惠严曰:"佛国用何历术而号中乎?"严云:"天竺之国,夏至之日,方中无影,所谓天地之中平也。此国中原,影圭测之,故有余分,致历有三代、大小二余增损,积算时辄差候,明非中也。"承天无以抗言。文帝闻之,乃敕,任豫受焉。①

其实,"夏至之日,方中无影"在印度任何地方都是不成立的,要想日中无影,必须将日晷略作倾斜。中国人历来觉得中国是世界中心,唐朝的洛阳地处中原,被认为是世界的中心。在洛阳设置的日晷,只要斜度合适,也能做到夏至那天"洛中无影"②。但如果在印度和中国的土地上直立一竿,则无论何时何地都不可能日中无影。总之,惠严的回答是机敏的,不仅何承天无以抗言,连宋文帝也承认了中国的边地地位。为了照顾中国皇帝的感受,佛教徒一般并不直接称中国为边地,而是称为"东国"。

从道理上说,在确定了中天竺之后,其余四个方位就容易划分了。但事实上,由于将佛陀的活动地区主观地定为中天竺,其北天竺、东天竺和西天竺便显得有些错位。

2. 中国人的"五天竺"称谓

既然在印度古人那里找不到"五天竺"这样的总称谓,那么,最先提出"五天竺"这一概念的就应该是中国人。

唐人辑《法华传记》卷二录有僧肇《法华翻经后记》,其中提到鸠摩罗什于弘始八年(406)翻译《法华经》事。鸠摩罗什

---

① 道宣:《释迦方志》,范祥雍点校,中华书局1983年版,第7页。
② 参见王邦维《"洛中无影"与"天下之中"》,《四川大学学报》2005年第4期。

曾对后秦姚兴说："予昔在天竺国时，遍游五竺。"① 僧肇为罗什弟子，曾参与《法华经》的翻译，其所记应当不虚。这说明，东晋时已有"五竺"的说法。

隋费长房《历代三宝纪》卷四说：

> 胡乃西国边俗，汉是东方……西方总言天竺。故《汉书》言身毒国也，身毒即天竺。有中天竺，即佛生处。天竺地也，有东，有西，有南，有北，故云五天。而彼五天，目此东国，总言脂那，或云真丹，或作震旦。②

这说明隋代已有"五天"的说法。

"五竺"和"五天"都是"五天竺"的缩略。现在的问题是，罗什使用了"五竺"二字，鉴于他的印度渊源，是否说明"五天竺"的说法直接来自印度？照理说，应该先有"五天竺"的说法，后有缩略的"五竺"和"五天"，也就是说，罗什并非首先提出"五天竺"者，首倡者必另有其人。而这个首倡者只能是中国人，因为在此前及罗什所译佛典未出现过"五天竺"字样。

唐初，玄奘撰出《西域记》，其中将天竺正名为印度。此后"五天竺"便和"五印度"并用，成为总称印度的常用语。道宣《释迦方志》中就是二者并用。这一现象不仅通行于中国，也流传到新罗和日本。

我们注意到，晚出的密教经典中出现了"五天竺"字样。如不空三藏翻译的《都部陀罗尼目》中说"五天竺国深敬信佛

---

① 僧肇：《法华翻经后记》，《大正藏》第51册，台北新文丰出版公司1983年版，第54页。

② 费长房：《历代三宝纪》，《大正藏》第49册，台北新文丰出版公司1983年版，第53页。

法"①。《宿曜经》卷二中也说："夫七曜者，所谓日月五星，下直人间，一日一易，七日周而复始。其所用各各于事，有宜者不宜者，请细详用之。忽不记得，但当问胡及波斯并五天竺人总知。"②

为什么"五天竺"一词在此前所译的佛经中没有出现，只有到不空所译的密教典籍中才出现？解释只有一个，即不空采用了唐代总称印度的习惯用语。

另外，不空所译密典中还出现了"五天竺"和"五印度"并举的情况。如《大乘瑜伽金刚性海曼殊室利千臂千钵大教王经》的译叙中说：

> 开元二十八年，岁次庚辰，四月十五日，闻奏开元圣上皇于荐福寺御道场内。至五月五日，奉诏译经。卯时，焚烧香火，起首翻译。三藏演梵本，慧超笔授，《大乘瑜伽千臂千钵曼殊室利经法教》。后到十二月十五日，翻译将讫。至天宝一年二月十九日，金刚三藏将此经梵本及五天竺阿阇梨书，并总分付与梵僧目叉难陀婆伽，令送此经梵本并书，将与五印度南天竺师子国本师宝觉阿阇梨。③

那么，为什么隋、唐、宋时代的人习惯于使用"五天竺"这样的字眼？主要有两方面原因：

第一，在古代，尤其是莫卧儿帝国建立之前，"印度"这个概念从来不是一个国家，而是一个地区，即次大陆。印度古代小国林立（玄奘时有七十余国），多数小国以城镇为中心各自为政，很

---

① 《都部陀罗尼目》，不空译，《大正藏》第18册，台北新文丰出版公司1983年版，第899页。

② 《宿曜经》，不空译，《大正藏》第21册，台北新文丰出版公司1983年版，第398页。

③ 《大乘瑜伽金刚性海曼殊室利千臂千钵大教王经》，不空译，《大正藏》第20册，台北新文丰出版公司1983年版，第724页。

难以一国统摄一个地区。加之世事变迁，疆界推演，五方天竺的内涵于各个时期亦不尽相同。于是不得不假以方位。而对于次大陆整体，印度人往往用"婆罗多婆沙"（Bharatavarsha）一词称呼之，而没有一个诸如"五婆罗多"（Pancabharata）这样的词。

第二，因为汉语汉字的习惯，尤其是书写习惯所致。汉语汉字力求简约，并饱含感情色彩。为表现天竺之大气象，而又不必罗列全部五方，于是中国人便以"五天竺"或"五印度"纲领整个次大陆，并进而简约为"五天""五竺"或"五印"。

（三）《法显传》中的五天竺

《法显传》中并未提到"五天竺"这个词，而是总称为天竺，并分别提到"北天竺""中天竺"和"南天竺"。这说明法显的头脑中已经有了天竺被分为五部分的概念，但他未使用"五天竺"的称谓。

《法显传》中，法显对北天竺的界定相对明确，对中天竺的界定模糊，对南天竺和西天竺仅提到一笔，对东天竺则记载阙如。

1. 北天竺

《法显传》中说：

> 自葱岭已前，草木果实皆异。唯竹及安石榴、甘蔗三物与汉地同耳。从此西行向北天竺国，在道一月，得度葱岭。葱岭山冬夏有雪，又有毒龙，若失其意，则吐毒风，雨雪，飞沙砾石。遇此难者，万无一全。彼土人即名为雪山也。度岭已，到北天竺。始入其境，有一小国名陀历。①

文中的"葱岭"当指帕米尔高原、兴都库什山脉与喀喇昆仑

---

① 法显：《佛国记》，《大正藏》第51册，台北新文丰出版公司1983年版，第857页。

山脉汇合处的高山地带。法显西行进入印度的路线是越过葱岭直指北印度。所以他最先来到一个名叫陀历的小国。陀历，学界一般认为即今克什米尔巴基斯坦实际控制区西北部的 Darel，即《西域记》卷三所说的达丽罗川[①]。

由陀历国西南行十五日，再渡过新头河（印度河）便到达乌长国。法显指出："乌长国是正北天竺也。"学界一般认为，乌长（又作乌苌、乌场、乌仗那等）在今巴基斯坦北部的斯瓦特河谷地区。法显在这里坐夏后南行，先后到宿呵多国（在斯瓦特河谷）、犍陀卫国（犍陀罗，故城在今巴基斯坦白沙瓦以东 17 英里处）、竺刹尸罗国（今巴基斯坦塔克西拉）、弗楼沙国（今巴基斯坦白沙瓦）。又西行到那竭国（今阿富汗贾拉拉巴德一带）。然后东行，渡过印度河，经过多地，到摩头罗（今印度北方邦马图拉）。法显认为："从是以南，名为中国，尽作中天竺语。中天竺所谓中国，俗人衣服饮食，亦与中国同。佛法甚盛。"[②] 这个"中国"就是中天竺。

2. 中天竺

如上所述，法显认为中天竺自摩头罗开始，从此向东南，包括佛陀生前活动和居住过的地方，都在中天竺境内。但中天竺与南天竺的界限在哪里，法显并没有说清楚。更未说明中天竺与东天竺的界限。

3. 南天竺

至于南天竺，《法显传》中说：

> 自度新头河至南天竺，迄于南海，四五万里。平坦无大

[①] 章巽：《法显传校注》，上海古籍出版社 1985 年版，第 27 页；季羡林等：《大唐西域记校注》，中华书局 1985 年版，第 297 页。

[②] 法显：《佛国记》，《大正藏》第 51 册，台北新文丰出版公司 1983 年版，第 859 页。

山川，正有河水耳。①

显然，因法显没有去过南天竺，对南天竺的描绘只是得自当地"土人"的传言，所以不够准确。

4. 西天竺

《法显传》对西天竺没有明确记载，只是说"凡沙河已西，天竺诸国，国王皆笃信佛法，供养众僧"②。根据章巽先生的校注，这句话中衍一"沙"字，应为"凡河以西"③。若是，则此河应指印度河，而印度河以西的诸国，当属西天竺。也是因为法显没有到过西天竺，所以没有提到"西天竺"。

5. 东天竺

法显从巴连弗邑东南行，来到多摩梨帝国（即今印度西孟加拉邦加尔各答西南胡格利河入海口处的塔姆卢克）。当时那里是一个大港口，法显在那里住了两年，然后乘船南行至师子国（今斯里兰卡）。在法显看来，多摩梨帝国还属于中天竺，所以未提"东天竺"三字。

从以上考察可知，法显头脑中虽有五天竺的概念，但由于没有去过西天竺、南天竺和他认为的东天竺，所以对它们没有具体描绘和界定。

无论如何，法显是最早去天竺取经的中国人之一，是早期求法的代表，他的《法显传》（即《佛国记》）是中国人首次考察天竺的记录。尽管并不全面，却意义重大。他西行的路线是当时丝绸之路的要道之一，他回国的路线是当时海上丝绸之路的主要线路之一。

---

① 法显：《佛国记》，《大正藏》第51册，台北新文丰出版公司1983年版，第858页。
② 法显：《佛国记》，《大正藏》第51册，台北新文丰出版公司1983年版，第859页。
③ 章巽：《法显传校注》，上海古籍出版社1985年版，第57页。

（四）《大唐西域记》中的五印度

古代，真正周游了五印度并留下记载的人只有玄奘。因此，他关于五印度的记载是最可靠的。那个时代，即便是印度人，也未必能像玄奘那样走过那么多地方；即便走过，也不能像玄奘那样留下那么多可靠的记载。

在《西域记》卷二的开头部分，玄奘先为印度正名，然后说道：

> 五印度之境，周九万余里。三垂大海，北背雪山，北广南狭，形如半月。画野区分七十余国。时特暑热，地多泉湿。北乃山阜隐轸，丘陵舄卤。东则川野沃润，畴垄膏腴。南方草木荣茂，西方土地硗确。斯大概也。可略言焉。①

玄奘不愧为五印度的亲践者，其对五印度的描述，除"形如半月"不够贴切外，其余都概括得十分准确。

据《西域记》和《慈恩传》，玄奘在印度行程的大体顺序是北、中、东、南、西，其记录也大体按此顺序。个别有出入处，不在本文讨论之列。

《西域记》中一一标注出五印度各国所属方位，《慈恩传》亦标出大部。现据以罗列。

1. 北印度

《西域记》卷一末句云："自此东行六百余里。山谷接连，峯岩峭峻。越黑岭，入北印度境，至滥波国（北印度境）。"② 滥波

---

① 玄奘、辩机：《大唐西域记》，《大正藏》第51册，台北新文丰出版公司1983年版，第875页。

② 玄奘、辩机：《大唐西域记》，《大正藏》第51册，台北新文丰出版公司1983年版，第875页。

国，是地处喀布尔河北岸的一个小国，当时无王，归迦毕试国（今阿富汗喀布尔地区）统辖。

与法显不同，玄奘西行选择的路线是先进入中亚，再由中亚南下而进入印度。从滥波国东南行百余里，至那揭罗曷国。该国即《法显传》中的那竭国。玄奘说该国亦无王，役属迦毕试国。可见，滥波国和那揭罗曷国算是北印度的前沿地区，在今阿富汗和巴基斯坦交界的开伯尔山口以西。

但据《西域记》卷三之末："自滥波国至于此土。形貌粗弊，情性猥暴。语言庸鄙，礼义轻薄。非印度之正境，乃边裔之曲俗。"① "此土"指曷逻阇补罗国，约在今克什米尔境内。也就是说，玄奘认为，健驮逻国、乌仗那国、呾叉始罗国、迦湿弥罗国等，均属北印度的延伸地带。而卷四记叙的磔迦国（约当今巴基斯坦旁遮普省东部地区）、至那仆底国（约在今印度旁遮普邦东北部）、阇烂达罗国（今印度旁遮普邦贾兰达尔一带）、屈露多国（约在今印度喜马偕尔邦中部）和设多图卢国（约在今印度喜马偕尔邦南部与哈里亚纳邦北部地区）才是真正的北印度。

2. 中印度

据《西域记》卷四，玄奘从设多图卢国复西南行八百余里至波理夜呾罗国（约在今印度德里一带）进入中印度境。自此，除个别国家，如卷四的婆罗吸摩补罗②和卷七的弗栗恃③属北印度外，直至卷十的奔那伐弹那国（约在今孟加拉国北部），均属中印度，连尼波罗国（今尼泊尔）也被列在中印度。

---

① 玄奘、辩机：《大唐西域记》，《大正藏》第51册，台北新文丰出版公司1983年版，第888页。

② 婆罗吸摩补罗，约在今印度乌特兰察尔邦北部，《慈恩传》中被列在中印度。有人疑玄奘未亲游此地。参见季羡林等《大唐西域记校注》，中华书局1985年版，第408页。

③ 弗栗恃，约在今印度比哈尔邦北部到喜马拉雅山麓地区，《慈恩传》未提及。玄奘可能未亲践此地。参见季羡林等《大唐西域记校注》，中华书局1985年版，第609页。

3. 东印度

《西域记》所记的东印度，包括下列地区：迦摩缕波国（今印度阿萨姆邦）、三摩呾吒国（今孟加拉国南部）、耽摩栗底国（今印度西孟加拉邦加尔各答西南的塔姆卢克）、羯罗拏苏伐剌那国（意译金耳国，约在今印度西孟加拉邦）、乌荼国（今印度奥里萨邦北部）和恭御陀国（今印度东部沿海地区）。

值得注意的是，玄奘将耽摩栗底列在东印度。法显虽到过此地，但《法显传》未提及东天竺。这不应该是法显的疏忽，而是不同时代或不同人对中天竺和东天竺的区分不同。

4. 南印度

《西域记》卷十，自羯陵伽国（今印度奥里萨邦南部地区），除憍萨罗国（约在今印度中东部的乔塔那格浦尔高原地区）外，安达罗国（约在今印度安得拉邦境内）、䭾那羯磔迦国（约在克里希那河流域）、珠利耶国（约在今安得拉邦南端）、达罗毗荼国（约在今印度泰米尔纳德邦北部）、秣罗矩吒国（约在今泰米尔纳德邦马杜赖为中心的南部地区），以及卷十一的恭建那补罗（约在今印度卡纳塔克邦境内）、摩诃剌他国（约当今印度马哈拉施特拉邦）、跋禄羯呫婆国（约在纳巴达河下游地区）、摩腊婆国（约当今印度的马尔瓦地区）、契吒国（约在今印度古吉拉特邦南部某地）、伐腊毗国（约在今卡提阿瓦半岛），均属南印度。

此外，卷十一还记有南印度国家，如邬阇衍那国（约在今印度中央邦乌贾因一带）、掷枳陀国（约在今印度中央邦某地）。其实，将此二地归入南印度似勉强。

5. 西印度

《西域记》卷十一记西印度境内国家有阿难陀补罗国（约在今马希河下游地区）、苏拉他国（约在今苏拉特一带）、瞿折罗国（约在今古吉拉特邦境内）、信度国（约在今巴基斯坦信德省）、阿点婆翅罗国（约在今巴基斯坦南部卡拉奇一带）、狼揭罗国

(约在今巴基斯坦俾路支省境内)、臂多势罗国（约在今巴基斯坦信德省境内）、阿軬荼国（约在今巴基斯坦中部某地）、伐剌拏国（约在今巴基斯坦中北部某地）。

须说明，以上并未将玄奘所说七十余国列全，但已可勾画出五印度的基本轮廓。玄奘行走路线与《西域记》所记地理顺序难免偶有参差，今暂不论。至于古地与今地的对应，亦属一家管见。

（五）结语

根据以上讨论，可以初步得出以下几个观点。

第一，印度在古代（莫卧儿帝国建立之前）不是指一个国家，而是指南亚次大陆。印度古人很早就将南亚次大陆划分为东南西北中五个部分。中国人对此早有认知。

第二，"五天竺"是中国古人对印度次大陆的总称，是一种习惯性的称谓。现代国际上有些学者对此不能理解，甚至闻所未闻，并不奇怪。

第三，玄奘《西域记》中改五天竺为"五印度"后，"五天竺"和"五印度"同时使用。

第四，法显游学印度，首次对"五天竺"的划分做了实地考察。但由于他的行动路线是从北方进入印度，而其考察重点又在中印度，故未能描绘出印度的整体面貌。

第五，玄奘有意识地对"五印度"各地做了全面的考察，周详细致，大体准确。但不排除他对某些方位做出误判的可能。

二 汉代中国与阿富汗和巴基斯坦之交通

今天的阿富汗、巴基斯坦，都很早就与中国有密切的交通往来，根据文字的记载，至少可以追溯到中国的汉代（前206—220）。作为早期丝绸之路的重要组成部分，历来为学界所重视，相关的讨论也层出不穷。但是，那时候，这两个国家并不叫今天的名字，地域也在不断变化中。下面我们从张骞出使西域开始，考察西汉和东汉时期中国与阿富汗和巴基斯坦的交通。同时还要重点讨论当时的汉译古名，如大夏（Bactria）、身毒（Sindhu）、罽宾（Kophen）、高附（Kabul）、迦毕试（Kapisha）等。

（一）张骞一通西域

中国与阿富汗、巴基斯坦的交往开始于何时，很难得出确切结论。因为人类交往的历史往往会比我们想象的要早得多。因此，我们目前只能根据中国方面的文字记载，将这个开端定在汉代使者张骞通西域访问大夏的时候，即公元前2世纪。但实际上，其开端肯定要比这个时间早得多。

公元前176年前后，中国北方的匈奴人强大起来，他们将游牧于祁连山和天山一带的月氏人赶走，杀死了他们的首领，并把他们首领的头颅当作酒杯。月氏人因此而仇恨匈奴人。据《史记·大宛列传》，匈奴人经常南下抢掠汉朝的居民。汉武帝即位后，想联合月氏人合击匈奴人，便招募能够出使西域并说服月氏人的使者。张骞应募，并于公元前139年①率领百余人的使团出发。使团在半途中被匈奴人扣留，张骞被迫在匈奴人中生活达十年之久，以至娶妻生子。但张骞不忘使命，始终将节杖带在身边。他趁监视不严的机会，向月氏人居住的西方逃去。在行走数十日后，于公元前129年到达大宛（在今费尔干纳盆地），又从大宛至康居（此指索格底亚那②），再南下到大月氏。月氏人一年前（前130）征服了大夏人，此时已定居于阿姆河流域。他们在这里生活得比较安逸，已经放弃了复仇的想法。

张骞在大夏居住了一年多，虽然没有达到说服月氏人的目的，但他这次出使仍然具有非常重大的历史意义。他摸清了一条东西方交流的通道，使中国人了解到当时这条通道上的一些重要民族和国家的位置及其概况。

《史记·大宛列传》记载了张骞对一些民族和国家的介绍，除了有大宛、乌孙（当时在伊犁河楚河流域的游牧部落）、康居、奄蔡（当时在咸海北边的游牧部落）、大月氏外，还有安息（指帕提亚波斯王朝）、条支（指濒临地中海的叙利亚）和大夏。

1. 大月氏

关于大月氏，是这样记载的：

> 大月氏在大宛西可二三千里，居妫水北。其南则大夏，西则安息，北则康居。行国也，随畜移徙，与匈奴通俗。控弦者可一二十万。故时强，轻匈奴，及冒顿立，攻破月氏，

---

① 余太山：《两汉魏晋南北朝正史西域传要注》，商务印书馆2013年版，第7页。
② 康居本指锡尔河和阿姆河之间以今撒马尔罕为中心的大片土地，索格底亚那（今粟特）在其东，时为康居属地。余太山：《两汉魏晋南北朝正史西域传要注》，商务印书馆2013年版，第8页。

至匈奴老上单于，杀月氏王，以其头为饮器。始，月氏居敦煌、祁连间，及为匈奴所败，乃远去，过宛，西击大夏而臣之，遂都妫水北，为王庭。其余小众不能去者，保南山羌，号小月氏。①

这里主要记叙的是大月氏西迁的原因和路径，是张骞到达前的状况。当时大月氏人虽然已经征服了大夏，但其王庭尚在妫水（即今天的阿姆河，Amu-daria）的北面。

2. 大夏

关于大夏，是这样记载的：

大夏在大宛西南二千余里妫水南。其俗土著，有城屋，与大宛同俗。无大君长，往往城邑置小长。其兵弱，畏战。善贾市。及大月氏西徙，攻败之，皆臣畜大夏。大夏民多，可百余万。其都曰蓝市城，有市贩贾诸物。其东南有身毒国。②

当时的大夏在阿姆河以南，其人口很多，但无大头领，又不善战，故被月氏人征服。大夏都城叫"蓝市城"（《汉书》作监氏城），在阿姆河以南，和大月氏人的王庭不是一回事。百余年来，学界对蓝市城多有考证，余太山先生认为："可能是 Bactra 的别称 Alexandria 的略译。位于今 Balkh 附近。"③ 这一意见目前代表了学术界较多人的看法。

从这段描述看，当时的大夏，在今阿富汗北部、阿姆河以南、喷赤河以西的一大片区域，原为希腊人建立的巴克特里亚国。该地区约于公元前140年被南下的塞种人占领，便是《史记·大宛

---

① 司马迁：《史记》，中华书局1959年版，第3161—3162页。
② 司马迁：《史记》，中华书局1959年版，第3164页。
③ 余太山：《两汉魏晋南北朝正史西域传要注》，商务印书馆2013年版，第22页。

列传》中所说的大夏国①,也是张骞亲历的大夏国,即后世称为吐火罗的地区。

3. 身毒

大夏东南的"身毒",是《史记》和《汉书》中对印度的称呼,或者说是西汉时期(前206—公元25)人们对印度的称呼。东汉以后,中国人大多称印度为天竺。唐代玄奘在《大唐西域记》中正名为印度。

又据《史记·大宛列传》:

> 身毒在大夏东南可数千里。其俗土著,与大夏同,而卑湿暑热云。其人民乘象以战。其国临大水焉。②

这里所说的"大水",一般认为是指印度河。既然是指印度河,那么,"临大水"的"身毒"就是今天的印度河流域,即古印度的西北部,主要指今天的巴基斯坦,通常也包括今阿富汗的一部分。

值得注意的是,张骞不仅说出了印度的方位、里程、气候特点和骑象作战的军事特长,而且还注意到中国和印度及大夏的交通和贸易关系。这是他在大夏一年多的重要收获之一。

据《史记·西南夷列传》:

> 及元狩元年,博望侯张骞使大夏来,言居大夏时见蜀布、邛竹杖,使问所从来,曰:"从东南身毒国,可数千里,得蜀贾人市。"或闻邛西可二千里有身毒国,骞因盛言大夏在汉西南,慕中国,患匈奴隔其道,诚通蜀,身毒国道便近,有利无害。于是天子乃令王然于、柏始昌、吕越人等,使间出西

---

① 余太山:《古族新考》,商务印书馆2012年版,第17、63页。
② 司马迁:《史记》,中华书局1959年版,第3166页。

夷西，指求身毒国。至滇，滇王尝羌乃留，为求道西十余辈。岁余，皆闭昆明，莫能通身毒国。①

同一件事的详细记载又见于《史记·大宛列传》。由此可知：（1）张骞和汉朝朝廷似乎是首次听说有个身毒国，当然内地的中国人更是第一次知道有这个身毒国。（2）中国和身毒早已有贸易往来，至少中国四川的丝织品和邛竹杖已经输入到身毒，说明中国西南方的商人是有可能知道身毒国的。（3）张骞正确地判断出身毒在中国"邛西可二千里"，并说服了皇帝从西南方探求与身毒国交往的途径。（4）汉朝朝廷派使者试图通过西南道"指求身毒国"，经一年多的努力，终莫能通。

4. 从大夏到身毒

其实，从大夏到身毒，也就是今天从阿富汗到巴基斯坦，直线距离并不遥远。只要翻越过兴都库什山，沿喀布尔河谷向东南走约200公里，便可以到达犍陀罗地区。只是因为要翻越雪山，穿越峡谷，实际行程难以计算，而且要经受寒冷、饥渴等严酷的考验。

这里还必须指出，古代的"身毒"仅仅是一个地理概念，指南亚次大陆这片广袤的土地。所谓"身毒国"是由许多大大小小的王国组成的，并没有一个统一的"身毒国"。对此，中国人很快就弄明白了，改称整个次大陆为"五天竺"，简称"五天"或"五竺"，唐代以后又称"五印度"。这是将次大陆按照东、南、西、北、中五个方位划分为五个部分。今天的巴基斯坦处在古代"西天竺"和"北天竺"的位置上，而古代的高附、迦毕试等今属阿富汗的土地也被认为属于"北天竺"。②

---

① 司马迁撰：《史记》，中华书局1959年版，第2995、2996页。
② 参见拙文《从法显的"五天竺"到玄奘的"五印度"》，《北方工业大学学报》2021年第6期。

(二) 张骞二通西域

据《史记·大宛列传》，张骞于元朔六年（前123）受封博望侯后，第二年便以卫尉的身份协助李广将军出击匈奴，但因为张骞贻误战机使部队蒙受巨大伤亡而当斩，赎为庶人。但由于汉武帝非常重视西域远方诸国，多次召见张骞，"数问骞大夏之属"。可见，汉武帝对大夏的重要地位有清醒的认识，一旦局势允许，便立即派张骞二次出使。

由于西域道的开通，汉朝派往西域各地的使节日益增多。据《史记·大宛列传》记载，张骞二次出使西域时，曾在乌孙（伊犁河、楚河流域）派副使到大宛、康居、大月氏、大夏、安息、身毒等国：

> 其后岁余，骞所遣使通大夏之属者，皆颇与其人俱来，于是西北国始通于汉矣。
>
> 自博望侯骞死后……而汉始筑令居以西，初置酒泉郡以通西北国。因益发使抵安息、奄蔡、黎轩、条枝、身毒国。而天子好宛马，使者相望于道。诸使外国一辈大者数百，少者百余人，人所赍操大放博望侯时。其后益习而衰少焉。汉率一岁中使多者十余，少者五六辈，远者八九岁，近者数岁而反。[1]

张骞二次出使，多使齐发，收效很大，西域各国基本都派使者回访了，其中也特别提到了大夏。

在张骞去世以后，汉朝不断派出百余人到数百人的庞大使团出使西域各国，主要是为了买回中亚和西亚出产的好马。而出访

---

[1] 司马迁撰：《史记》，中华书局1959年版，第3169、3170页。

的主要国家是安息、奄蔡、黎轩、条支和身毒。这里虽然没有点出大夏或者大月氏，但那里是必经之地。尤其是身毒，当时主要是指以犍陀罗为中心的印度西北地区，即今日的巴基斯坦和阿富汗兴都库什山东南诸省，如喀布尔省、卡皮萨省、帕尔万省、拉格曼省、楠格哈尔省等。

（三）西汉后期

根据史书的记载，西汉后期人对今阿富汗境内的一些地区的了解已经相当多了，有些记载十分准确，成为今天人们研究阿富汗历史的可靠资料。之所以说其中一些记载准确可靠，是因为能够得到多方面的证实，有些情况甚至可以与今天阿富汗的实际情况相印证。

为什么汉代人对犍陀罗一带的了解会那么多，会那么准确？是因为当时中国和犍陀罗间存在着陆地交往的通道。主要是从西北方今阿富汗方向到达犍陀罗的通道，这就是张骞打通的道路，是其副使当年走过的道路。在张骞之后，中国人对西域道和阿富汗的了解就更加详细具体了。

1. 罽宾国

《汉书·西域传》记载罽宾国的情况尤其详细：

> 罽宾国，王治循鲜城，去长安万二千二百里。不属都护，户口胜兵多，大国也。东北至都护治所六千八百四十里，东至乌秅国二千二百五十里，东北至难兜国九日行，西北与大月氏、西南与乌弋山离接。
>
> 昔匈奴破大月氏，大月氏西君大夏，而塞王南君罽宾。塞种分散，往往为数国。自疏勒以西北，休循、捐毒之属，皆故塞种也。
>
> 罽宾地平，温和，有目宿，杂草奇木，檀、槐、梓、竹、

漆。种五谷、蒲陶诸果,粪治园田。地下湿,生稻,冬食生菜。其民巧,雕文刻镂,治宫室,织罽,刺文绣,好治食。有金银铜锡,以为器。市列。以金银为钱,文为骑马,幕为人面。出封牛、水牛、象、大狗、沐猴、孔爵、珠玑、珊瑚、虎魄、碧流离。它畜与诸国同。①

这个罽宾到底是哪里,学术界讨论了一百多年。法国学者和日本学者都专门探讨过这个问题。冯承钧先生根据法国学者的意见认为克什米尔即"汉魏时罽宾"②。而余太山先生则认为,"按之《汉书·西域传》本文,结合《后汉书·西域传》等有关记载,可以考定,汉代罽宾国应以乾陀罗、呾叉始罗为中心,其势力范围包括喀布尔河上游地区和斯瓦特河(Swat)流域。"③《汉书·西域传》关于罽宾国地理位置的记载,应当说是比较准确的,就是当今的塔克西拉和白沙瓦一带,即以犍陀罗国为中心的地区。

书中强调,当时罽宾的统治者为塞种人,其周围一些小国也都是塞种人的国家。书中还详细记载了罽宾国的地貌、气候和物产等。

罽宾人很巧,工艺水平很高。这一点,可以从考古发掘的出土文物得到验证。

另外,从当地的物产看,封牛、大象、猴子、孔雀等均系当地特产,至今犹然。关于其货币的描述很有意思,中国那时候的货币只标价值,没有人像,而罽宾国的货币完全不同,显然是受了希腊、波斯方面的影响。这一点,从后世出土的货币上可以得

---

① 班固:《汉书》,颜师古注,中华书局1962年版,第3884、3885页。
② 冯承钧、陆峻岭:《西域地名》,中华书局1980年版,第46页。
③ 余太山:《塞种史研究》,商务印书馆2012年版,第219页。

到证实[1]。

除了以上摘引的三段话外,《汉书·西域传》还记载了汉代罽宾与中国的关系,有两大段,很详细,不录。但从这些记载可知,公元前1世纪时罽宾国的政治舞台上,希腊人和塞种人都很活跃,有过争夺。

2. 乌弋山离国

关于乌弋山离国,《汉书·西域传》记载道:

> 乌弋山离国,王(治)去长安万二千二百里。不属都护。户口胜兵,大国也。东北至都护治所六十余日行,东与罽宾、北与扑挑、西与犁靬、条支接。[2]

一般认为,文中的扑挑是 Bactria 的音译,在今阿富汗巴尔赫省;犁靬即《史记·大宛列传》中的黎轩,指的是埃及托勒密朝的亚历山大城;条支则指塞琉古朝时期的叙利亚[3]。

一般认为,乌弋山离即 Alexanderia,即亚历山大城。但此处所说的亚历山大城不在希腊境内,也不在埃及境内,而在当时的印度河流域。有学者以为在今阿富汗境内的赫拉特[4],其实是不对的。当年亚历山大东征,到达过印度河流域,在那里建过亚历山大城,后来那里留有军队和移民。而如文中所说,乌弋山离国在罽宾国西南,并非正西(赫拉特基本上在正西),则乌弋山离国当指印度河流域的希腊人移民地区。

---

[1] 参见[印]R.C.马宗达等《高级印度史》,张澍霖等译,商务印书馆1986年版,第154页;[澳]A.L.巴沙姆主编《印度文化史》,商务印书馆1997年版,第878页。

[2] 班固:《汉书》,颜师古注,中华书局1962年版,第3888页。

[3] 余太山:《两汉魏晋南北朝正史西域传要注》,商务印书馆2013年版,第114页。

[4] 冯承钧、陆峻岭:《西域地名》,中华书局1980年版,第3页。

但是，余太山先生的倾向性意见认为，当时的亚历山大城有多座，这座应该是 Alexandria Prophthasia，即在今阿富汗法拉省的亚历山大城①。

  乌弋地暑热莽平，其草木、畜产、五谷、果菜、食饮、宫室、市列、钱货、兵器、金珠之属皆与罽宾同，而有桃拔、师子、犀牛。俗重妄杀。其钱独文为人头，幕为骑马。以金银饰杖。绝远，汉使希至。自玉门、阳关出南道，历鄯善而南行，至乌弋山离，南道极矣。装备而动得安息。②

从这段记载看，乌弋山离国天气炎热、土地平坦、草木茂盛、物产丰富。因此，它可能在印度河流域，也可能在法拉河流域。由于此城离汉朝"绝远"，不属于都护府管辖，所以汉朝的使者也很少到那里去。

3. 大月氏国

前文已经介绍过，在《史记·大宛列传》中既有"大月氏"条，也有"大夏"条。但在《汉书·西域传》中，就只有"大月氏国"条了，"大夏"是附在"大月氏国"之后的。为什么？余太山先生认为，主要是这个时期大月氏将政治中心由阿姆河以北迁移到了阿姆河以南，并且开始通过在各地扶植的傀儡政权对大夏实行全面的统治了③。其实很简单，因为大月氏已经将大夏灭掉了，大夏名副其实地变成了大月氏的属国。

  大月氏国，治监氏城，去长安万一千六百里。不属都护。

---

① 余太山：《塞种史研究》，商务印书馆2012年版，第252页。
② 班固：《汉书》，颜师古注，中华书局1962年版，第3889页。
③ 余太山：《两汉魏晋南北朝正史西域传要注》，商务印书馆2013年版，第126页。

户十万,口四十万,胜兵十万人。东至都护治所四千七百四十里,西至安息四十九日行,南与罽宾接。土地风气,物类所有,民俗钱货,与安息同。出一封橐驼。

大月氏本行国也,随畜移徙,与匈奴同俗。控弦十余万,故强轻匈奴。本居敦煌、祁连间,至昌顿单于攻破月氏,而老上单于杀月氏,以其头为饮器,月氏乃远去,过大宛,西击大夏而臣之,都妫水北为王庭。其余小众不能去者,保南山羌,号小月氏。

大夏本无大君长,城邑往往置小长,民弱畏战,故月氏徙来,皆臣畜之,共禀汉使者。有五翎侯:一曰休密翎侯,治和墨城,去都护二千八百四十一里,去阳关七千八百二里;二曰双靡翎侯,治双靡城,去都护三千七百四十一里,去阳关七千七百八十二里;三曰贵霜翎侯,治护澡城,去都护五千九百四十里,去阳关七千九百八十二里,四曰肸顿翎侯,治薄茅城,去都护五千九百六十二里,去阳关八千二百二里;五曰高附翎侯,治高附城,去都护六千四十一里,去阳关九千二百八十三里。凡五翎侯,皆属大月氏。[①]

上面第一段介绍大月氏所处的地理位置,去长安 11600 里。其与汉朝的关系,不归都护府管辖。大月氏本是游牧民族,但迁徙到阿姆河流域后过上了定居生活,并且很快接受了安息的风俗习惯。第二段只是简要地重复了《史记·大宛列传》中的相关内容。第三段介绍大月氏统治下的大夏有五部翎侯,五翎侯的名称、治所的位置,以及距都护府和阳关的里程。

据余太山先生考证,翎侯为塞种或与塞种有关部落(诸如康居、乌孙等)常见的官职名称,有可能是吐火罗语 Yapoy 的音译。

[①] 班固:《汉书》,颜师古注,中华书局 1962 年版,第 3890—3891 页。

大夏国五翎侯治地均在吐火罗斯坦东部地区，其位置尚可据《魏书·西域传》和《大唐西域记》等有关记载约略考知：（1）休密，唐代称护密，Kumidae 的对译，和墨即《魏书·西域传》之钵和，Wakhan（今阿富汗瓦罕）之对译。（2）双靡，后世又称赊弥、商弥等，均为 Syamaka 的对译，其地在 Chitral 和 Mastuj（今巴基斯坦北端）之间。（3）贵霜，Kushana 的音译，护澡城的地点在瓦罕的西部。（4）肸顿，应即 Badakhshan（今阿富汗巴达赫尚）的对译，"薄茅"应为"薄第"之误，亦为 Badakhshan 之对译。（5）高附，有时指喀布尔，但此处的高附即《大唐西域记》卷十二之淫薄健，为 Yamgan 的对音。①

以上是西汉时中国与阿富汗和巴基斯坦交通的情况。

（四）东汉时的交通

到了中国的东汉时期（25—220），由于西域道时通时绝，中国与阿富汗的交往也呈现时断时续的状况。根据《后汉书·西域传》的记载，从王莽朝到明帝永平十七年（9—74），中间断绝 65 年之久。"和帝时，数遣使贡献，后西域反畔，乃绝。至桓帝延熹二年、四年，频从日南徼外来献。"从和帝之后到桓帝时（105—167），中间大约又断绝了数十年往来。尽管如此，这个时期中国和阿富汗的交往仍然有许多重大成果令人念念不忘。

据《后汉书·西域传》和《魏略·西戎传》的记载，佛教在两汉之际通过月氏人传入汉地，这也是中国与阿富汗和巴基斯坦之间在西域道上进行文明交往的证明。

其实，汉代中阿、中巴间在西域道上的交往并非仅仅是使节们带些礼物来回走走，也不仅仅是佛教开始向中国内地传播。最近数十年间的考古发掘证明，中国与阿富汗、巴基斯坦间还有大

---

① 余太山：《塞种史研究》，商务印书馆 2012 年版，第 54—55 页。

量的商人往返奔波，还有大量的商品双向流动。在这条举世闻名的丝绸之路上，既有物质文明交流也有精神文明交流，而精神文明交流也不仅仅是佛教的交流。

1. 甘英西使

《后汉书·西域传》讲到安息时说：

> 和帝永元九年（97），都护班超遣甘英使大秦，抵条支。临大海欲度，而安息西界船人谓英曰："海水广大，往来者逢善风三月乃得度，若遇迟风，亦有二岁者，故入海人皆赍三岁粮。海中善使人思土恋慕，数有死亡者。"英闻之乃止。①

甘英西使安息、条支，临西海（地中海）而归，这是历史上著名的事件，有时人们会将它与张骞通西域相提并论。但《后汉书》的这段记载只是说甘英"使大秦，抵条支"，语焉不详。所以近世国内外多有考证其西行路线者。杨共乐先生注意到袁宏《后汉纪·孝殇帝纪》中一条不大为学界重视的材料，使一些误解得以辩证，一些缺憾得以弥补。这条材料中明确说"甘英逾悬度、乌弋山离，抵条支。"②

近又有人在前人研究的基础上对该路线做了详细描绘，尽管其中不乏主观因素，但可备一说，谨据以简化如下：

> 龟兹它乾城→姑墨（今阿克苏）→于阗（今和田）→皮山（今皮山县附近）→西夜、子合（叶城之南提孜那甫河或棋盘河）→（西南行，至叶尔羌河上游支流马尔洋河，西行可达塔什库尔干河上游，由明铁盖达坂或红其拉甫达坂逾喀喇昆仑山或帕米尔高原进入克什米尔地区）→乌秅（今巴基

---

① 范晔：《后汉书》，李贤等注，中华书局1965年版，第2918页。
② 杨共乐：《早期丝绸之路探微》，北京师范大学出版社2011年版，第126页。

斯坦罕萨地区）→难兜（今巴基斯坦吉尔吉特）→罽宾（以犍陀罗与呾叉始罗为中心的巴基斯坦西北地区及今阿富汗部分地区）→乌弋山离（今阿富汗西南地区）→安息（今伊朗）→番兜（即今伊拉克泰西封，Ctesiphon）。其后由原路归返中原①。

无论如何，在这条路线中，阿富汗和巴基斯坦是其往返的必经之地，也是当时中国通往巴基斯坦和阿富汗东部的最近路线。

2. 天竺

东汉时，班超在西域经营达三十年之久（73—102），对维持西域道的交通起到积极作用。这一时期，中国人对印度河流域的了解比西汉时更进一步，其间的文化交流也较以前频繁。

《后汉书·西域传》有关天竺国的材料值得注意：

> 天竺国一名身毒，在月氏东南数千里。俗与月氏同，而卑湿暑热。其国临大水。乘象而战。其人弱于月氏，修浮图道，不杀伐，遂以成俗。从月氏、高附国以西，南至西海，东至磐起国，皆身毒之地。身毒有别城数百，城置长。别国数十，国置王。虽各小异，而俱以身毒为名，其时皆属月氏。月氏杀其王而置将，令统其人。土出象、犀、玳瑁、金、银、铜、铁、铅、锡，西与大秦通，有大秦珍物。又有细布、好毾㲪、诸香、石蜜、胡椒、姜、黑盐。②

这一段相当准确地描述了当时印度的地理位置、气候、宗教、习俗、政治变迁、小国林立等，强调身毒是总名。汉朝人认为，

---

① 颜世明、高健：《班超〈西域风土记〉佚文蠡测——兼析甘英出使大秦路线》，《南昌大学学报》（人文社会科学版）2014年第2期。

② 范晔：《后汉书》，李贤等注，中华书局1965年版，第2921页。

"从月氏、高附国以西,南至西海,东至盘起国,皆身毒之地。"这比起先前《史记·大宛列传》中所记"身毒"已经明显更加接近事实了。这也和后来法显《佛国记》中"北天竺"的概念、玄奘《大唐西域记》中"北印度"的概念均有不同。强调"其国临大水",说明其重点介绍的仍然是印度河流域的情况。对天竺国物产的介绍,显然又比《史记》和《汉书》更加完善。说它"西与大秦通",有大秦的物产,正说明在东西方文化交流中,天竺起到了中间站的作用。引文中还叙述了天竺国信佛和不杀生的习俗。后面还介绍了天竺国与中国的交往,以及佛教初传中国中原的情况。还有一个值得注意的情况是,这里"天竺"和"身毒"混合使用,说明《后汉书·西域传》中新旧资料一并采纳,即在旧有资料基础上加进了新内容。

3. 大月氏和五翎侯

还有一条是关于大月氏的记载,因重点介绍的是阿富汗的情况,因而非常重要。其文曰:

> 大月氏国居蓝氏城,西接安息,四十九日行,东去长史所居六千五百三十七里,去洛阳万六千三百七十里。户十万,胜兵十余万人。初,月氏为匈奴所灭,遂迁于大夏,分其国为休密、双靡、贵霜、肸顿、都密,凡五部翎侯。后百余岁,贵霜翎侯丘就却攻灭四翎侯,自立为王,国号贵霜。侵安息,取高附地。又灭濮达、罽宾,悉有其国。丘就却年八十余死,子阎膏珍代为王。复灭天竺,置将一人监领之。月氏自此之后,最为富盛,诸国称之皆曰贵霜王。汉本其故号,言大月氏云。①

---

① 范晔:《后汉书》,李贤等注,中华书局1965年版,第2920页。

此前《汉书·西域传》中已有关于月氏和五部翖侯的记载，而这条材料则更进一步记载了月氏人建立贵霜帝国的情况，对于重建这一时期南亚和中亚的历史极为珍贵。引文中所说的"五部翖侯"与《汉书·西域传》的记载略有不同，即以都密翖侯代替了高附翖侯。据考证，其"休密"约在今阿富汗瓦罕河谷一带；"双靡"约在今巴基斯坦北部吉德拉尔（Chitral）和默斯杜杰（Mastuj）之间；"贵霜"约在今阿富汗北部之喷赤河西岸；"肸顿"约在今阿富汗巴达赫尚省境内；"都密"约在今阿姆河北岸乌兹别克斯坦一侧。"高附"在喀布尔河流域；"濮达"指今阿富汗北部的巴克特里亚（Bactria）地区①。也就是说，贵霜人平定了五部翖侯后，建立贵霜国。然后侵占了波斯部分国土，并统一了喀布尔河流域。又在此基础上，将阿姆河南岸地区和印度河流域大部分地区纳入自己的版图，开始强盛起来。

由于印度北方和中亚的广大地区正处于丝绸之路的中间站，即东西方文化的交汇点上，因而月氏人（实为贵霜人）凭借得天独厚的地理条件，为促进中西文明交流及中国与印度的文明交流做出了贡献。如希腊罗马文化的东渐和佛教文化向中亚、中国内地的传播等，便在很大程度上得益于月氏人（贵霜人）的赞助。

这里需要澄清的是，汉代人所谓的"大月氏"人，有时是指大夏人，有时是指贵霜人。大月氏人的祖上是在中国祁连山、天山一带的游牧民族，在公元前176年被匈奴人赶走，被迫西迁至中亚的伊犁河、楚河流域；公元前130年，他们又从伊犁河、楚河流域西迁至大夏，主要居住于阿姆河以南地区。他们统治大夏期间，大夏分成五个主要部落，即五部翖侯，其中贵霜翖侯（Gushana yavuga）丘就却（Kujula Kadphises Ⅰ）统一了其余四部，又不断扩张，建立起一个庞大的贵霜帝国。《后汉书》称贵霜

---

① 余太山：《两汉魏晋南北朝正史西域传要注》，商务印书馆2013年版，第123—125页。

人为大月氏人只是出于汉人的习惯。

（五）月氏人与佛教东传

1. 佛教的外传

佛教传入阿富汗的时间，从可能性上讲，应当在孔雀王朝的第三代国君阿育王时期，即公元前3世纪。著名的阿育王石刻诏书在今阿富汗的坎大哈省和拉格曼省发现过。其诏书的具体情况，我们曾经介绍过。其中宣扬了佛教的不杀生思想。在阿育王之后，即公元前2世纪前半，大夏希腊人国王米兰德统治北印度期间也曾经宣扬过佛教。再往后就是贵霜王朝迦腻色迦王对佛教的大力推广，阿富汗出现了佛教建筑，也许这才是佛教传入阿富汗的最有说服力的证据。

正如法国学者曾经指出的："我们绝对不应将阿富汗的佛教遗址断代得太古老了。如果我们曾讲过，佛教是于公元前2世纪时传入该国的，而且也同时传入中国西域，那么它适应那里的环境的过程却非常缓慢，正如贝格拉姆和红山口遗址所证明的那样。任何一处佛教古建筑都不会早于公元1世纪，很可能是公元2世纪。"[1]

2. 佛教传入中国内地

关于佛教传入中国的时间，历来有若干不同的说法。但目前学界比较倾向于两汉之交，即公元前后。主要有两条文献记载。

据《三国志·魏书·乌丸鲜卑东夷传》裴松之注引鱼豢《魏略·西戎传》：

> 昔汉哀帝元寿元年，博士弟子景庐受大月氏王使伊存口

---

[1] ［法］鲁保罗：《西域文明史》，耿昇译，中国藏学出版社2014年版，第125页。

二　汉代中国与阿富汗和巴基斯坦之交通　33

授浮屠经……①

这条记载有确切的时间，公元前2年，有确切的人物。尤其值得注意的是传授者是"大月氏王"的使者，说明佛教最先传播到印度西北地区，然后又经西北地区传播到中国内地；"月氏人"在这中间起到很大作用。这里的月氏人一般是指塞种人，汉朝人习惯上称他们为月氏人。根据考古资料，约在公元前后的40年间（约前20—20），有一位强大的塞种人统治者，叫毛伊斯（Maues），他的势力不仅覆盖了呾叉始罗地区，而且已经延伸到今印度北方邦的马图拉一带。因此可以认为，佛教就是从那里传到汉朝内地的。

又据《后汉书·西域传》记载：

> 世传明帝梦见金人，长大，顶有光明，以问群臣。或曰："西方有神，名曰佛，其形长丈六尺而黄金色。"帝于是遣使天竺问佛道法，遂于中国图画形像焉。楚王英始信其术，中国因此颇有奉其道者。后桓帝好神，数祀浮图、老子，百姓稍有奉者，后遂转盛。②

这很像是一个传说，但最初的信奉者楚王英是实有其人（《后汉书》卷四十二《楚王英传》），其后的桓帝（147—167年在位）也是实有其人，且《后汉书·襄楷传》记载，汉桓帝时，襄楷上书皇帝曰："又闻宫中立黄老、浮屠之祠。此道清虚，贵尚无为，好生恶杀，省欲去奢。"③《后汉书》的这几条记载都是一致的，说明佛教是在汉明帝（58—75年在位）时传入中国中原地区有很

---

① 陈寿：《三国志》，裴松之注，中华书局1959年版，第859页。
② 范晔：《后汉书》，李贤等注，中华书局1965年版，第2922页。
③ 范晔：《后汉书》，李贤等注，中华书局1965年版，第1083页。

高的可信度。而这一时期次大陆正是贵霜王朝时期，佛教也正处于向外大传播时期。

此外尚有旁证。据《高僧传》卷一《摄摩腾传》和《竺法兰传》，也说汉明帝派郎中蔡愔、博士弟子秦景等去西域寻访佛法，带回了中天竺人摄摩腾和竺法兰。学术界有人以为这仅仅是一个传说，但也难以断然否定。如果可靠，则这是印度僧人来华传教的最早记载。汉明帝于洛阳"城西门外立精舍以处之"，从此中国有了第一座寺院——白马寺。摄摩腾和竺法兰来华后即翻译佛经，译有《四十二章经》《十地断结》《佛本生》《法海藏》《佛本行》等五部。这是佛经译为汉文之始。[①]

又据《高僧传》卷一，安息人安世高、大月氏人支娄迦谶等在东汉时来华译经。他们在翻译佛经的同时，也会接受弟子。安世高是来自安息国（在今伊朗）的人。而支娄迦谶则是大月氏人，月氏又作月支，故以支为姓。汉灵帝（168—189 年在位）时翻译了《道行般若经》，他应是来自贵霜帝国的僧人。

3. 早期月氏译经家

（1）支娄迦谶

据《高僧传》卷一本传，支娄迦谶（Lokaksema，活动于 2 世纪，简称支谶），于东汉末年从大月氏来华，是中国佛教史上早期佛典翻译家之一。据记载，他大约在 167 年来到洛阳，为人操行纯良，持戒精勤，讽诵众经，志在宣法。他来到洛阳后，积极学习汉语，并很快就掌握了汉语。于汉灵帝光和、中平年间（约 178—189）从梵本译出佛典 13 部。其中《般若道行经》《般舟三昧经》《阿阇世王经》《宝积经》《兜沙经》等，至今犹存。他的翻译风格很质朴，较少修饰，传达经文要旨清楚直接，为了很好地保存原典的本来面目，音译较多。所译佛经，多属大乘典籍，

---

① 慧皎：《高僧传》，汤用彤校注，中华书局 1992 年版，第 3 页。

为大乘经典在汉地翻译开了先河。他有个受业弟子支亮,支亮又有弟子支谦,应当也是贵霜王朝来华移民的后代。

(2) 支曜

《高僧传·支娄迦谶传》尚附有多人事迹,其中之一为沙门支曜,亦为汉灵帝时(168—189)和汉献帝时(190—220)的译经家,驰名当时。支曜曾译有《成具定意经》和《小本起经》等。① 又据道宣《大唐内典录》卷一,其所译经有:《小本起经》二卷、《成具光明定意经》(一云《成具光明经》,一云《成具光明三昧经》)一卷、《马有八态譬人经》(一名《马有八弊经》,一名《八态经》,一名《马有恶态经》)一卷、《赖咤和罗经》一卷、《首至问佛十四事经》(或无佛字)一卷、《闻成十二因缘经》一卷、《堕落优婆塞经》一卷、《小道地经》一卷、《阿那律八念经》(或直云《八念经》)一卷、《大摩耶经》(或无大字)一卷、《马有三相经》一卷,共11部12卷。"以灵帝世,于洛阳译。"② 此外,若干经录,如《开元释教录》等,均有简短记录,大同小异。另据《大正藏》所辑,支曜现存译著仅余《成具光明定意经》《阿那律八念经》《马有三相经》《马有八态譬人经》和《小道地经》等5种各一卷。

---

① 慧皎:《高僧传》,汤用彤校注,中华书局1992年版,第10、11页。
② 道宣:《大唐内典录》,《大正藏》第55册,台北新文丰出版有限公司1983年版,第224页。

三　玄奘西行与达摩笈多东来路线考

（一）玄奘西行与归国路线考

玄奘（600—664）西行，于627年发自长安，631年抵达曲女城，终达那烂陀。其行程可分为三段，一段在今天中国境内，即陕甘新三省区；一段在今中亚和西亚诸国境内，即中亚五国与阿富汗境内；一段在今阿富汗、巴基斯坦和印度境内。

1. *玄奘西行路线*

据《慈恩传》卷一、二和《西域记》卷一，玄奘在今中国境内所行路线为：长安——秦州（今天水）——兰州——凉州（今武威）——瓜州——（绕过）玉门关——第一烽——第四烽——莫贺延碛——伊吾国（今哈密）——高昌国（今吐鲁番一带）——阿耆尼国（今焉耆一带）——屈支国（今库车一带）——跋禄迦国（今阿克苏一带）——凌山（葱岭北端，天山山脉西端）。

据《慈恩传》卷二和《西域记》卷一，玄奘在中亚和西亚的行动路线为：

清池（热海，今吉尔吉斯斯坦伊塞克湖）——素叶水城（今吉尔吉斯斯坦托克马克）——千泉（在今吉尔吉斯斯坦北部）——呾逻私城（今哈萨克斯坦江布尔）——白水城（在今乌兹别克斯坦东北部）——恭御城（在今乌兹别克斯坦东北部）——笯赤建国（今乌兹别克斯坦塔什干东北）——赭时国（石国，今乌兹别克斯坦塔什干一带）——怖捍国（今乌兹别克斯坦费尔干纳一带）——窣堵利瑟那国（今乌兹别克斯坦锡尔河以西地区①）——飒秣建国（今乌兹别克斯坦撒马尔罕一带）——羯霜那国（史国，撒马尔罕以南地区）——睹货罗国故地（今阿富汗北部与塔吉克斯坦东部地区）——活国（今阿富汗北部昆都士一带）——缚喝国（古大夏国都，今阿富汗北部巴尔赫）——梵衍那国（今阿富汗巴米扬）——迦毕试国（今阿富汗喀布尔地区）。

据《慈恩传》卷二、三与《西域记》卷二、三、四，玄奘进入五印度②的行走路线为：滥波国（今阿富汗东部喀布尔河北岸地区）——那揭罗喝国（今阿富汗贾拉拉巴德一带）——健陀罗国（今巴基斯坦白沙瓦及其周边地区）——乌仗那国（今巴基斯坦斯瓦特河谷地区）——呾叉始罗国（今巴基斯坦伊斯兰堡和拉瓦尔品第附近的塔克西拉一带）——僧诃补罗国（在今巴基斯坦旁遮普省③）——迦湿弥罗国（今克什米尔地区）——磔迦国（今旁遮普平原地区）——至那仆底国（今巴基斯坦旁遮普省与

---

① 据《慈恩传》卷二：赭时国"西临叶河。又西千余里，至窣堵利瑟那国，国东临叶河。……又西北入大碛，无水草，望遗骨而进。"《西域记》卷一，玄奘从赭时国出发，"东南千余里，至怖捍国"，然后又"西行千余里，至窣堵利瑟那国"。《慈恩传》缺少怖捍国的环节，容易使读者误解，以为玄奘自赭时国一味西行而达飒秣建国。

② 玄奘时，"五印度"包括今阿富汗的部分地区。所以他认为自滥波国起即进入印度地域。

③ 此国具体位置无定论，一说在杰卢姆河北岸的开塔斯（Ketas，北纬32度43分，东经72度59分）一带，比较贴近。见季羡林等《大唐西域记校注》，中华书局1985年版，第314页。另外，校注中认为："此国似为传闻之国，非玄奘所亲履之地。"（《大唐西域记校注》，第313页）显然武断。因为《慈恩传》卷五明确说玄奘到阇兰达（阇烂达罗）国后，停一月，"乌地王遣人引送，西行二十余日，至僧诃补罗国。时有百余僧，皆北人，赍经像等依法师而还"。

印度旁遮普邦交界处某地①）——阇烂达罗国（今印度旁遮普邦贾兰达尔市一带）——屈露多国（今印度喜马偕尔邦库卢一带）——设多图卢国（今印度旁遮普邦东部附近某地）——波里夜呾罗国（国大都城在今印度拉贾斯坦邦斋普尔以北约 41 英里处）——秣菟罗国（今印度北方邦马图拉一带）——萨他泥湿伐罗国（今印度北方邦恒河与亚穆纳河之间的平原地带②）——窣禄勒那国（今印度北方邦东部一地区③）——秣底补罗国（在今恒河上游的东南地区）——瞿毗霜那国（今印度北方邦巴雷利市以北地区）——堊醯掣呾逻国（今印度北方邦巴雷利市以西的翁拉一带）——毗罗删挐国（今印度北方邦埃塔一带）——劫比他国（今印度北方邦法鲁哈巴德附近）——羯若鞠阇国（曲女城，今印度北方邦卡瑙季一带）。

此后玄奘到达那烂陀的行程因不在本书讨论之列，故不烦举。

2. 玄奘东归路线

玄奘东归，本有陆路和海路两种选择。据《慈恩传》卷五，当时，戒日王曾问玄奘："不知师欲从何道而归？师取南海去者，当发使相送。"玄奘表示，当初与高昌王有约定，回国后要去见高昌王，所以"须北路而去"④。玄奘所说的"北路"，即陆路，即大体按照他来时的路线返回。但事实上，玄奘因急于归国，并未

---

① 至那仆底国的确切地望，学界尚无定论，一说在比阿斯河与萨特累季河汇流处，另说在费罗兹普尔附近。参见季羡林等《大唐西域记校注》，中华书局 1985 年版，第 366 页。

② 此国地望尚未考定。据《西域记》卷四，其地在秣菟罗（马图拉）东北"五百余里"处。

③ 此国地望亦难比定。据《西域记》卷四，其地在萨他泥湿伐罗国东"四百余里"处，则其地应在距秣菟罗千里的东北方。但《西域记》卷四又言，其国"周六千余里，东临殑伽河，北背大山，阎牟那河中境而流"。似乎又在秣菟罗的正北方。总之，疑《西域记》对秣菟罗等三国的方位记载有误，或传抄致误。

④ 慧立、彦悰：《大慈恩寺三藏法师传》，孙毓棠、谢方点校，中华书局 1983 年版，第 113 页。

三　玄奘西行与达摩笈多东来路线考　　39

像来时那样绕道今中亚五国，而是自阿富汗进入新疆。

其路线可大致分为两段，一在今印度、巴基斯坦和阿富汗境内，一在今中国境内。

据《慈恩传》卷五，玄奘归国路线的前段为：曲女城——钵罗耶伽（今印度北方邦阿拉哈巴德）——憍赏弥（今印度北方邦亚穆纳河北岸柯桑村一带）——毗罗删拏国（来时经过）——阇烂达罗国（来时经过）——僧诃补罗国（来时经过）——呾叉始罗国（来时经过）——健陀罗国（来时经过）——滥波国（来时经过）——迦毕试国①（来时经过）——大雪山（兴都库什山塔瓦克山口）——安呾罗缚国（在今阿富汗兴都库什山北侧）——活国（来时经过）——钵铎创那国（今阿富汗东北巴达赫尚省一带）——淫薄健国（地处帕米尔高原西南部）——达摩悉铁帝国（在今阿富汗东北瓦罕走廊一带）——波谜罗川（今阿富汗东北的帕米尔河）。

玄奘归国路线的后段为：竭盘陀国（今新疆塔什库尔干一带）——乌铩国（今新疆英吉沙县一带）——佉沙国（今新疆喀什、疏勒一带）——斫句迦国（今新疆叶城一带）——瞿萨旦那国（古于阗，今新疆和田地区）——泥壤（即尼雅，今新疆民丰一带）——沮末（今新疆且末）——楼兰（今新疆若羌一带）——沙州（敦煌）——长安。

在玄奘新疆段的行程中，可以看出：（1）他之所以从塔什库尔干北上疏勒，是想走北道至高昌，以应高昌王之约。但他在那里似并未停留，而是立即转向东南，渡河逾岭，经叶城，向于阗。说明他在疏勒即得知高昌王已不在人世，故当即改行南道。《慈恩

---

①　据《西域记》卷一，当时的迦毕试国王"有智略，性勇烈，威慑邻境，统十余国"。玄奘返程时，国王亲自到健陀罗国迎接，并偕同玄奘前行，经滥波国进迦毕试国，又伴随玄奘途经几个属国，直至送玄奘走出迦毕试国境。这说明，当时的健陀罗国、滥波国等都处于迦毕试王的威慑或统摄之下。

传》卷五提到一"高昌小儿"马玄智，此人大约即向玄奘传递高昌王死讯者。(2) 在玄奘回国的途中，虽然他仍然每到一处都巡礼佛迹，但驻学的时间已经比来时少了许多，这一方面说明玄奘已经是饱学之士，另一方面也说明他回归祖国的心情迫切。

（二）达摩笈多来华路线考

1. 生平信息

据《历代三宝纪》卷十二、《大唐内典录》卷五、《法苑珠林》卷一百等记载，释彦琮撰有《达摩笈多传》四卷。惜不得见。彦琮与达摩笈多知识共事，年久弥笃，其所撰传记必翔实可靠，细致入微。

目前所存达摩笈多传记，以《续高僧传》卷二、《开元释教录》卷七和《贞元新定释教目录》卷十为详。且文字大同，大抵道宣以彦琮所撰为据，后二者又取则道宣。

达摩笈多（542 或 543[①]—619），梵文 Dharmagupta，可意译为法密、法藏、法护。其里籍，《续高僧传》卷二曰："本南贤豆罗啰国人也。"[②] 贤豆，Sindhu 或 Hindu，即印度之别译。罗啰，Lara，乃今古吉拉特之别称，《西域记》卷十一作瞿折罗，《宋史·天竺传》作啰啰。《大唐内典录》卷六以达摩笈多为北天竺乌场国人，误。《开元释教录》卷七辩证道："《内典录》及《翻经图》并云北天竺乌场国人者，非也。"[③]（按：《续传》与《内典录》均为道宣撰集，似不应自相矛盾，《翻经图》则未有是语）。

达摩笈多来华，一波三折。但履次清晰，具历名邦，且博闻

[①] 此年份为笔者推定，详见后文。
[②] 道宣：《续高僧传》，郭绍林点校，中华书局2014年版，第42页。
[③] 智升：《开元释教录》，《大正藏》第55册，台北新文丰出版公司1983年版，第551页。

强记，陈述详备，故彦琮可据以写出《大隋西国传》（又题《西域传》《西域玄志》等）一部十篇。今考其行程，与玄奘所行路线对照，既可证6、7世纪间丝路商旅活动之频繁，又可见僧人往来之艰辛。

2. 东来路线

达摩笈多二十三岁到中印度鞬挐究拨阇城（Kanyakubja，《西域记》作羯若鞠阇，又称曲女城），即今印度北方邦卡瑙季。至二十五岁受具足戒，仍住三年。后随师普照去咤迦国（Takka，《西域记》《慈恩传》并作磔迦国，在今印度旁遮普邦和巴基斯坦旁遮普省地区），住五年。从商人处得知大支那国（Mahacina，中国），未作来心。西北行至迦臂施国（Kapisa或Kapisi，《西域记》《慈恩传》并作迦毕试国），王城遗址在今喀布尔以北62公里处。于城中停留二年，备游诸寺。以其在雪山北阴，商旅咸凑其境，又闻支那大国三宝兴盛，便属意来华。度过雪山（兴都库什山脉）西北行，经薄佉罗（Baktra，古大夏国都城，《西域记》作缚喝国），即今阿富汗北部之巴尔赫（Balkh）。又东行，到波多叉拏国（Badakhshan，《西域记》作钵铎创那国），即今阿富汗东北境之巴达赫尚省一带。继而东行至达摩悉鬓①多（Termistat或Dharmasthita，《西域记》作达摩悉铁帝），即今阿富汗与中国相连接的瓦罕走廊。在此三国未久住，又至渴罗盘陀国（Tashqurgan，《西域记》作竭盘陀），今新疆之塔什库尔干。留停一年，北至沙勒国（Kashgar，《西域记》作佉沙国）。住两载。自沙勒东行，至龟兹国（Kuci，《西域记》作屈支国），今新疆库车。又住二年。东行至乌耆（Agni或Karashahr，《西域记》作阿耆尼），即新疆焉耆。经二载，渐至高昌，即今新疆吐鲁番一带。其地僧侣多学汉言。停二年，又至伊吾，即今新疆哈密一带。停一载，进入荒碛，无

---

① 鬓，一作须，或为鬢之误。

水，四顾茫然，迷失道路，踟蹰进退，终于到达瓜州。同行者或留或殁，独自来到东土。

3. 卒年小考

自达摩笈多二十五岁在曲女城受戒起，至到达瓜州，走走停停，至少花费20年时间。到隋文帝于开皇十年（590）冬十月延入京城，其年龄至少在四十五岁。但《传》中似仅计留年，未计行期。若加计行期，其年龄当在四十五至五十岁之间。笈多至武德二年（619）去世，在内地29年。其去世时年龄当在七十四至七十九岁之间。今取一中间值，可推知笈多生年当在542或543年。

（三）玄奘与达摩笈多的相似经历

达摩笈多与玄奘不是同代人。年龄上，达摩笈多比玄奘年长五十七八岁。当达摩笈多于开皇十年到达长安时，玄奘尚未出生。而达摩笈多于武德二年圆寂时，玄奘在成都空慧寺。但二人走过的道路却有很多重合。

1. 行动路线的重合

首先，玄奘到过达摩笈多的故乡古吉拉特，他们又都有从古吉拉特走到曲女城的经历。这中间，二人的行为轨迹多多少少会有一些重合，但由于达摩笈多传记中相关记载阙如，故无从比较。

但是，从印度曲女城到中国新疆疏勒这一段，则既是达摩笈多东来的路线，又是玄奘归国的路线。二人所走的道路基本一致，一些大的国度、城市基本相同。只是达摩笈多的传记简略一些，如不然，二人所到的寺院、参观的佛迹，也会有相当多的重合。

再说达摩笈多从龟兹到伊吾所走的路线，也与玄奘西行的路线高度重合，只不过达摩笈多走这段路的时候，走走停停，大约用了四五年时间（约584至589），而玄奘走这段路则用了不到一年的时间（628），二人相距约四十年。

还有一点不同，就是玄奘一路行走，在很大程度上得到了各地国王的支援，如在高昌国，有高昌王的精心关照，在曲女城，有戒日王、鸠摩罗王等赞助和支持，在迦毕试国，有迦毕试王的迎接和护送，等等。而达摩笈多亦得到官方的保护，但比玄奘明显为少，因此其行走难度要更大一些。

2. 独闯大漠的感受

从伊吾到瓜州，达摩笈多单形孤影，独闯砂碛：

> 路纯砂碛，水草俱乏。同侣相顾，性命莫投。乃以所赍经论权置道旁，越山求水，冀以存济，求既不遂，劳弊转增，专诵《观世音咒》，夜雨忽降，身心充悦。寻还本途，四顾茫然，方道迷失，踟蹰进退，乃任前行，遂达于瓜州，方知委曲，取北路之道也。笈多远慕大国，跋涉积年，初契同徒，或留或殁，独顾单影，届斯胜地，静言思之，悲喜交集。①

达摩笈多的这段经历，与玄奘只身横渡八百里莫贺延碛过程中缺水、迷路的经历十分相似：

> 于是旋辔，专念观音，西北而进。是时，四顾茫然，人鸟俱绝。夜则妖魑举火，烂若繁星，昼则惊风拥沙，散如时雨。虽遇如是，心无所惧。但苦水尽，渴不能前。是时，四夜五日无一滴沾喉，口腹干燋，几将殒绝，不复能进。遂卧沙中，默念观音，虽困不舍。启菩萨曰："玄奘此行不求财利，无冀名誉，但为无上正法来耳。仰惟菩萨，慈念群生，以救苦为务。此为苦矣，宁不知耶？"如是告时，心心无辍。至第五夜半，忽有凉风触身，冷快如沐寒水，遂得目明，马

---

① 道宣：《续高僧传》，郭绍林点校，中华书局2014年版，第44页。

亦能起。体既苏息，得少睡眠。即于睡中梦一大神，长数丈，执戟麾曰："何不强行，而更卧也？"法师惊寤，进发。行可十里，马忽异路，制之不回。经数里，忽见青草数亩，下马恣食。去草十步欲回转，又到一池水，甘澄镜澈。即而就饮，身命重全，人马俱得苏息。①

两相对照，虽文字有简有繁，但其情其理如一。一个是发愿东来，一个是誓言西行，都体现了佛教的精神力量，体现了中印两个民族的坚韧心志。

3. 共同的关注

二人的共同之处还在于，他们都对沿途所经诸国的人文、社会、地理、民俗等给予极大关注。因而，玄奘能撰出《大唐西域记》十二卷，其门人彦悰、慧立能撰出《慈恩传》十卷。此二书内容丰富，信息无量，为后世留下宝贵资源，受到世界瞩目。而彦琮也能写出《达摩笈多传》四卷、《大隋西国传》一部十篇，对此，道宣记曰：

> 有沙门彦琮，内外通照，华、梵并闻。预参传译，偏承提诱。以笈多游履具历多邦，见闻陈述，事逾前传，因著《大隋西国传》一部，凡十篇。本传一，方物二，时候三，居处四，国政五，学教六，礼仪七，饮食八，服章九，宝货十，盛列山河、国邑、人物，斯即五天之良史，亦乃三圣之宏图。故《后汉·西域传》云灵圣之所降集、贤懿之所挺生者是也，词极纶综，广如所述。②

---

① 慧立、彦悰：《大慈恩寺三藏法师传》，孙毓棠、谢方点校，中华书局1983年版，第17页。

② 道宣：《续高僧传》，郭绍林点校，中华书局2014年版，第45页。

从这里可知，达摩笈多所关注的事项非常全面，《大隋西国传》一书内容也极为丰富宝贵。虽未必有《西域记》详细缜密，却也是空前的巨制，且早于《西域记》成书约半个世纪。然而，所不幸者，彦琮《达摩笈多传》四卷与《大隋西国传》一部十篇均已不存；所大幸者，玄奘的《大唐西域记》与慧立、彦悰的《慈恩传》尚在。即便如此，道宣所记，文字虽简，内涵已丰。僧人履迹，商旅贸迁，宛然斯在。其于丝路文明交流史，于佛教史，于中西交通史之研究，意义伟巨。彦琮的《达摩笈多传》四卷和《大隋西国传》十篇如存，则可与《慈恩传》和《西域记》交相辉映，相得益彰。而达摩笈多的事迹则得以与玄奘对偶呼应，一者东来，一者西去，双星辉耀，为中印交往之千古佳话，为丝绸之路上的交响乐章。

4. 结语

第一，达摩笈多与玄奘是隋代与唐初丝绸之路的践行者。他们的旅行轨迹反映出丝绸之路当时的交通状况。

达摩笈多来华和玄奘西行，在新疆部分走的是北道，即塔里木盆地的北缘，说明这条道路当时是畅通的，来往的商人和僧侣很多。在隋代以前，已经有一些中外僧人走过此道，如鸠摩罗什等。这条道路的主要中间站是龟兹，龟兹古来既是中印文化的交汇点，也是佛教交流的集合点。

玄奘西行翻越凌山后，途经今中亚五国一带南行，走这条路去印度明显要远很多，但仍然有人走，如唐初中天竺人波罗颇迦罗蜜多罗来华，走的就是这条路。玄奘当时选择此路想必经高昌王指点，因高昌王与境外的叶护可汗有姻亲关系。再者，当时的中亚商人多经此道来华贸易。

玄奘归国后，在新疆境内选取南道，这条道上走的人似乎更多，晋代法显等一批人走的就是这条道。后来的阇那崛多、那连提黎耶舍等都走此路。这条道上最主要的中间站是于阗，它和龟兹一样，是东西文化交流的一个中间站。

第二，当时的丝绸之路基本通畅，商旅不绝于途，主要从事着东西方的物质交流，同时也传递着文化信息。

达摩笈多在沿线遇到过许多商人，尤其是在咤迦国（磔迦国）时，他便从商人口中得知中国："北路商人颇至于彼。远传东域有大支那国焉，旧名真丹、振旦者，并非正音，无义可译，惟知是此神州之总名也。"① 到了迦毕试国，"雪山北阴商侣咸凑其境。于商客所，又闻支那大国三宝兴盛。同侣一心，属意来此。非惟观其风化，愿在利物弘经。"② 正由于商人们提供信息，使达摩笈多知道了中国，并发愿东来。

玄奘往返取经，所遇商人益多，已不必举例。

第三，当时的丝路虽然算是畅通，但危机四伏，既有天险又有人祸，仍然要付出巨大牺牲。

这一路上的天险主要是雪山和沙漠。达摩笈多和玄奘都经历过这样的险境。《续高僧传》卷二《阇那崛多传》中也说："踰大雪山西足，固是天险之峻极也。"③ 玄奘不仅翻越过葱岭北端的凌山，也翻越过葱岭南部的雪山。所谓葱岭南部，指中国新疆与阿富汗和克什米尔交界处，其北是帕米尔高原，其南则是昆仑山脉、兴都库什山脉和喀喇昆仑山脉三大山脉的交汇处。道宣《释迦方志》卷上记载塔什库尔干以西的葱岭山势时写道：

> 又西少南登山，冰雪五百余里，至波谜罗川。东西千余里，南北百余里。或狭无十里，据南北大雪山间。地咸卤多石，草木希少，绝无人住。……此川在大葱岭上，赡部一洲地最高也。……其水西流，至达摩悉帝国东界，与缚刍河

---

① 道宣：《续高僧传》，郭绍林点校，中华书局2014年版，第43页。
② 道宣：《续高僧传》，郭绍林点校，中华书局2014年版，第43页。
③ 道宣：《续高僧传》，郭绍林点校，中华书局2014年版，第38页。

（阿姆河）合。故此已西，水并西流。东出一流，东北至佉沙国西界。……山地极高。池北即大葱岭也。《水经》云："高可千余里，两边渐下。南北竖岭，行数极多，百余条矣。多有山葱，崖险葱翠，因以名焉。"岭南接大雪山，北至千泉，应有二千五百许里。东极乌铩，西达活国，应三千余里。①

然而，似乎沙漠更加凶险，所以许多来华僧人的传记中有时不提雪山，而以"远涉流沙"强调其旅途的艰辛。流沙，通常泛指沙漠，有时也特指某地。如《西域记》卷十二，玄奘记载"大流沙"（即塔里木盆地东南部大沙漠）道：

> 从此东行，入大流沙。沙则流漫，聚散随风，人行无迹，遂多迷路。四远茫茫，莫知所指，是以往来者聚遗骸以记之。乏水草，多热风。风起则人畜惛迷，因以成病。时闻歌啸，或闻号哭，视听之间，恍然不知所至，由此屡有丧亡，盖鬼魅之所致也。②

人祸主要指强盗，偶尔也指战事。达摩笈多和玄奘的旅途中遇到很多商人，也势必遇到很多强盗。商人们如同草原上的羊群，而强盗们则如追踪羊群的恶狼，杀人越货，鲜有人性。

道宣《达摩笈多传》中未提到盗贼，但《慈恩传》中则多次提到玄奘遇盗。如卷二，玄奘一行在焉耆便遭到强盗抢劫，之后又见数十名商侣被杀，深感哀伤。

在天险和人祸面前，僧侣和商人的往来都不曾停止。玄奘和达摩笈多出生入死不畏艰险的精神，正是丝路文化交流的一大亮点。

---

① 道宣：《释迦方志》，范祥雍点校，中华书局1983年版，第17—18页。
② 季羡林等：《大唐西域记校注》，中华书局1985年版，第1030—1031页。

四　玄奘有关海上丝路的记载

（一）关于印度地理的概说

玄奘作为世界著名的旅行家，给人类留下了宝贵的记录，这就是他的《大唐西域记》。他去西天取经走的虽然是陆上丝绸之路，但他却也留下了海上丝绸之路的记载。

1. 准确的概括

《大唐西域记》卷二，玄奘用极为简洁的文字高度概括了印度的疆域和地理："五印度之境，周九万余里，三垂大海，北背雪山。北广南狭，形如半月。划野区分，七十余国。"[①] 这段记载，除了"形如半月"不够准确外，其余几乎是无可挑剔的。若非亲履其地并保持清醒的方向感和大局观，不可能有如此准确的描述。其中，"三垂大海"指出了印度与大海（印度洋）的紧密关系。其东、西、南三方沿海自古以来就有众多港口，对外经贸往来频繁，这就注定印度与海上丝绸之路有着不可分割的天然联系。

2. 五印度的划分

印度古人早就将南亚次大陆划分为东南西北中五个部分，中国古人为表述的方便，则总称为"五天竺"（如法显）或"五印度"（如玄奘）。玄奘不仅将天竺正名为印度，更可贵的是，他还在《大唐西域记》中明确地给出了当时印度东西南北的疆界，也

---

① 季羡林等：《大唐西域记校注》，中华书局1985年版，第164页。

标出了境内每个国家属于东南西北中的哪一部分。

五印度中除了北印度和中印度之外，其余三方皆临海。于是，当玄奘沿着漫长的海岸线巡礼时，便会遇到一些港口城市，便会从当地人那里打听到一些海外消息。玄奘将这些消息记录下来，这便是当时有关海上丝绸之路印度洋段的权威信息。

（二）关于印度沿海的主要港口

玄奘从西北方进入印度，经过北印度和中印度巡礼后，才开始巡游东印度。所以《大唐西域记》从卷十开始记载一些印度的港口城市。下面讨论其中四个。

1. 耽摩栗底

《大唐西域记》卷十："耽摩栗底国周千四五百里。国大都城周十余里，滨近海垂，土地卑湿。……国滨海隅，水陆交会，奇珍异宝，多聚此国，故其国人大抵殷富。"[1] 学界比定耽摩栗底为今印度西孟加拉国邦加尔各答西南约150公里的塔姆卢克。

此地为印度古代著名港口，法显公元409年即从此地登船南下师子国。《法显传》对此地有记载："多摩梨帝国，即是海口。其国有二十四僧伽蓝，尽有僧住，佛法亦兴。法显住此二年，写经及画像。"到玄奘时，当地佛教有所衰落，但仍有"伽蓝十余所，僧众千余人"。[2] 而那里的港口地位则更为显著，商贸更加繁荣，所以才出现"奇珍异宝，多聚此国"的盛况。数十年后，义净曾于673年在那里登陆次大陆并于685年[3]从那里离开印度。除他而外，还有大乘灯、道林等在此游学。

由中国典籍可知，从东晋到初唐的至少三百年间，耽摩栗底一直是东印度的重要港口，不仅南通斯里兰卡，还远通东南亚和

---

[1] 季羡林等：《大唐西域记校注》，中华书局1985年版，第805页。
[2] 章巽：《法显传校注》，上海古籍出版社1985年版，第147页。
[3] 王邦维：《大唐西域求法高僧传校注》，中华书局1988年版，第257—269页。

中国广州，是当时海上丝路的重要一站。

2. 建志补罗

《西域记》卷十记达罗毗荼国大都城为建志补罗（建志城）。此处，未记其临海，但《慈恩传》卷四则明确指出："建志城即印度南海之口，向僧伽罗国水路三日行到。"① 从对音看，建志补罗即今泰米尔纳德邦的康契普拉姆，在金奈市西南约 70 公里处。但其位置似乎偏向内陆而远离海岸，古代的建志城必紧靠孟加拉湾，方能称为"南海之口"。其中变迁，不得而知。

历史上，有多个王朝在建志城建都。所以多数学者认为，建志城即《汉书·地理志》中所说的黄支国，在汉代与中国有密切的联系，武帝时就曾屡派使者到黄支去，王莽时黄支还进贡过犀牛，是汉代海上丝路的要冲。据《旧唐书·西戎传》，唐代时建志城的统治者依然与唐朝保持着密切接触。

3. 那伽钵亶那

《西域记》卷十末记布呾洛迦山"东北，海畔有城，是往南海僧伽罗国路。闻诸土俗曰：从此入海，东南可三千余里，至僧伽罗国"。文中只说是海畔有城，未说城名，而且其"三千余里"也过于夸张。据学者们考证，此城即那伽钵亶那②。

玄奘并没有亲践此城，故未记其名。但此城在义净《大唐西域求法高僧传》卷下《无行传》中有记：无行与智弘为伴，"东风泛舶，一月到室利佛逝国。……至冬末转舶西行，经三十日，到那伽钵亶那。从此泛海二日，到师子洲，观礼佛牙"。③ 这是唐代两位中国僧人到那里的确切记载。说明那里也是一个通往师子国和东南亚的重要港口。

4. 跋禄羯呫婆

《西域记》卷十一，玄奘离开达罗毗荼国，到达西海岸的摩诃

---

① 慧立、彦悰：《大慈恩寺三藏法师传》，中华书局 1983 年版，第 87 页。
② 季羡林等：《大唐西域记校注》，中华书局 1985 年版，第 862 页。
③ 王邦维：《大唐西域求法高僧传校注》，中华书局 1988 年版，第 182 页。

刺侘国（约当今之马哈拉施特拉邦），然后西北行，至跋禄羯呫婆国，其人"煮海为盐，利海为业"，说明当地有海上交通的便利。

经学者们考证，此地即位于今印度古吉拉特邦东南部的布罗奇①。布罗奇扼守纳尔马达河入海口，古代为一大港，与中东、欧洲有频密的贸易往来。该港也与中国广东相交通，故贾耽《皇华四达记》中将其列在"广州通海夷"的航线上："广州东南海行……又北四日行，至师子国，其北岸距南天竺大岸百里。又西四日行，经没来国，南天竺之最南境。又西北经十余小国至婆罗门西境。又西北二日行，至跋飔国。"② "拔飔"即跋禄羯呫婆，即布罗奇。③

（三）关于斯里兰卡

玄奘没有去斯里兰卡，但《西域记》卷十一却用很大篇幅介绍了僧伽罗国的传说和佛教状况等。

1. 名义与地望

斯里兰卡的旧名很多，仅玄奘提到的就有师子国、执师子国、僧伽罗和宝渚等四种。其中，师子国即执师子国，玄奘所记其有关传说与《大史》和《岛史》的记载相一致，大抵得之于师子国僧人。玄奘在达罗毗荼国时，本拟渡海赴师子国，但正逢师子国内乱，一批僧人逃至达罗毗荼国，玄奘得见。他听从当地僧人的奉劝而未前往。关于僧伽罗的传说，则见于多种佛经。至若宝渚，则与该地盛产珍珠宝石得名，与《法显传》记"多出珍宝珠玑"相一致。

前文说过，《西域记》卷十末尾，玄奘"闻诸土俗"：从那伽钵亶那入海，"东南可三千余里，至僧伽罗国"是不准确的。若将

---

① 季羡林等：《大唐西域记校注》，中华书局1985年版，第898页。
② 欧阳修、宋祁：《新唐书》，中华书局1975年版，第1153页。
③ 冯承钧：《中国南洋交通史》，上海古籍出版社2012年版，第30页。

"三千余里"改为"三百余里"便合理了。但有一点很明确，即僧伽罗国"非印度之境"，说明在唐代以前，僧伽罗国虽屡屡被南印度进攻甚至征服，但始终未被纳入印度版图。至于它被注辇国吞并，那是后话。

贾耽所说师子国"北岸距南天竺大岸百里"，则准确得多。观今日地图，从印度泰米尔纳德邦东南的卡里米尔角到斯里兰卡北端的直线距离约50公里。贾耽《皇华四达记》中描述了从广州到师子国的航行路线和时间，说明师子国是海上丝路的一个重要中转站。

2. 中斯佛教交流

关于斯里兰卡早期佛教的情况，法显曾有记录。《西域记》卷十一则记录了其200余年后的状况，"伽蓝数百所，僧徒二万余人……分成二部。一曰摩诃毗诃罗住部（即大寺派），斥大乘，习小教；二曰阿跋耶祇厘住部（即无畏山寺派），学兼二乘，弘演三藏，僧徒乃戒行贞洁，定慧凝明，仪范可师，济济如也"。[①] 同时还记载了佛牙精舍供奉佛牙、国王供养僧侣以及采宝纳税的情况，都可与《法显传》相关内容相参照。

自晋代以来，中国与斯里兰卡的佛教交流一直未停止，到唐代达到顶峰。玄奘与僧伽罗国七十余僧人结伴到西南印度周游便是一例。其后，义净《大唐西域求法高僧传》中尚记有若干中国僧人去师子国观礼佛牙、学习佛法、求取佛经。有下列数条，皆在卷上[②]。

《明远传》记："明远法师者，益州清城人也。……乃振锡南游，界于交址。鼓舶鲸波，到诃陵国。次至师子洲，为君王礼敬。乃潜形阁内，密取佛牙，望归本国，以兴供养。既得入手，翻被夺将。事不随所怀，颇见陵辱，向南印度。"

---

① 季羡林等：《大唐西域记校注》，中华书局1985年版，第878页。
② 王邦维：《大唐西域求法高僧传校注》，中华书局1988年版，第67—88页。

《义朗传》记："义朗律师者，益州成都人也。……与弟（义玄）附舶向师子洲，披求异典，顶礼佛牙，渐至西国。"

《窥冲传》记："窥冲法师者，交州人，即明远室洒也。……与明远同舶而泛南海，到师子洲。"

《慧琰传》记："慧琰法师者，交州人也。即行公（智行）之室洒。随师到僧诃罗国（僧伽罗国），遂停彼国，莫辨存亡。"

《智行传》记："智行法师者，爱州人也。……泛南海，诣西天（亦途经僧诃罗国，见上条），遍礼尊仪。"

《大乘灯传》记："大乘灯禅师者，爱州人也。……遂持佛像，携经论，既越南溟，到师子国观礼佛牙，备尽灵异。"

其他僧传中也有相关记载：

《续高僧传》卷四《那提传》：那提三藏，中印度人，曾往执师子国，又东南上楞伽山，南海诸国随缘达化。后搜集经论五百余夹，以永徽六年（655）抵达长安。[1]

《宋高僧传》卷一《金刚智传》：金刚智，南印度摩赖耶国人。曾游师子国，登楞伽山，泛海东行，于开元七年（732）到广州，后至长安翻译佛经。[2]

《宋高僧传》卷一《不空传》：不空金刚，北印度人。幼年随叔父来华，年十五师事金刚智学习密法。曾奉旨往五天并师子国，天宝元年（742）冬至南海郡，与弟子含光、慧辩等二十七人附昆仑舶离南海，经诃陵而至师子国，天宝五载（746）还京。[3]

《宋高僧传》卷二《般剌若传》：般剌若，北印度迦毕试国人，泛海东迈，垂至广州，却被风吹返师子国东。又集资粮，重修巨舶，遍历南海诸国，于建中元年（780）到达广州。[4]

---

[1] 道宣：《续高僧传》，郭绍林点校，中华书局2014年版，第156—157页。
[2] 赞宁：《宋高僧传》，范祥雍点校，中华书局1987年版，第4页。
[3] 赞宁：《宋高僧传》，范祥雍点校，中华书局1987年版，第7—8页。
[4] 赞宁：《宋高僧传》，范祥雍点校，中华书局1987年版，第22—25页。

《宋高僧传》卷二十九《慧日传》：慧日，俗姓辛氏，东莱人。遇义净三藏，心恒羡慕，遂誓游西域。始者泛舶渡海，自经三载，东南海中诸国，昆仑、佛誓、师子洲等经过略遍，乃达天竺。在外总一十八年，方还长安。①

另据《册府元龟》卷五二，五代后唐末帝时，曾于清泰三年（936）赐师子国婆罗门摩诃定利密多罗紫袈裟。

这些僧人来往，都得益于海上交通的便利与商贸的频繁。

3. 其他人员往来

从广州到师子国，来往最多最频繁的是商人和舟师，他们中既有中国人也有外国人，当然也有斯里兰卡人。他们是最熟悉这条航线的人，却名不见经传。耿引曾先生注意到了一条史料：李肇《唐国史补》卷下曰："南海舶，外国船也，每岁至安南、广州。师子国舶最大，梯而上下数丈，皆积宝货。"② 日本人元开的《唐大和上东征传》也讲到广州江中停泊有各国大船，"其舶深六七丈，师子国、大石国、骨唐国、白蛮、赤蛮等往来居住，种类极多"③。

其实，别说是商人和舟师，即便是政府派遣的使者，有时也未必能在正史中留下姓名。《册府元龟》有下列记载④：

卷九七〇：总章三年（670），师子国遣使朝贡。同卷：景云二年十二月（712），师子国遣使献方物。

卷九七一：天宝五载（746）正月，师子国王尸逻迷伽遣婆罗门僧阿目伽跋折罗（即不空金刚）来朝，献钿金、宝璎珞及贝叶梵写《大般若经》一部，细白氎四十张。同卷：天宝九载（750）三月，师子国献象牙、真珠。

---

① 赞宁：《宋高僧传》，范祥雍点校，中华书局1987年版，第122页。
② 转引自耿引曾《中国人与印度洋》，大象出版社1997年版，第29页。
③ [日]元开：《唐大和上东征传》，汪向荣校注，中华书局1979年版，第74页。
④ 王钦若等编：《册府元龟》，中华书局1988年影印版，第11402、11404、11412、11413、11415页。

卷九七二：宝应元年（672）六月，师子国等遣使朝贡。

《宋高僧传》卷一《不空传》则记："天宝五载还京，进师子国王尸罗迷伽表及金宝璎珞、《般若》梵夹、杂珠白氎等。"①

《新唐书》卷二百二十一《西域列传》则记："天宝初，王尸罗迷迦再遣使献大珠、钿金、宝璎、象齿、白氎。"②

（四）关于东南亚

《西域记》卷十，当玄奘到东印度三摩呾咤国（今孟加拉国达卡西南）后，听说从那里向东有"传闻六国"，便予记载：

> 从此东北大海滨山谷中，有室利差呾罗国。次东南大海隅有迦摩浪迦国，次东有堕罗钵底国，次东有伊赏那补罗国，次东有摩诃瞻波国，即此云林邑是也，次西南有阎摩那洲国，凡此六国，山川道阻，不入其境，然风俗壤界，声闻可知。③

现据《大唐西域记校注》相关注释转述如下。

1. 室利差呾罗国

义净《南海寄归内法传》将此地译为室利察呾罗。一般认为，在下缅甸的伊洛瓦底江畔、勃固省西北角卑谬一带。

2. 迦摩浪迦国

即《梁书》卷五四中的狼牙修，义净《南海寄归内法传》和《大唐西域求法高僧传》中作郎迦戌，地处马来半岛。

3. 堕罗钵底国

即泰国古都阿逾陀。《南海寄归内法传》中的社（疑为杜）和钵底，《旧唐书》中作堕和罗，《新唐书》中作独和罗。

---

① 赞宁：《宋高僧传》，范祥雍点校，中华书局1987年版，第8页。
② 欧阳修、宋祁：《新唐书》，中华书局1975年版，第6257页。
③ 季羡林等：《大唐西域记校注》，中华书局1985年版，第805页。

4. 伊赏那补罗

即柬埔寨的古都之名。《旧唐书》卷一九七《南蛮西南蛮传》"真腊"条："其王姓刹利氏，有大城三十余，王都伊奢那城。"①

5. 摩诃瞻波国

汉代至唐代称为林邑，唐代又称占婆、环王国，唐以后又称占城。在今越南南方。

6. 阎摩那洲国

根据对音，其意思应为爪哇岛，即《法显传》中的耶婆提。但亦有人以为是苏门答腊岛。

以上六个地方都地处海上丝路的沿线。

（五）关于波斯与大秦

《大唐西域记》对印度以西的国度记载较少，今举其二。

1. 波剌斯与鹤秣城

《西域记》卷十一讲到波剌斯国，即波斯国。玄奘未到其地，却在书中盛赞波剌斯的地大物博，罗列出许多当地特产。他没有说这些物产是否已经传入中国，也没有提及陆路与海上丝绸之路。但近代以来中外研究丝绸之路者，往往都会论及波斯与大唐的文化交流。远在唐以前，波斯商人便活跃于丝绸之路上，贞观年间，长安已经有了波斯寺。在玄奘圆寂之后，沿着陆路和海路的中国与波斯文化交流更加繁荣。

如向达先生所指出的，"唐时波斯商胡懋迁往来于广州、洪州、扬州、长安诸地者甚众，唐人书中时时纪及此辈"。"唐代广州犹为中西海上交通之唯一要地。"② 向先生的结论有许多佐证。

据日人元开《唐大和上东征传》记载：广州"江中有婆罗

---

① 刘昫等：《旧唐书》，中华书局1975年版，第5271页。
② 向达：《唐代长安与西域文明》，生活·读书·新知三联书店1987年版，第24、34页。

门、波斯、昆仑等舶，不知其数；并载香药、珍宝，积载如山"。①

玄奘在讲到波剌斯的同时，还提到鹤秣城，说"国东境有鹤秣城，内城不广，外郭周六十余里。居民众，家产富"②。一般以为，此鹤秣城就是今天的霍尔木兹。但今天并没有霍尔木兹城。霍尔木兹主要以海峡而闻名，因为那里是波斯湾通向阿拉伯海的咽喉。波斯的商船要么从霍尔木兹起航，要么经过霍尔木兹海峡而东进。唐时，有大量的波斯商船便是从这里驶向中国广州的。其实，不仅是波斯商船，阿拉伯半岛北部的商船，也要行此航道以达广州。

在玄奘之后，慧超曾到过波斯，他写道："从吐火罗国西行一月，至波斯国。此王先管大食……然今此国，却被大食所吞……常于西海泛舶入南海，向狮子国取诸宝物，所以彼国云出宝物；亦向昆仑国取金；亦泛舶汉地，直至广州，取绫绢丝绵之类。"③张毅先生对这段文字有详细解说，兹不录。

2. 拂懔国

《西域记》卷十一还提到拂懔国。由于玄奘并没有去过拂懔国，所以仅说其"境壤风俗，同波剌斯。形貌语言，稍有乖异，多珍宝，亦富饶也"④。

拂懔，又译拂菻，指拜占庭（东罗马帝国，都君士坦丁堡）。《旧唐书》卷一九八《西戎传》说："拂菻国一名大秦，在西海之上，东南与波斯接。"⑤拂菻靠海，有航海之便，已不用说。慧超《往五天竺国传》又记："自波斯北行十日入山……又小拂临国，傍海西北，即是大拂临国。此王兵马强多，不属余国。大食数回

---

① ［日］元开：《唐大和上东征传》，汪向荣校注，中华书局1979年版，第74页。
② 季羡林等：《大唐西域记校注》，中华书局1985年版，第941页。
③ 张毅：《往五天竺国传笺释》，中华书局1994年版，第101页。
④ 季羡林等：《大唐西域记校注》，中华书局1985年版，第942页。
⑤ 刘昫等：《旧唐书》，中华书局1975年版，第6515页。

讨击不得，突厥侵亦不得。"① 讲的是"白衣大食"阿拉伯倭马亚王朝多次围攻君士坦丁堡未果。阿拉伯人开始进攻拜占庭是在第二任哈里发欧默尔时期（634—644年在位），彻底灭亡波斯萨珊王朝是在第三任哈里发奥斯曼在位（644—656）的651年。倭马亚王朝建立于661年，其后阿拉伯人仍不断进攻拜占庭。

《旧唐书》卷一九八又有《拂菻传》，记拂菻贞观十七年（643）、乾封二年（667）、大足元年（701）和开元七年（719）来朝事。说明拂菻与唐朝关系密切。这大抵是陆上的交往，海上贸易自然也不会少。

总之，玄奘关于海上丝绸之路的记载，体现了他的博学和远见，对于古代中外交通史和文化交流史研究具有重要意义。

---

① 张毅：《往五天竺国传笺释》，中华书局1994年版，第116页。

五　唐代滥波国和罽宾国——7、8世纪中阿交流谈

阿富汗位于中亚、西亚和南亚的交界处，是古代丝绸之路的重要中转站和商贸集散地。从张骞通西域到玄奘取经，阿富汗都是必经之地。至今，阿富汗的战略地位依然重要。

本文要讨论的是7、8世纪中国阿富汗文化交流中的几个人和几件事，其中关于李无谄的事迹几乎未曾引起过学界的重视。

（一）玄奘所记今阿富汗之地

玄奘西行，于公元628年进入今阿富汗境内，时年29岁[①]。如《大慈恩寺三藏法师传》卷二所说，玄奘先经今中亚塔吉克斯坦、哈萨克斯坦和乌兹别克斯坦等地，然后到"睹货罗国"（又称吐火罗国），在考察游历了几个地方之后，走出睹货罗国，进入梵衍那国（在今阿富汗巴米扬省），又由梵衍那国进入迦毕试国（在今阿富汗卡皮萨省），夏坐后，"东进六百余里，越黑岭（阿富汗东部的锡雅克山），入北印度境，至滥波国"。[②]

1. 睹货逻国故地

这里要特别说说吐火罗国。所谓"吐火罗国"，梵语 Tukhara，

[①] 杨廷福：《玄奘年谱》，中华书局1988年版，第127页。
[②] 慧立、彦悰：《大慈恩寺三藏法师传》，孙毓棠、谢方点校，中华书局1983年版，第30—36页。

玄奘在《大唐西域记》卷一称之为"睹货逻国故地",并介绍其概况说:"其地南北千余里,东西三千余里。东阨葱岭,西接波剌斯。南大雪山,北据铁门。缚刍大河中境西流。自数百年王族绝嗣,酋豪力竞,各擅君长,依川据险,分为二十七国。虽画野区分,总役属突厥。"① 意思是说,这个"故地"相当广大,东边挨着葱岭(帕米尔高原),西边连接波剌斯(波斯,今伊朗),南边是大雪山(兴都库什山),北边是铁门关(在今乌兹别克斯坦铁尔梅兹之北),缚刍河(阿姆河)从东向西横贯其间。

那么,玄奘说的这个"故地"究竟是何人何时之故?中国学者王欣先生曾经指出:"从睹货逻国故地的范围来看,只与吐火罗人在中亚所建立的第一个国家——大夏国相合,所以玄奘所谓的'睹货逻国'实际应指大夏。"② 也就是说,这个吐火罗国是古代大夏国的故地,在阿姆河中上游的南北两侧,其北侧包括今塔吉克斯坦、乌兹别克斯坦和土库曼斯坦三国的南部地区,其南侧即今阿富汗的北部地区。玄奘又说,数百年前吐火罗的王族断了香火,无人继承这庞大的国家,各地的酋长便纷纷自立,到玄奘到来时已有"二十七国",都归突厥人统治。其中相当一部分在今阿富汗境内,《西域记》卷一和卷十二各有介绍,有的是玄奘亲践,有的得自于传闻。

2."五印度"和"北印度"

值得注意的是,中国古代的西天取经者都是佛教徒,他们都是奔着"五天竺"或"五印度"去的,这是很自然的。至于其他地方,他们有另外的说法。

关于"五印度",笔者曾著《从法显的五天竺到玄奘的五印

---

① 玄奘、辩机:《大唐西域记》,《大正藏》第51册,台北新文丰出版公司1983年版,第872页。

② 王欣:《吐火罗史研究》(增订本),商务印书馆2018年版,第116页。

度》一文①，提出过以下两个观点：第一，古代"印度"（或称天竺）这一概念不是指一个国家，而是一个地区，即次大陆。所以从很古的时候起，印度人就把次大陆分为东南西北中五部分。第二，"五印度"或"五天竺"这个词是中国佛教徒最先使用的，因为在古代印度语言中没有这个复合词。

下面，我们重点谈"北印度"这个概念。法显是第一个到印度去并走过很多地方的朝圣者和取经者。他在《佛国记》中说：

> 自葱岭已前，草木果实皆异。唯竹及安石榴、甘蔗三物与汉地同耳。从此西行向北天竺国，在道一月，得度葱岭。葱岭山冬夏有雪，又有毒龙，若失其意，则吐毒风，雨雪，飞沙砾石。遇此难者，万无一全。彼土人即名为雪山也。度岭已，到北天竺。始入其境，有一小国名陀历。②

他的说法简洁明确，"度岭已，到北天竺"，意思是葱岭以南即北印度。这显然是当时印度人和中国人对北印度界限的一般认知。

西汉张骞通西域未达印度，其二次西使曾派副使出访印度。在张骞死后，法显之前，已有很多人到过北印度，如《后汉书·西域传》说：

> 天竺国一名身毒，在月氏东南数千里。俗与月氏同，而卑湿暑热。其国临大水。乘象而战。其人弱于月氏，修浮图道，不杀伐，遂以成俗。从月氏、高附国以西，南至西海，

---

① 其繁体字版发表于《华林国际佛学学刊》电子期刊第二卷第一期（2019年5月）。

② 法显：《佛国记》，《大正藏》第51册，台北新文丰出版公司1983年版，第857页。

东至磐起国,皆身毒之地。身毒有别城数百,城置长。别国数十,国置王。虽各小异,而俱以身毒为名,其时皆属月氏。①

文中第一和第二个"月氏"指阿姆河以南、阿富汗北部的广大地区;"高附"指今阿富汗喀布尔河流域;"西海"即地中海;"磐起"即今阿萨姆(一说缅甸)。其中囊括了今日阿富汗的全部,将身毒国的北境推至阿姆河。但引文中明确,尽管这些地方"皆身毒之地","其时皆属月氏"。文中最后一个"月氏"指贵霜,也就是说,这里所画的是贵霜帝国强盛时期的版图,不是人们通常"五印度"的概念。

我们再看看玄奘是怎么说的。他先总说"五印度":

> 五印度之境,周九万余里。三垂大海,北背雪山,北广南狭,形如半月。画野区分七十余国。时特暑热,地多泉湿。北乃山阜隐轸,丘陵舄卤。东则川野沃润,畴垄膏腴。南方草木荣茂,西方土地硗确。斯大概也。可略言焉。②

玄奘说五印度"三垂大海,北背雪山",指的是东、南、西三面濒海,北面靠的是雪山。总体上说,这个表述与法显的表述是一致的。玄奘说的雪山具体指的是兴都库什山脉和喜马拉雅山脉,法显所说的葱岭虽然通常解释为帕米尔高原,但那仅仅是狭义的葱岭,还有广义的葱岭,即五大山脉(喜马拉雅山脉、喀喇昆仑山脉、昆仑山脉、天山山脉、兴都库什山脉)的汇集处。玄奘在《西域记》卷十二也是这样定义葱岭的:

---

① 范晔:《后汉书》,李贤等注,中华书局1965年版,第2921页。
② 季羡林等:《大唐西域记校注》,中华书局1885年版,第164页。

葱岭者，据赡部洲中，南接大雪山，被至热海、千泉，西至活国，东至乌铩国，东西南北各数千里。①

总之，划分北印度的界限是山脉，是由自然地理条件决定的。

3. 吐火罗与"北印度"之间

至于玄奘亲践的梵衍那国和迦毕试国，在佛教徒看来，既不包括在古吐火罗国范围内，也不包括在"北印度"的范围内。而是如《慈恩传》中所说，自滥波国"以北境域，皆号蔑戾车（此言边地）。"② 蔑戾车，又作蜜利车、弥离车等，梵文 Mleccha，是印度古人对边地不开化民族的称呼。

通过玄奘的记载，我们知道，当时中亚地区盛行波斯文化，吐火罗地区的突厥人受波斯文化影响较大，主要信仰琐罗亚斯德教。梵衍那国和迦毕试国的人受印度文化影响较大，信仰佛教和印度教的较多。

至此，我们可以得出结论：阿富汗在玄奘的描述中大致分为三部分：第一部分为睹货逻国故地，即阿姆河以南至兴都库什山以北的广大区域；第二部分为梵衍那和迦毕试等受佛教影响的边远地区，处于兴都库什山中；第三部分是被划归北印度的滥波国、那揭罗曷国等"北印度"，亦处于兴都库什山中。

关于玄奘在阿富汗的旅行考察，内容非常丰富，具体当另文讨论。下面要重点讨论的是滥波国。

(二) 玄奘滥波国之行

《大唐西域记》卷一末句写道："自此东行六百余里，山谷接

---

① 季羡林等：《大唐西域记校注》，中华书局1885年版，第964页。
② 慧立、彦悰：《大慈恩寺三藏法师传》，孙毓棠、谢方点校，中华书局1983年版，第36页。

连，峰岩峭峻。越黑岭，入北印度境，至滥波国。北印度境。"① 句末小字夹注表明，滥波国是"五印度"最北面的国家，进入了滥波国才算进入了"北印度"。文中"自此东行"指从迦毕试国东行。

《大唐西域记》从卷二开始记叙"五印度"各国情况，直至卷十一。卷二开头先综述印度概况，然后开始分国别介绍。其第一个国家即是滥波国：

> 滥波国，周千余里，北背雪山，三垂黑岭。国大都城周十余里。自数百年，王族绝嗣，豪杰力竞，无大君长，近始附属迦毕试国。宜粳稻，多甘蔗，林树虽众，果实乃少。气序渐温，微霜无雪。国俗丰乐，人尚歌咏。志性怯弱，情怀诡诈，更相欺诳，未有推先。体貌卑小，动止轻躁。多衣白㲲，所服鲜饰。伽蓝十余所，僧徒寡少，并多习学大乘法教。天祠数十，异道甚多。
>
> 从此东南行百余里，踰大岭，济大河，至那揭罗曷国。北印度境。②

据学者们考证，滥波的梵文为 Lampaka，又作岚婆、览波等。"今名 Laghman，在喀布尔河北岸，东西以 Alingar 及 Kunaer 河为界，是一狭小地带，近人实测该地带每边约长 40 英里，四周约 160 英里，与玄奘的记载颇相吻合。"③ 滥波国在今阿富汗拉格曼省，这一考定鲜有异议。

玄奘的这段记载还透露出一个信息，即当时滥波国没有国王，

---

① 玄奘、辩机：《大唐西域记》，《大正藏》第 51 册，台北新文丰出版公司 1983 年版，第 875 页。

② 玄奘、辩机：《大唐西域记》，《大正藏》第 51 册，台北新文丰出版公司 1983 年版，第 878 页。

③ 季羡林等：《大唐西域记校注》，中华书局 1885 年版，第 219 页注释（一）。

甚至没有"大君长",被迦毕试国统治。这个地方相当富庶,佛教寺院仅有十来所,僧人很少,都属大乘信徒。但是,信仰印度教湿婆派的教徒很多,有数十所礼拜大自在天(湿婆)的庙宇——天祠。这说明,当时滥波国受印度文化影响很深。这也许正是将滥波国划归"五印度"的主要原因之一。

在《大唐西域记》成书之后,道宣的《释迦方志》成书,是在唐高宗永徽元年(650)①。其卷上记滥波国曰:

> 越雪山,度黑岭,至北印度界。已前诸邑,并名胡国,至此方合中间道也。其地名曰滥波国。(北印度所摄地,入天竺婆罗门地。)……滥波国者,在无热池西,倚北胡活国东南,三垂黑岭,北约雪山。都城周十余里。寺十余所,僧数亦少,多学大乘。天祠数十,异道特多②。

道宣曾作为9名"缀文大德"之一,参加过玄奘的译经活动③。他不仅熟悉玄奘,也熟悉《大唐西域记》。《释迦方志》中采用了很多《大唐西域记》提供的信息。但从这段引文看,他的资料来源不止于《大唐西域记》。他在介绍滥波国方位时,前加"在无热池西,倚北胡活国东南"字样。其中的"无热池",梵文Anavatapta,又译阿耨达池、无热恼池、清凉池等。实际上,这是佛经中一个想象的诸河之源。玄奘在《大唐西域记》卷一的《序论》中称之为"阿那婆答多池",也是源自佛经的传说。而道宣提到的"活国",玄奘在《大唐西域记》卷十二介绍说:"活国,睹货逻国故地也,周二千余里。无别君长,役属突厥。……多事

---

① 王亚荣:《道宣评传》,宗教文化出版社2017年版,第173页。
② 道宣著:《释迦方志》,范祥雍点校,中华书局1983年版,第27页。
③ 慧立、彦悰:《大慈恩寺三藏法师传》,孙毓棠、谢方点校,中华书局1983年版,第131页。

三宝，少事诸神。"学者们考定其地为今阿富汗昆都士城一带①。说明道宣虽然没有去实地考察过，但对滥波国、活国的位置是经过核对和确认的。

玄奘离开滥波国以后，继续东南行，到达那揭罗曷国。学者们考察核定该国的梵名为 Nagarahara，位置在今阿富汗楠格哈尔省贾拉拉巴德，文中的大岭即黑岭，大河即喀布尔河②。也就是说，那揭罗曷国在喀布尔河南岸，沿着喀布尔河向东，可直抵开伯尔山口。过此山口，即今巴基斯坦境内。

然而，玄奘的描绘更细更具体。按他的说法，梵衍那国"在雪山之中"，而迦毕试国"北背雪山，三垂黑岭"，其实也在雪山之中，所以它们都不在北印度的范围内。但现在的问题是，滥波国也"北背雪山，三垂黑岭"，为什么就被划入北印度了呢？

我们将玄奘描绘的迦毕试和滥波两国情况作对比后可知：迦毕试虽然"宜谷麦，多果木"，但"气序风寒"，而滥波国是"宜粳稻，多甘蔗，林树虽众，果实乃少。气序渐温，微霜无雪。"自然地理差异反映在气候上，一寒一温，还是很明显的。

但是，玄奘还主观地加上了社会人文条件，认为："自滥波国至于此土，形貌粗弊，情性猥暴，语言庸鄙，礼义轻薄。非印度之正境，乃边裔之曲俗。"③ 也就是说，他一方面遵从传统上划分方法，勉强把滥波等国算作北印度，但又根据自己的观察，觉得那些地方的人不够文明，觉得那些地方还不能算作真正的印度。其实，这也不完全是玄奘个人的看法，印度一些佛教典籍里也把滥波国视为边地。如《佛母大孔雀明王经》卷二就说，"爱斗诤

---

① 季羡林等：《大唐西域记校注》，中华书局1885年版，第963、964页。
② 季羡林等：《大唐西域记校注》，中华书局1885年版，第221页。
③ 玄奘、辩机：《大唐西域记》，《大正藏》第51册，台北新文丰出版公司1983年版，第888页。

药叉，住在滥波城"。① 这里的药叉本是传说中北方天王毗沙门的随从，但在佛教人士看来，他们都是些性情暴躁、争勇斗狠的野蛮民族，滥波国是他们的居住地。

不管怎样，玄奘游行寻访了阿姆河南岸的吐火罗故地，以及梵衍那、迦毕试、滥波国和那揭罗曷等国，并予以记载，这是中国阿富汗文化交流史上的重要事件。此后不久，一位来自阿富汗的译经家便出现于唐朝的皇家寺院，续写了中阿文化交流的篇章。

（三）译经家李无谄

提起这位译经家，几乎可以说是名不见经传。确实，按照他所处的时代，他如果被立传，他的名字应该在赞宁的《宋高僧传》里出现，但却没有。因为他不是主译，而是主译的助手，或者叫作辅译。只有主译才能在僧传中单独立传。幸好汉译佛经有好几种"经录"，李无谄这种辅译人员都能被一一记录在案，乃至厥功未没。如，智升的《续古今译经图纪》和《开元释教录》就记载了李无谄的身份。

《续古今译经图纪》中说：

> 婆罗门李无谄，北印度岚波国人，识量聪敏，内外该通，唐梵二言，洞晓无滞。三藏阿你真那、菩提流志等翻译众经，并无谄度语。于天后代圣历三年庚子，为新罗僧明晓于佛授记寺翻经院译《不空羂索陀罗尼经》一卷，沙门波仑笔受并制序。②

---

① 《佛母大孔雀明王经》，《大正藏》第19册，台北新文丰出版公司1983年版，第982页。

② 智升：《续古今译经图纪》，《大正藏》第55册，台北新文丰出版公司1983年版，第369页。

从这里得知，李无谄是岚波（滥波）国人，婆罗门种姓，精通梵语和汉语。三藏法师阿你真那（Manicinta，意译宝思惟，？—721）和菩提流志（Bodhiruci，意译觉爱，？—727）主译的佛经，都由他来担任"度语"（或称"译语"，即口头传译）。武则天时期，他在洛阳佛授记寺翻经院工作，曾为新罗僧翻译《不空羂索陀罗尼经》一卷，这也是他主译的唯一一部经。沙门波仑（不知何许人）为此经写了篇短序，其中提供了李无谄的信息，说他是"北天竺岚波国婆罗门大首领"[①]。

根据《开元释教录》卷九和《贞元录》卷十三等，李无谄参与译经的时间大约是从武后长寿二年（693）到中宗神龙二年（706），此后再无消息。有可能已经去世。

今考李无谄之姓名。其姓李，根据唐朝怀柔边远民族的习惯做法，当为唐朝皇家赐姓，表示李无谄归化大唐，尊贵有加。此既不会由他自行取李姓，亦不似武后所恩赏，而很可能在高宗时即赐加此姓，但《全唐文》中未见有关诏制。其名无谄，梵文中有一词，kuhana，有谄曲、虚诳等意，加前缀 a 予以否定，并将其变为抽象名词，为 akuhanata，佛经中便将它译为"无谄"或"无谄曲"等[②]。无谄一名当取此意，表示他归化之赤诚。

再考李无谄的头衔"婆罗门大首领"。婆罗门是其种姓，表示他尚属居士，有的文献则指明他为居士。但"大首领"之号颇有含义。"大首领"一词在唐宋时代史书中使用较多，如两《唐书》《宋史》等。《旧唐书》卷六十七《李勣传》："二十年，延陀部落扰乱，诏勣将二百骑便发突厥兵讨击。……其大首领梯真达官率众来降，其可汗咄摩支南窜于荒谷……"又卷一百二十一《仆固

[①] 《不空羂索陀罗尼经·序》，《大正藏》第 20 册，台北新文丰出版公司 1983 年版，第 409 页。

[②] 林光明、林怡馨、林怡廷编著：《梵汉佛教语大辞典》，台北嘉丰出版社 2011 年版，第 105 页。

怀恩传》:"贞观二十年,铁勒九姓大首领率其部落来降……"①都提到"部落"和"大首领"。可知,唐代称部落领袖为大首领,他们既不是国王也不称可汗。

我们还注意到,根据僧传和几部经录的记载,在唐代的翻经队伍里还有位"东天竺国婆罗门大首领直中书伊舍罗"②,曾协助金刚智、菩提流志等译经,其生平不详,大约是来自孟加拉地区的某部落领袖。至于滥波国,正如玄奘所说,其王族绝嗣已经数百年,"豪杰力竞,无大君长",后来附属迦毕试国。玄奘说的大君长应该和大首领是一个意思。李无谄也许是在玄奘走后若干年成为大首领的。巴基斯坦已故学者达尼先生曾提出,古代巴基斯坦在中世纪时有诸多酋长,"当地称这些首领为封君(Samanta),地位更高的称为大封君(Mahasamanta)。"③ 如此看来,李无谄或许曾为滥波国的一方酋长,获得过"大首领"(即大封君)的称号,但他却到中国来参加佛经翻译了。

(四) 王玄策访问罽宾

唐贞观十七年(643)农历三月,唐太宗诏令朝散大夫行卫尉寺丞上护军李义表作为正使,融州黄水县令王玄策作为副使,带领20人的使团送印度摩揭陀国(Magadha)戒日王的使者回国,于当年农历十二月(即644年初)到达。随同出访的还有书写大觉寺碑文的典司门令史魏才和匠人宋法智等。归国时间在645年农历二月十一日之后,历时一年多。这是唐太宗的使臣第二次访问印度,也是太宗朝最重要的外交往来,持续时间长,出使活动多,留下的史料也相对丰富。

---

① 刘昫等:《旧唐书》,中华书局1975年版,第2487、3477页。
② 赞宁:《宋高僧传》,范祥雍点校,中华书局1987年版,第6页。
③ [巴基斯坦] A. H. 达尼著, I. H. 库雷希主编:《巴基斯坦简史》第一卷,四川大学外语系翻译组译,四川人民出版社1974年版,第333页。

据《旧唐书》卷一九八、《新唐书》卷二二一上等，使团先随大夏国（今阿富汗北部）使臣前往大夏，分别赠国王及僧侣等绫帛千余段。后又至泥婆罗国（今尼泊尔），受到国王那陵提婆的欢迎。使团抵达戒日王首都曲女城时，受到热烈的夹道欢迎。之后，李义表、王玄策等观礼了位于摩揭陀国阿育王精舍中的佛足迹石并留下拓片。贞观十九年（645）正月二十七日使团到达王舍城，又登上耆阇崛山（即鹫峰山），礼拜佛迹，并留下铭文。同年二月十一日，去摩诃菩提寺（即大觉寺）观礼，在菩提树下塔西立碑，碑文由魏才书写。根据皇上的敕令，使团从大菩提寺带回两名擅长制作石蜜（白砂糖）的工匠和8名僧人，他们后来在中国制作出了上好的石蜜。

又据《集古今佛道论衡》卷丙：李义表归国后曾上奏太宗，说东天竺童子王（鸠摩罗王）那里外道流行，请中国帮助翻译《道德经》为梵文。后太宗下令翻译《道德经》，玄奘与道教法师合作完成了翻译。

此后，王玄策又曾两度作为正使率领代表团出访印度。王玄策在第三次访印期间撰写了《中天竺国行记》（又名《中天竺行记》《西国行传》《西国行记》等），共十卷，已散佚，仅有片段保存于他书中。但从保存下来的片段可知，王玄策的记载涉及宗教、地理、政法、艺术、民俗等方面。

王玄策的事迹，自1900年法国学者烈维（S. Levi, 1863—1935）发表《王玄策使印度记》以来，中外学者进行了热烈讨论。学者们综合中国古代文献中的记载，对王玄策出使印度进行了深入研究。有的学者认为王玄策一共出使3次，也有学者认为出使过4次。本文采纳3次说。学者们一致认为，王玄策曾经到过次大陆的许多地方，其中包括乌仗那、犍陀罗和呾叉始罗，这三个地方都在今巴基斯坦境内。烈维还指出，王玄策于657年奉使印度，去大菩提寺送佛袈裟。时有中国法师玄照在印度，后由王玄策携之归国。那次是先经过泥婆罗国，于 660 年到达摩诃菩提寺；当年十月西北行，661 年到达罽宾国。此罽宾国即迦毕试（Kapisa）①。关于王玄策访问罽宾事，史料虽不够充实，却足可置信，而且尚与僧人玄照访问罽宾有关，具体可参见孙修身先生的考证②，此处不予细论。而关于罽宾国，详见后文。

（五）慧超记滥波和罽宾国

新罗僧慧超大约于开元十一年至开元十五年（约 723—727）年间巡礼五天竺，比玄奘访问次大陆晚了将近百年。慧超回到唐朝后曾写下《往五天竺国传》一书，虽其规模与意义都无法与《大唐西域记》相比，但也具有一定的史料价值。

下面将其游览波国（滥波国）和罽宾国的见闻录出，既可以作为玄奘记载的补充，又可加深我们对古代阿富汗的认识。

> 又从此建驮罗国西行，入山七日，至览波国。此国无王，有大首领，亦属建驮罗国所管。衣着言音，与建驮罗国相似。亦有寺有僧，敬信三宝，行大乘法。
>
> 又从此览波国西行入山，经于八日程，至罽宾国。此国亦是建驮罗王所管。此王夏在罽宾，逐凉而坐，冬往建驮罗，趁暖而住。彼即无雪，暖而不寒。其罽宾国冬天积雪，为此冷也。此国土人是胡，王及兵马突厥，衣着言音食饮，与吐火罗国大同少异。③

慧超是从犍陀罗国西行进入览波国的，其记载与玄奘的记载

---

① ［法］烈维：《王玄策使印度记》，载冯承钧译《西域南海史地考证译丛》（第二卷）第七编，商务印书馆 1995 年版，第 3 页。
② 孙修身：《王玄策事迹钩沉》，新疆人民出版社 1998 年版，第 208—210 页。
③ 慧超：《往五天竺国传》，《大正藏》第 51 册，台北新文丰出版公司 1983 年版，第 977 页。

有相同处也有不同处。明显的不同在于，玄奘说滥波国是迦毕试国的属国，而慧超说其地归犍陀罗国管辖。慧超又从览波国继续西行，进入罽宾国。据学者张毅先生考证，此罽宾国即迦毕试国①。慧超说罽宾国也为犍陀罗所管辖。说的是其国王和军队都是突厥人。这显然是玄奘离开那里之后发生的变迁。然而，更大的变迁还刚刚开始，大食阿拉伯人已经带着《古兰经》进入次大陆了。

（六）悟空出访罽宾

据《宋高僧传》卷三、《大唐贞元新译十地等经记》等，悟空（731—812）又名法界，为京兆云阳（今陕西泾阳）人，俗姓车，名奉朝，为后魏拓跋氏的后裔。他自幼聪明好学，爱读书，孝悌之名传遍乡里。

唐玄宗天宝九年（750），罽宾国（此处指迦毕试国，今阿富汗喀布尔和卡皮萨省为主的地区，但也包括今巴基斯坦北部一些地区，详见下文）遣其大首领萨波达干（Sarvadarkhan）与法师舍利越摩（Srivarma）来华访问，表示愿意归附大唐，请派使节前往巡按。次年，玄宗皇帝派中使张韬光携国书率四十余人使团西行。车奉朝以左卫泾州四门府别将的官职受命随行。使团取安西路（此处指吐鲁番至库车，再至喀什噶尔的路线），到疏勒（喀什噶尔），次度葱山（塔什库尔干附近的雪山），穿过瓦罕走廊，到护密国（今阿富汗伊什卡什姆）。然后经过拘纬国（今巴基斯坦北境之奇特拉尔）等地，到乌仗那国（今巴基斯坦斯瓦特河谷地区）。再向南渡过喀布尔河，于天宝十二载癸巳（753）二月抵达乾陀罗城（即犍陀罗，指今巴基斯坦白沙瓦一带），此地当时是罽宾国的东都。

---

① 张毅：《往五天竺国传笺释》，中华书局1994年版，第88页。

在乾陀罗城，张韬光一行受到国王的礼遇。在完成使命后，张韬光等返回国时，车奉朝因患病，滞留当地。他发愿：若能痊愈，必当出家。他一病三年多，待痊愈后，于唐肃宗至德二年（757）拜大德舍利越摩门下，落发为僧，法号达摩驮都（Dharmadhatu，意为法界），时年27岁。两年后，他在迦湿弥罗国受具足戒，学习根本说一切有部律仪及梵语4年，并巡礼附近诸佛寺。后又南游中天竺，亲礼佛祖诞生、成道、初转法轮、涅槃，以及驻锡和传法等处的八大灵塔和其他圣迹，居留那烂陀寺三载。

至广德三年（765），因久羁外国，思念君亲，欲返中土。舍利越摩初不同意，经他再三请求，舍利越摩方才同意，并亲自授其梵本《佛说十地经》《佛说回向轮经》《佛说十力经》和佛牙舍利一颗，洒泪相别。法界初拟泛海而归，因虑沧波险阻，仍改北向陆路返国，途经吐火罗（今阿富汗北部、乌浒河南一带）、疏勒、于阗（今新疆和田地区）等多国，走走停停，到达龟兹（今新疆库车）。此时，遇"语通四镇，梵汉兼明"的三藏法师勿提提羼鱼，法界请他将《佛说十力经》一卷翻出。再经焉耆，到北庭（治所在今新疆吉木萨尔北破城子）。在此应节度使杨袭古与龙兴寺沙门大震之邀，与于阗三藏尸罗达摩（Siladharma，意译戒法）合作，译出《佛说回向轮经》一卷和《佛说十地经》9卷。达摩读梵文并译语，大震笔受，沙门法超润文，善信证义，法界证梵文并译语。他们合作译出的诸经在贞元十五年（799）奉敕编入《贞元新定释教目录》。当时适逢四镇北庭宣慰使中使段明秀来北庭，法界遂于唐德宗贞元五年（789）随他东行，次年返抵京师长安（有说贞元五年是到达时间），敕于跃龙门使院安置。所译佛典汉本随身带来，而梵文原本则留藏龙兴寺。段明秀将佛牙舍利及佛经进奉朝廷。不久蒙敕住长安章敬寺，赐名悟空。后返云阳，祭双亲墓，再后不知所终。①

1991年第4期《文博》曾发表刘随群先生短文《悟空禅师塔及相关问题》，言悟空塔在陕西省泾阳县北的嵯峨山巅，初建于唐大中十四年（860），明嘉靖二十年（1541）由僧人如通等重建石塔，并勒铭。刘文笔录塔铭很有价值。由塔铭得知，悟空为京兆云阳（今陕西泾阳县云阳镇）人，为后魏拓跋氏之远裔，父姓张，母姓车，字朝奉，号晋沛，谥悟空。黄盛璋先生据以发表《关于悟空禅师塔铭主要问题辩证》一文，补足铭文，正刘文之误，考证悟空生年为731年，812年卒于嵯峨山巅护法寺，享年82岁②。

（七）唐代的罽宾国

继上文张韬光和悟空访问罽宾国的话题，我们注意到，这个时期，罽宾国和唐朝的关系非常密切，所以这里要特别解释一下"罽宾国"这个词，解释一下唐代罽宾国的地理位置问题，因这个问题直接关系到唐代中阿文化交流的实质内容。

罽宾，这是一个历史遗留下来的概念，是中国古人对巴基斯坦北部（包括阿富汗的）某些地区的一个习惯性称呼。不同历史时期，其具体指向不同。

例如，《汉书·西域传》中的罽宾国，往往指今巴基斯坦北部的喀布尔河中下游地区，也包括今阿富汗的部分地区。而《魏书·西域传》中的罽宾国，则往往指的是今克什米尔地区。《隋书·西域传》中的罽宾概念则有点混乱，有时指克什米尔，有时又说是"漕国，在葱岭之北，汉时罽宾国也"③。

到了唐代，《旧唐书·西戎传》和《新唐书·西域传》中的

---

① 赞宁：《宋高僧传》，范祥雍点校，中华书局1987年版，第50—51页。
② 黄盛璋：《关于悟空禅师塔铭主要问题辩证》，《文博》1992年第6期。
③ 魏征、令狐德棻：《隋书》，中华书局1973年版，第1857页。

罽宾国概念又大体恢复到汉时的概念，同时又出现了一个"筒失密"或"迦湿弥罗国"（克什米尔）。而唐代之后，中国的正史中就不再有罽宾国这个地方了。

两《唐书》对罽宾国的记叙基本一致。《旧唐书·西戎传》中说：

> 罽宾国，在葱岭南，去京师万二千二百里。常役属于大月氏。其地暑湿，人皆乘象，土宜秔稻，草木凌寒不死。其俗尤信佛法。……①

《新唐书·西域传》所记稍有差异：

> 罽宾，隋漕国也，居葱岭南，距京师万二千里而赢，南距舍卫三千里。王居循鲜城，常役属大月氏。地暑湿，人乘象，俗治浮屠法。……天宝四载，册其子勃匐准为袭罽宾及乌苌国王。②

两《唐书》中的葱岭，是指兴都库什山，罽宾国在葱岭南，应指今阿富汗喀布尔及其周边地区，既包括迦毕试国（今阿富汗卡皮萨省一带，其遗址的今贝格拉姆），也包括漕国（即今阿富汗加兹尼省一带）。不仅如此，除了上面《新唐书》中提到的罽宾王兼管乌苌国（今巴基斯坦斯瓦特河谷地区）外，还有犍陀罗地区。据《宋高僧传·悟空传》，唐玄宗天宝年间（742—756）犍陀罗国的都城（今巴基斯坦白沙瓦）也属于罽宾国，是"罽宾东都城"，罽宾王在那里接见中国的使团③。据说当时的罽宾王冬天

---

① 刘昫等：《旧唐书》，中华书局1975年版，第5309页。
② 欧阳修、宋祁：《新唐书》，中华书局1975年版，第6240、6241页。
③ 赞宁：《宋高僧传》，范祥雍点校，中华书局1987年版，第50页。

居住在今白沙瓦,夏天居住在西都罽宾,即所谓"此即罽宾东都城也。王者冬居此地,夏处罽宾"①。这最后一个"罽宾",指的是一个城市,应即迦毕试(Kapisa)的对音,其地在贵霜帝国迦腻色迦时代就是其夏都。

总之,唐代的罽宾国在喀布尔河流域,包括今阿富汗东部和巴基斯坦北部的很大一片区域。所以,唐朝与罽宾的文化交流,在很大程度上既是中国—阿富汗文化交流的一部分,同时又是中国—巴基斯坦文化交流的一部分。

---

① 《佛说十力经·译记》,《大正藏》第17册,台北新文丰出版公司1983年版,第715页。

六　慧超所记阿富汗诸地考

　　慧超，又作惠超，唐时新罗国来华僧，生平不详。其所著《往五天竺国传》（或称《慧超往五天竺国传》，或简称《慧超传》）湮没千余年后，其残卷于1908年被法国学者伯希和从敦煌王道士手中买走，现存巴黎法国国家图书馆。1909年，伯希和到北京，向中国学者罗振玉等公布其敦煌藏经洞中所获，其中即包括《慧超往五天竺国传》残卷，遂引起中国学界重视和研究。此后，日本、德国、捷克等国学者纷纷予以介绍、翻译和研究。学界由是得知，当年丝绸之路上还有慧超这样一位行色匆匆的实践者，他给后人留下过一份弥足珍贵的行程记录。

　　1995年，我国学者张毅（汶江）先生在前人基础上对慧超的残卷作了全面研究和阐释，出版了《往五天竺国传笺释》一书，尽管其中难免有所疏忽，但已是到目前为止的最完备版本了。从张先生的《前言》可知，目前学界关于慧超生平事迹的研究，大约可得出如下几点推测或共识：1. 他大约生活于700—782年之间；2. 他大约于开元十一年（723）由海路前往天竺，至开元十五年（727）十一月回到安西（龟兹，今库车）；3. 他周游西天的行动路线大体为：南海→东天竺→中天竺→南天竺→西天竺→北天竺[①]。

[①]　张毅：《往五天竺国传笺释》，中华书局1994年版，"前言"第2—3页。

书中值得研究和商榷处尚多，但本文仅就今属阿富汗境内的几处地方略作考证，以抒浅见。

（一）览波国

慧超是从建驮罗（即犍陀罗，今巴基斯坦北部白沙瓦一带）国进入今阿富汗地区的，他进入的第一个国家是览波国：

> 又从此建驮罗国西行入山，七日至览波国。此国无王，有大首领，亦属建驮罗国所管。衣着言音，与建驮罗国相似。亦有寺有僧，敬信三宝，行大乘法。①

览波国，《大唐西域记》作滥波国，《大慈恩寺三藏法师传》作蓝波，其他佛教典籍中又作岚波、蓝婆等。中国西游者中，只有玄奘和慧超去过这里并留下详细记载。《西域记》卷二写道（节录）：

> 滥波国，周千余里，北背雪山，三垂黑岭。国大都城周十余里。自数百年，王族绝嗣，豪杰力竞，无大君长，近始附属迦毕试国。……多衣白氎，所服鲜饰。伽蓝十余所，僧徒寡少，并多习学大乘法教。天祠数十，异道甚多。②

玄奘于第一次到滥波国是在628年，归国途中又于642年再次到滥波国③，分别比慧超早99年和81年。他在那里逗留的时间较长，二次去时又有迦毕试王陪同，他所了解的情况自然会更细一些。据学者们研究，览波的梵文为Lampaka，位置在喀布尔河

---

① 张毅：《往五天竺国传笺释》，中华书局1994年版，第87页。
② 季羡林等：《大唐西域记校注》，中华书局1985年版，第218页。
③ 杨廷福：《玄奘年谱》，中华书局1988年版，第132、201页。

北岸，今阿富汗拉格曼省 Alingar 河与 Kunar 河之间的较狭小地带①。

对比二人记载，有一个共同点，即那里"无王"。这种情况在玄奘时已经延续了数百年，到慧超时仍然无王，但有"大首领"。这个"大首领"使我们联想到唐代一位来自滥波国的译经家李无谄。据智升《续古今译经图纪》：

> 婆罗门李无谄，北印度岚波国人，识量聪敏，内外该通，唐梵二言，洞晓无滞。三藏阿你真那、菩提流志等翻译众经，并无谄度语。于天后代圣历三年庚子，为新罗僧明晓于佛授记寺翻经院译《不空羂索陀罗尼经》一卷，沙门波仑笔受并制序。②

由此得知，李无谄是岚波（滥波、览波）国人，婆罗门种姓，精通梵汉。三藏法师阿你真那（Manicinta，意译宝思惟，？—721）和菩提流志（Bodhiruci，意译觉爱，？—727）主译的佛经，往往由他来担任"度语"（或称"译语"，即口头传译）。武则天时期（684—704），他在洛阳佛授记寺翻经院工作，曾为新罗僧翻译《不空羂索陀罗尼经》一卷，这也是他主译的唯一一部经。沙门波仑（不知何许人）为此经写了篇短序，称李无谄为"北天竺岚波国婆罗门大首领"。③ 根据《开元释教录》卷九和《贞元录》卷十三等，李无谄参与译经的时间大约是从武后长寿二年（693）到中宗神龙二年（706），此后再无消息，有可能已经去世。

巴基斯坦已故学者达尼先生曾提出，古代巴基斯坦在中世纪

---

① 季羡林等：《大唐西域记校注》，中华书局1985年版，第219页。
② 智升：《续古今译经图纪》，大正藏第55册，台北新文丰出版公司1983年版，第369页。
③ 《不空羂索陀罗尼经》，《大正藏》第20册，台北新文丰出版公司1983年版，第409页。

时有诸多酋长,"当地称这些首领为封君(Samanta),地位更高的称为大封君(Mahasamanta)"。① 如此看来,李无谄或许曾为滥波国的一方酋长,获得过"大首领"(即大封君)的称号,但却因信仰而来华翻经了。

再对比玄奘和慧超以上记载,尚有一处不同,即玄奘说滥波国附属于迦毕试,而慧超说附属于建驮罗。那么,玄奘时和慧超时的览波有何演变?迦毕试和建驮罗是何关系?见下文。

(二)罽宾国

慧超记载道:

> 又从此览波国西行入山,经于八日程,至罽宾国。此国亦是建驮罗王所管。此王夏在罽宾,逐凉而坐,冬往建驮罗,趁暖而住。彼即无雪,暖而不寒。其罽宾国冬天积雪,为此冷也。②

> 此国土人是胡,王及兵马突厥,衣着、言音、食饮,与吐火罗国大同少异。无问男之与女,并皆着氎布衫袴及靴,男女衣服无有差别。男人并剪须发,女人发在。土地出驼、骡、羊、马、驴、牛、氎布、蒲桃、大小二麦、郁金香等。国人大敬信三宝,足寺足僧。百姓家各自造寺,供养三宝。大城中有一寺,名沙糸寺。寺中有佛螺髻、骨舍利见在,王官百姓每日供养。此国行小乘。亦住山里。山头无有草木,恰似火烧山也。③

---

① [巴基斯坦] A. H. 达尼著, I. H. 库雷希主编:《巴基斯坦简史》(第一卷),四川大学外语系翻译组译,四川人民出版社1974年版,第333页。
② 张毅:《往五天竺国传笺释》,中华书局1994年版,第88页。
③ 张毅:《往五天竺国传笺释》,中华书局1994年版,第90—92页。

慧超又从览波国继续西行,进入罽宾国。据张毅先生考证,此罽宾国即迦毕试国①。考古发掘出的大量文物证明,古代迦毕试(Kapisi)国都城的遗址在今阿富汗首都喀布尔以北62公里的贝格拉姆(Begram)②。

　　慧超到罽宾国时,其"土人是胡",国王和军队都是突厥人。之前他到建驮罗国,就说那里"王及兵马,总是突厥。土人是胡,兼有婆罗门。此国旧是罽宾王王化,为此,突厥王阿耶领一部落兵马,投彼罽宾王。于后突厥兵盛,便杀彼罽宾王,自为国主。因兹国境突厥霸王此国已北,并住(山)中"③。这里,慧超提到了三个民族,胡、婆罗门和突厥。其中,婆罗门和突厥都指向明确,唯独这个胡,不知是哪个民族。

　　其实,玄奘当年就已经指出过。据《西域记》卷一:"(迦毕试国)王,窣利种也,有智略,性勇烈,威慑邻境,统十余国。"④ 可知,慧超所说的"胡"实指窣利人,即粟特人(Sogda, Sogdian)。也就是说,在玄奘之后和慧超之前,突厥人取代了粟特人对罽宾国和建驮罗的统治。

　　慧超记叙建驮罗的变迁时还提到一位突厥部落首领"阿耶"。张毅先生认为这可能是"阿史那"的缩写"阿那"之误。张先生的推测是对的,另有开元十一年(723)所刊《唐故三十姓可汗贵女贤力毗伽公主云中郡夫人阿那氏之墓志》铭文可资佐证,其"阿那"即阿史那,为突厥著名姓氏,详见陈世良先生的考证⑤。

　　我们知道,"罽宾"是一个历史遗留概念,在不同历史时期,其具体指向不同。如,《汉书·西域传》中的罽宾国,指的是今巴

---

① 张毅:《往五天竺国传笺释》,中华书局1994年版,第88页。
② 季羡林等:《大唐西域记校注》,中华书局1985年版,第137页。
③ 张毅:《往五天竺国传笺释》,中华书局1994年版,第71—72页。
④ 季羡林等:《大唐西域记校注》,中华书局1985年版,第136页。
⑤ 陈世良:《丝绸之路史地研究》,新疆美术摄影出版社2008年版,第154—163页。

基斯坦北部喀布尔河中下游地区，也包括今阿富汗喀布尔周边部分地区。这是汉代人的概念。而《魏书·西域传》中的罽宾国，则指今克什米尔地区。这是南北朝时国人的概念。《隋书·西域传》中的罽宾概念又有点混乱，有时指克什米尔，有时又说是"漕国，在葱岭之北，汉时罽宾国也"[1]。这显然是混淆了漕国（在今阿富汗加兹尼省一带）和曹国（在葱岭以北，约在今乌兹别克斯坦境内）所致。唐代，《旧唐书·西戎传》和《新唐书·西域传》中的罽宾国概念又大体恢复到汉时的概念，同时又出现了一个"箇失密"或"迦湿弥罗"（克什米尔）与罽宾相区别。唐代之后，中国正史中就不再使用罽宾这个概念了。

两《唐书》对罽宾国的记叙基本一致。《旧唐书·西戎传》中说：

> 罽宾国，在葱岭南，去京师万二千二百里。常役属于大月氏。其地暑湿，人皆乘象，土宜秔稻，草木凌寒不死。其俗尤信佛法。[2]

《新唐书·西域传》所记稍有差异：

> 罽宾，隋漕国也，居葱岭南，距京师万二千里而赢，南距舍卫三千里。王居循鲜城，常役属大月氏。地暑湿，人乘象，俗治浮屠法。……天宝四载，册其子勃匐准为袭罽宾及乌苌国王。[3]

上引两《唐书》中的葱岭指兴都库什山，罽宾国在葱岭南，

---

[1] 魏征、令狐德棻《隋书》，中华书局1973年版，第1857页。
[2] 刘昫等：《旧唐书》，中华书局1975年版，第5309页。
[3] 欧阳修、宋祁：《新唐书》，中华书局1975年版，第6240—6241页。

应指今阿富汗喀布尔及其周边地区，既包括迦毕试国都城（Begram）及其以北地区（今卡皮萨省一带），也包括上面提到的漕国（今阿富汗加兹尼省一带）。不仅如此，除了上面《新唐书》中说的罽宾王兼管乌苌国（今巴基斯坦斯瓦特河谷地区）外，其监管地还包括犍陀罗地区。也就是说，唐代的建驮罗和罽宾实为一国，应总称罽宾。由于慧超自南向北走，先入建驮罗后入罽宾，未免先入为主，误以为是建驮罗管辖罽宾。实际上是罽宾国管辖犍陀罗。

此事可以得到多方证明，今仅举其二。

其一，两《唐书》均列罽宾传，与天竺、波斯、拂菻等并列，而未有犍陀罗传。原因有二：一因罽宾当时国土面积很大，国力相当强盛；二因罽宾与唐朝保持着宗主关系，交往密切，尤其是高宗朝和玄宗朝，其国王由唐朝册封。

其二，在慧超返国数年后，有僧悟空记叙了罽宾国概况，与慧超所记相符合。据《宋高僧传》卷三《悟空传》，唐玄宗天宝九年（750），罽宾国（此处指迦毕试国，今阿富汗卡皮萨省为主的地区，但也包括今巴基斯坦北部一些地区，详见下文）遣其大首领萨波达干（Sarvadarkhan）与法师舍利越摩（Srivarma）来华访问，表示愿意归附大唐，请派使节前往巡按。次年，玄宗皇帝派中使张韬光携国书率四十余人使团西行。车奉朝（即悟空出家前的俗名）以左卫泾州四门府别将的官职受命随行。使团取安西路（此处指吐鲁番至库车，再至喀什噶尔的路线），先到疏勒（喀什噶尔），次度葱山（塔什库尔干附近的雪山），穿过瓦罕走廊，到护密国（今阿富汗伊什卡什姆）。然后经过拘纬国（今巴基斯坦北境之奇特拉尔）等地，到乌仗那国（今巴基斯坦斯瓦特河谷地区）。再向南渡过喀布尔河，于天宝十二载癸巳（753）二月抵达乾陀罗城（指今巴基斯坦白沙瓦一带），此地当时是罽宾国的东都。在此,张韬光一行受到国王的礼遇。① 据说当时的罽宾王冬天居住在今白沙瓦,夏天居住在西都罽宾,即所谓"此即罽宾东都城也。王者冬居此地,夏处罽宾"②。这句话中,前一个"罽宾"指罽宾国,后一个"罽宾"指一个城市,即迦毕试(Kapisa)的对音,其地在贵霜帝国迦腻色迦时代(Kaniska,约129—152年在位)就是其夏都。

总之,唐代的罽宾国在喀布尔河流域,包括今阿富汗东部和巴基斯坦北部的很大一片区域。所以,唐朝与罽宾的文化交流,在很大程度上既是中国—阿富汗文化交流的一部分,同时又是中国—巴基斯坦文化交流的一部分。

(三) 谢䫻国

《往五天竺国传》继续写道:

> 又从此罽宾国西行,七日至谢䫻国,彼自呼云"社护罗萨他那"。土人是胡,王及兵马即是突厥。其王即是罽宾王侄儿,自把部落兵马住于此国,不属余国,亦不属阿叔。此王及首领虽是突厥,极敬三宝。足寺足僧。行大乘法。有一大突厥首领,名娑铎干,每年一回,设金银无数,多于彼王。衣着、人风、土地所出,与罽宾国相似,言音各别。③

《旧唐书》无传。《新唐书》有传,在卷二二一下:

> 谢䫻居吐火罗西南,本曰漕矩咤,或曰漕矩,显庆时谓

---

① 赞宁:《宋高僧传》,中华书局1987年版,第50页。
② 圆照:《佛说十力经·译记》,《大正藏》第17册,台北新文丰出版公司1983年版,第715页。
③ 张毅:《往五天竺国传笺释》,中华书局1994年版,第93页。

六　慧超所记阿富汗诸地考

诃达罗支，武后改今号。东距罽宾，东北帆延，皆四百里。南婆罗门，西波斯，北护时健。其王居鹤悉那城，地七千里，亦治阿娑你城。多郁金、（兴）瞿草。潢泉灌田。国中有突厥、罽宾、吐火罗种人杂居，罽宾取其子弟持兵以御大食。景云初，遣使朝贡，后遂臣罽宾。开元八年，天子册葛达罗支颉利发誓屈尔为王。至天宝中数朝献。[1]

根据张毅先生的意见，慧超文中的社护罗萨他那为 Javulasthana 的对音；"娑铎干"中衍一"娑"字，铎干即达干（Tarkan, Darghan），为突厥大臣称号；《新唐书》这段文字中，漕矩吒为 Jaguda 的音译；帆延即下文的犯引；护时健为 Guzganan 的音译；鹤悉那为 Gazna 的音译，在今阿富汗加兹尼附近；阿娑你城为 Guzar，Gusaristan 的音译；诃达罗支、葛达罗支均为诃罗达支（Arodhadj）之误[2]。

玄奘归国途中从漕矩吒国经过，《西域记》卷十二记载道：

漕矩吒国周七千余里。国大都城号鹤悉那，周三十余里；或都鹤萨罗城，城周三十余里。并坚峻险固也。山川隐轸，畴垄爽垲。谷稼时播，宿麦滋丰。草木扶疏，花果茂盛，宜郁金香，出兴瞿草，草生罗摩印度川。鹤萨罗城中踊泉流派，国人利之，以溉田也。气序寒烈，霜雪繁多。人性轻躁，情多诡诈。好学艺，多技术，聪而不明，日诵数万言。文字言辞，异于诸国。多饰虚谈，少成事实。虽祀百神，敬崇三宝。伽蓝数百所，僧徒万余人，并皆习学大乘法教。今王淳信，

---

[1] 欧阳修、宋祁：《新唐书》，张毅：《往五天竺国传笺释》，中华书局1994年版，第93页。

[2] 张毅：《往五天竺国传笺释》，中华书局1994年版，第94页。

累叶承统，务兴胜福，敏而好学。①

对比可知，《新唐书》中部分资料采自《西域记》。玄奘在走这段路时，一直有迦毕试王陪伴，非常顺利，所以《慈恩传》中也将这段行程一笔带过②。玄奘到漕矩吒时，当地国王对玄奘和迦毕试王接待殷勤，表现得体，给玄奘留下很好的印象，所以受到玄奘的大力赞扬。81年后，慧超到此，已经物是人非，谢䫻国已被突厥人征服，其国王是罽宾王的侄子。

(四) 犯引国

慧超从谢䫻国北行，到犯引国：

又从谢䫻国北行七日，至犯引国。此王是胡，不属余国，兵马强多，诸国不敢来侵。衣着氎布衫、皮裘毡衫等类。土地出羊、马、氎布之属，甚足蒲桃。土地有雪，极寒，住多依山。王及首领百姓等，大敬三宝，足寺足僧，行大小乘法。此国及谢䫻等，亦并剪于鬓发。人风大分与罽宾相似，别异处多。当土言音，不同余国。③

该国的国名在中国典籍中以多种音译出现过。最早出现于《北史》，作范阳国，此后又见于《隋书》，作帆延。玄奘《西域记》中称为梵衍那。其古波斯巴列维语作 Bamikan，梵语作 Bamiyana。其地在今阿富汗巴米扬省。

《西域记》卷一 "梵衍那" 条所记那里的地理环境、气候、

---

① 季羡林等：《大唐西域记校注》，中华书局1985年版，第954页。
② 慧立、彦悰：《大慈恩寺三藏法师传》，孙毓棠、谢方点校，中华书局1983年版，第115页。
③ 张毅：《往五天竺国传笺释》，中华书局1994年版，第95页。

物产等都与慧超所记大体一致，只是更详细些。尤为重要的是，玄奘还记载了王城东北岩壁上雕凿的两尊立佛像，记载了附近寺院里的佛涅槃卧像①。那两尊立像相距400米，一座高53米，一座高37米，属于犍陀罗艺术影响下的杰作，世界闻名。可惜于2001年3月被当时的阿富汗塔利班政府炸毁。

该国在《新唐书》卷二二一下有小传，主要强调其与唐朝的关系：

> 帆延者，或曰望衍，曰梵衍那。居斯卑莫运山之旁，西北与护时健接，东南与罽宾，西南诃达罗支，与吐火罗连境。地寒，人穴处。王治罗烂城，有大城四五。水北流入乌浒河。贞观初，遣使者入朝。显庆三年，以罗烂城为写凤都督府，缚时城为悉万州，授王葛写凤州都督，管内五州诸军事，自是朝贡不绝②。

这段文字中，斯卑莫运山应指兴都库什山脉中的一支；罗烂城又称罗匐城（Lahun，在Ghulghula），高宗时被列为写凤都督府，国王葛被封为写凤州都督。而"葛"又作"匐"（Beg），被称为突厥人的"诸官集团"③，实际上指突厥贵族集团，并非一个人。这说明，当时梵衍那在唐朝势力范围之内，以唐朝为宗主国。

（五）吐火罗国

玄奘早于慧超到达吐火罗，他称之为睹货逻。他在《西域记》卷一写道："出铁门至睹货逻国（旧曰吐火罗国，讹也）故地，

---

① 季羡林等：《大唐西域记校注》，中华书局1985年版，第129—132页。
② 欧阳修、宋祁：《新唐书》，中华书局1975年版，第6254页。
③ [法]鲁保罗：《西域文明史》，耿昇译，中国藏学出版社2014年版，第161页。

南北千余里，东西三千余里。东阨葱岭，西接波剌斯，南大雪山，北据铁门，缚刍大河中境西流。自数百年王族绝嗣，酋豪力竞，各擅君长，依川据险，分为二十七国，虽画野区分，总役属突厥。"①

根据玄奘的记载，初唐时的吐火罗（Tokhara）相当辽阔，东扼葱岭（此指帕米尔高原），西邻波斯，南接兴都库什山，北边靠铁门关，横跨在由东向西流的阿姆河（缚刍河）两岸，而且分为27个部落，各据山川之险。但他们总体上都归突厥管辖。

慧超99年之后到吐火罗国，情况已经大变：

> 又从此犯引国北行二十日，至吐火罗国。王住城名为缚底耶。见今大寔（食）兵马，在彼镇押。其王被逼走，向东一月程，在蒲特山住，见属大寔（食）所管。言音与诸国别，共罽宾国少有相似，多分不同。衣着皮裘、氍布等。上至国王，下及黎庶，皆以皮裘为上服。土地足驼、骡、羊、马、氍布、蒲桃。食唯爱饼。土地寒冷，冬天霜雪也。国王首领及百姓等甚敬三宝，足寺足僧，行小乘法。食肉及葱韭等。不事外道。男人并剪须发，女人在发。土地足山。②

文中吐火罗国的王城"缚底耶"，有学者注曰："又称缚喝、缚脱拉、缚底野、拔底延城或王舍城，即阿富汗之巴尔赫，今称马扎里沙里夫。"又注"蒲特山"曰："《新唐书》作拔特山，即今阿富汗北部巴达克山地区。"③

很显然，慧超到达吐火罗国时，大食阿拉伯人的势力已经进入吐火罗地区。正如彭树智先生所说："阿富汗北部的吐火罗，为

---

① 季羡林等：《大唐西域记校注》，中华书局1985年版，第100页。
② 张毅：《往五天竺国传笺释》，中华书局1994年版，第96页。
③ 杨建新主编：《古西行记选注》，宁夏人民出版社1987年版，第118—119页。

唐朝的月氏都督府，而北部的席巴尔甘一带的胡实健为奇沙州都督府。652年，阿拉伯人占领了赫拉特。在巴米杨、布斯特、巴尔赫、巴德吉斯、加兹尼、喀布尔、帕尔万、戈尔巴德等许多地区的统治者和居民，对阿拉伯侵略者进行了顽强的抵抗。"① 慧超说吐火罗的王城有阿拉伯人驻军镇守，国王被逼走到蒲特山居住，但那里仍归阿拉伯人管辖。

慧超在吐火罗国所见到"足寺足僧"的佛教虽然只是在维持着最后的光景，但吐火罗国的佛教毕竟辉煌过。正如张毅先生所说："吐火罗僧侣也有到中国弘法的。如洛阳龙门山至今还保存有景云元年（710）吐火罗僧人宝隆的造像题记（原编号3—168）。吐火罗高僧寂友，在天授（690—692）年间与康法藏等合译过《无垢净光陀罗尼》，事见《高僧传》三集卷二。"②

据《宋高僧传》卷二、《开元释教录》卷九等，弥陀山（Mitrashanta，音译寂友）为吐火罗国人，自幼出家，遍游五印度诸国，学习各种经论，而对于《楞伽经》和《俱舍论》尤为精通。因他立志传法，不虑远近，杖锡孤征，于武后时期（690—705）来到汉地，与实叉难陀（Siksananda，652—710）共同翻译《大乘入楞伽经》。又于天授中，与沙门法藏（643—712）等共译《无垢净光陀罗尼经》一卷（一说译于长安二年，702）。译毕进呈内廷。不久辞归故里，武后以厚礼饯之。这是7、8世纪中国与阿富汗文化交流的又一实例。

《新唐书》卷二二一下有吐火罗传，主要叙述其概况及其与唐朝的关系：

> 吐火罗，或曰土豁罗，曰睹货逻，元魏谓吐呼罗者。居葱岭西，乌浒河之南，古大夏地。与挹怛杂处。胜兵十万。国土

---

① 彭树智主编：《阿富汗史》，陕西旅游出版社1993年版，第80页。
② 张毅：《往五天竺国传笺释》，中华书局1994年版，第100页。

著，少女多男。北有颇黎山，其阳穴中有神马，国人游牧牝于侧，生驹辄汗血。其王号"叶护"。武德、贞观时再入献。

永徽元年，献大鸟，高七尺，色黑，足类橐驼，翅而行，日三百里，能啖铁，俗谓驼鸟。显庆中，以其阿缓城为月氏都督府，析小城为二十四州，授王阿史那都督。后二年，遣子来朝，俄又献玛瑙镫树，高三尺。神龙元年，王那都泥利遣弟仆罗入朝，留宿卫。开元、天宝间数献马、骏、异药、乾陀婆罗二百品、红碧玻璃，乃册其君骨咄禄顿达度为吐火罗叶护、挹怛王。其后，邻胡羯师谋引吐蕃攻吐火罗，于是叶护失里忙伽罗丐安西兵助讨，帝为出师破之。乾元初，与西域九国发兵为天子讨贼，肃宗诏隶朔方行营。

挹怛国，汉大月氏之种。……大夏即吐火罗也。嚈哒，王姓也，后裔以姓为国，讹为挹怛，亦曰挹阗。①

文中"阿缓城"即伊斯兰文献中的 Warwaliz，玄奘称之为"活国"，位置在今阿富汗昆都士附近②。

如中国学者徐文堪先生所说，"吐火罗问题"是一个聚颂百年而至今没有解决的难题；在中国，从季羡林先生的吐火罗语研究开始，后经几代人的多方努力，如今人们对该问题的认识已明显加深而且后继有人，王欣先生的《吐火罗史研究》是这一背景下出现的代表性著作③。

王欣先生对上述《新唐书》引文提出己见，他认为第一段里"古大夏地"之前是《新唐书》对吐火罗历史沿革的大致回顾；而"与挹怛杂处"以下是对《隋书》的沿袭，反映的是西突厥征服吐火罗斯坦时的情况；从"其王号叶护"到第二段末，是西突

---

① 欧阳修、宋祁：《新唐书》，中华书局1975年版，第6252—6253页。
② 季羡林等：《大唐西域记校注》，中华书局1985年版，第964页。
③ 徐文堪：《吐火罗人起源研究》，昆仑出版社2005年版，第366页。

厥治下的吐火罗斯坦的情况，大致反映了唐太宗后期至安史之乱时，吐火罗叶护政权与中原王朝的关系①。他还说："虽然在数百年的时间里，吐火罗斯坦上的吐火罗人在不同的时期以不同的面貌出现，其民族内涵亦不断地变化和丰富，但其主体地位从未改变。无论是汉文文献中的睹货逻国故地或西方文献中的吐火罗斯坦（Tukharistan），均反映出吐火罗人历史上在这一地区活动的基本范围及其所产生的深远影响。正是由于民族融合的不断深入，吐火罗（Tochari）作为民族称谓的意义日以下降，而逐渐更多地被后人作为地理概念所使用。"②

外国学者则指出："在突厥征服以后，从前嚈哒王国的所有领地都置于驻昆都士（Qunduz）的吐火罗斯坦突厥叶护统治之下。汉文百科全书《册府元龟》列举了臣服吐火罗斯坦突厥叶护的诸王国：谢䫻（Zabulistan）、罽宾（Kapisa-Gandhara）、骨吐（Khuttal）、石汗那（Chaganiyan）、解苏（数瞞，Shuman）、石匿（Shignan）、挹达（Badghis）、护密（Wakhan）、护时健（Gozgan）、范延（Bamiyan）、久越得建（Kobadian）和勃特山（Badakhshan）。中国朝圣者慧超在723至729年间经过这些地方，说在建驮罗、罽宾（Kapisa）和谢䫻，王及兵马即是突厥。这个证据很清楚地显示，突厥移民到这些地区了。""由中国皇帝认可的吐火罗斯坦第一个突厥叶护是阿史那王朝的乌湿波。但是，此时阿拉伯向中亚的进军已经开始。"③

（六）胡蜜国

慧超走到一个叫"胡蜜"国的地方，行将进入汉地，回归故

---

① 王欣：《吐火罗史研究》（增订本），商务印书馆2018年版，第122—123页。
② 王欣：《吐火罗史研究》（增订本），商务印书馆2018年版，第124页。
③ ［俄］李特文斯基主编：《中亚文明史》第三卷（修订版），马小鹤译，中译出版社2017年版，第356—357页。

国，又见到汉人使者出使外藩，颇感亲切，回念途程九死一生，兴奋感慨交集，不觉泪下千行，作五言诗二首，他写道：

又从吐火罗国东行七日，至胡蜜王住城。当来于吐火罗国，逢汉使入蕃。略题四韵，取辞五言：君恨西蕃远，余嗟东路长；道荒宏雪岭，险涧贼途倡；鸟飞惊峭巘，人去偏［？］梁；平生不扣泪，今日洒千行。

冬日在吐火罗，逢雪述怀五言：冷雪牵冰合，寒风擘地烈；巨海冻墁坛，江河凌崖嚙；龙门绝瀑布，井口盘蛇结；伴火上胲歌，焉能度播蜜？

此胡蜜王，兵马少弱，不能自护，见属大寔所管，每年输税绢三千疋。住居山谷，处所狭小，百姓贫多。衣着皮裘、毡衫，王着绫绢、氀布。食唯饼糗，土地极寒，甚于余国。言音与诸国不同。所出羊、牛，极小不大，亦有马、骡。有僧有寺，行小乘法。王及首领百姓等，总事佛，不归外道，所以此国无外道。男并剪除须发，女人在头。住居山里，其山无有树木及于百草。①

据考，此胡蜜国即《西域记》卷十二的达摩悉铁帝国（Bharmasthiti），中外学者一致认定为今阿富汗之瓦罕②。但胡蜜与瓦罕，在发音上相差甚远，于是人们追溯其来源为《汉书·西域传上》的休密。休密为大夏（贵霜）五部翎侯之一。"翎侯，塞种或与塞种有关部落（诸如康居、乌孙等）常见的官职名称。大夏国五翎侯治地均在吐火罗斯坦东部山区。"休密"为托勒密《地理志》（Ⅵ，13）所载 Sacara 地区小部落 Komedae 之对译。"其治

---

① 张毅：《往五天竺国传笺释》，中华书局1994年版，第140—141页。
② 季羡林等：《大唐西域记校注》，中华书局1985年版，第975页。

地"和墨"也是"Komedae 之对译"。①

慧超所记胡蜜，其时已为大食所管。可见，此时阿拉伯人的势力已经深入到阿富汗的若干角落了。

如今被称作"瓦罕走廊"的这条古道，曾经是中国与中亚、西亚和南亚交通的要道，也是丝绸之路的要冲之一。当年，中国的求法者和无数的中外使节都走过这条路。慧超就是见证者之一。

总之，慧超《往五天竺国传》既是研究阿富汗 8 世纪历史文化的重要文献，也是 8 世纪中国与阿富汗交通史和文化交流史研究的重要文献。

---

① 余太山：《两汉魏晋南北朝正史西域传要注》，商务印书馆 2013 年版，第 123 页。

七　古代南海的孟加拉航线

要事先说明的是,"孟加拉航线"的提法,最早见于冯承钧先生的《中国南洋交通史》(初版于1937年)。他提到的是"榜葛剌航线"。他在介绍郑和下西洋的航线时,认为从苏门答腊西北角的亚齐出发,有两条航线:"一为赴榜葛剌之航线;一为赴锡兰之航线。"[①] 其后,周运中先生在他的《郑和下西洋新考》一书中则直接提出了"孟加拉航线"[②]。也就是说,"榜葛剌航线"或者"孟加拉航线",都是明代南洋航线的支线,也可以说是当时中国——印度航线的支线。

而本文要讨论的"孟加拉航线"则是中国至孟加拉的航线。从很早的时候起,中国与孟加拉之间即存在一条航线。这一航线的形成、发展和延续,大体经历了五个阶段。下面我们就对这五个阶段作出分析、论证和描述。

(一) 基础阶段

"基础阶段"的时间大体为汉代至三国时期,即前206—公元265年。主要有三个要点。

1. 汉代中国至南亚航线

《汉书·地理志》曰:

[①] 冯承钧:《中国南洋交通史》,上海古籍出版社2012年版,第68页。
[②] 周运中:《郑和下西洋新考》,中国社会科学出版社2013年版,第239页。

自日南障塞、徐闻、合浦船行可五月，有都元国；又船行可四月，有邑卢没国；又船行可二十余日，有谌离国；步行可十余日，有夫甘都卢国。自夫甘都卢国船行可二月余，有黄支国，民俗与珠崖相类。其州广大，户口多，多异物，自武帝以来皆献见。有译长，属黄门，与应募者俱入海市明珠、璧流离、奇石异物，赍黄金杂缯而往。所至国皆禀食为耦，蛮夷贾船，转送致之。亦利交易，剽杀人。又苦逢风波溺死，不者数年来还。大珠至围二寸以下。平帝元始中，王莽辅政，欲耀威德，厚遗黄支王，令遣使献生犀牛。自黄支船行可八月，到皮宗；船行可二月，到日南、象林界云。黄支之南，有已程不国，汉之译使自此还矣。①

能为多数中外学者所接受的看法是，文中的"黄支国"即今南印度泰米尔纳杜邦金奈（Chennai，旧称马德拉斯）市附近的康契普拉姆（Kanchipuram）地区，即玄奘《大唐西域记》中的建志补罗（Kancipura）②。而已程不国，有学者以为是斯里兰卡③，笔者从之。

仅从这段文字看，如果没有多次航海的经验，便不可能得出这样一条清晰航线和这样一份确切的时间表。这说明，西汉时期中国与南亚的海上通道已经确立，它的起点有三：一在今广东徐闻，二在今广西合浦，三在今越南广治省东河市（汉时的日南）。

---

① 班固：《汉书》，中华书局1983年版，第1671页。
② 参见藤田丰八《前汉时代西南海上交通之记录》，何建民译：《中国南海古代交通丛考》，商务印书馆1936年版；费琅《昆仑及南海古代航行考》，冯承钧译，中华书局1957年版；冯承钧《中国南洋古代交通史》，商务印书馆1937年版。
③ 苏继庼：《〈汉书·地理志〉已程不国即锡兰说》，《南洋学报》第5卷第2期；韩振华：《公元前二世纪至公元一世纪间中国与印度东南亚的海上交通——〈汉书·地理志〉粤地条末段浅释》，《厦门大学学报》1957年第2期。

它的终点有二：一在黄支，二在已程不国。

2. 对孟加拉湾的认知

三国时（220—265），东吴拥有南海交通之便，因而出现了朱应、康泰这样由政府派遣的使者兼旅行家赴南洋考察。一般认为，在其考察之后，朱应著有《扶南异物志》（或简称《异物志》）一书，康泰则著有《扶南土俗记》（又称《扶南传》《吴时外国传》等）一书。除朱应的《扶南异物志》外，吴人还撰写过多种《异物志》，其中万震的《南州异物志》（又作《南方异物志》）最为著名。可惜这些书都已散佚，仅在后世其他书中保留下若干片段。从这些片段可知，当时的国人对孟加拉湾一带已经有了初步认知。

3. 对恒河口的认知

陈连庆先生曾经著文论及朱应、康泰出使扶南事。他认为，这"是中外交通史上的一件大事，可以和张骞通西域先后媲美。"由于他们的著作很早就遗失了，所以，"通过《梁书》的记载，人们才知道朱应、康泰的具体活动"。"朱应大约出身于朱、张、顾、陆之族，而康泰当是流寓交广的康居人。"根据康泰《吴时外国传》和《梁书·扶南国传》以及《太平御览》卷七八七引《扶南土俗》，可知扶南开国传说：摸跌国（古籍中又有横跌、摸跌、横跌等多种刊印）人混慎得神弓，乘大船入海，其入海地为乌文国，然后到扶南，取当地女主为妻，在扶南国称王。"岑仲勉把摸跌国比定为恒河口之担袂，又认为乌文国即 Andam 群岛（按今名安达曼群岛）之故名（见《中外史地考证》第 145 页[①]）。其说确否虽尚待定论，但摸跌是印度东海岸的国家，乌文国是由印度往扶南的必经之地，扶南是印度移民与扶南土著所创建的国家，这

[①] 岑仲勉：《中外史地考证》，中华书局 1962 年版，第 145、148 页。按，岑先生文中径直给出乌文国的外文名为 Andaman，又径直将摸跌国比定为担袂，并给出外文为 Tamralipti。前者为今印度洋孟加拉湾东南之安达曼群岛；后者为《法显传》中的多摩梨帝，今印度西孟加拉邦之塔姆卢克（古之港口，后因河水冲击而成内陆城镇）。

都是不会错的。"①

这里,陈连庆先生比较赞成岑仲勉先生的比定,而所比定的地方摸跌(担袂)已经到了孟加拉地区的恒河口。这说明三国时期可能有人去过那一带,因而对那一带的情况比较熟悉。

(二) 初成阶段

大约从两晋经南北朝到隋代(265—618),可以看作中国—孟加拉航线的初成阶段。初成阶段的特点是航线已经开通,从中国到孟加拉,或者从孟加拉到中国,须经多次中转才能到达。法显的归国行程即是生动实例。当时及稍后,还有很多僧人的行程也可以作为补证。

1. 法显归国航程

法显在"中天竺"巡礼完毕,沿恒河东南行,来到"东天竺"的恒河入海口处——多摩梨帝(Tamralipti)。法显在这里居住二年,抄写经像。

然后,法显从多摩梨帝乘船南下,先到师子国(即狮子国,今斯里兰卡),在那里住二年,学习佛法,搜集佛经,收获颇丰。二年后,他搭乘商船回国,不料途中遇到风暴,船破漏水,失去航向,漂流十多日,靠上一小岛。在小岛补漏后,又经九十天,到达一个叫作"耶婆提"(Yavadeepa)的地方,就是今天印度尼西亚的爪哇和苏门答腊岛一带。法显又从这里搭乘去广州的商船启程,不料又遇到风暴。船上缺少供给,有人甚至想把法显推到海里,但法显义正词严加以驳斥,那些人终于没敢动手。船终于抵达陆地,一打听,才知道已到今天山东境内的青岛崂山。

从《法显传》的记载看,当时并没有从孟加拉(多摩梨帝)到中国的直达商船,但经过多次换乘后,是可以到达中国的。

---

① 陈连庆:《孙吴时期朱应、康泰的扶南之行》,《东北师大学报》(哲学社会科学版)1986年第4期。

2. 其他僧人的补证

同一时期，中国赴印取经的僧人还有法勇（又名昙无竭，约活动于4、5世纪）和智严（活动于4、5世纪）。他们访印，均有践行海路的经验，是辗转到达印度的例证。有海上航行经验的印度僧人则有昙摩耶舍（Dharmayasas，意译法称，约活动于4、5世纪）、佛驮跋陀罗（Buddhabhadra，意译觉贤，359—429）、求那跋摩（Gunavarman，意译功德铠，367—431）、僧伽跋摩（Samghavarman，约活动于5世纪，又译众铠、僧铠）、求那跋陀罗（Gunabhadra，意译功德贤，394—468）等。以上中印僧人的事迹分别见于《高僧传》卷一至卷三本传。

其中，求那跋摩的经历具有典型意义。他本是罽宾（当时的克什米尔）人，选陆路来华更近。但他周游了印度后，来到师子国修行，又从师子国登舟来中国。正如他在遗言中所说："避乱浮于海，阇婆及林邑，业行风所飘，随缘之宋境。"① 从师子国到刘宋地界，中经阇婆（今印度尼西亚苏门答腊岛或爪哇岛）、林邑（今越南南部，王治因陀罗补罗在今岘港附近）辗转来华。

（三）繁忙阶段

繁忙阶段指唐宋元时代，时间大体在618—1368年。之所以说这一时期南海交通繁忙，是因为此前活跃于海上丝路的商人，主要有中国人、印度人、波斯人和罗马人，以及沿线其他国家的人。但到了唐代以后，阿拉伯人崛起，阿拉伯商人异常积极地参与进来，在很大程度上促进了东西方交往和贸易的繁荣。僧人们也有了更多乘船出访的便利，留下了很多相关的记录。

---

① 慧皎：《高僧传》，汤用彤校注，中华书局1992年版，第114页。

1. 义净的记录

（1）关于航线的记录

唐代初期，玄奘和义净都有孟加拉地区几个小国的记录，这里要专门介绍一下义净的记录。

义净《大唐西域求法高僧传》卷下叙述自己赴印行程时说，他从广州来到南洋的室利佛逝（今印度尼西亚的苏门答腊岛的巨港一带）。其时，室利佛逝是一个强大的国家，其国王赞助佛教僧徒西行，用王家的船只送他们去印度朝拜圣地。义净就是得到室利佛逝国王赞助才顺利由室利佛逝出发前往"东天"（东印度）耽摩栗底的。

义净曾多次述及这条海路。例如在《大唐西域求法高僧传》卷下开首的《道琳传》中即曰：（道琳）"乃杖锡遐逝，鼓舶南溟。越铜柱而届郎迦，历诃陵而经裸国。所在国王，礼待极致殷厚。经乎数载，到东印度耽摩立底国。"[①] 引文中，"铜柱"，指今越南中部的古象林县；"郎迦"即郎迦戍，在今泰国北大年一带；"诃陵"，在今加里曼丹岛西部；"裸国"，指今印度安达曼岛。很清楚，义净时期，有许多人走的都是这条路。而凡是走这条路的人几乎都从今孟加拉国领土或领海经过过。

（2）关于地点的记录

义净书中记录的孟加拉地区小国主要有三个，一为多耽摩栗底国，即法显所记的多摩梨帝国。二为三摩呾吒国（Samatata），在今孟加拉国的三角洲地区。三为诃利鸡罗国（Harikela），在今孟加拉国东部吉大港附近。

义净《大唐西域求法高僧传》卷下《曇光传》记载了诃利鸡罗国，曰：

[①] 王邦维：《南海寄归内法传校注》，中华书局1995年版，第133页。

> 昙光律师者，荆州江陵人也。既其出俗，远适京师，即诚律师之室洒，善谈论，有文情，学兼内外，戒行清谨。南游溟渤，望礼西天，承已至诃利鸡罗国，在东天之东。年在盛壮，不委何之，中方寂无消息，应是摈落江山耳。

这里明确地说，诃利鸡罗国在东天竺之东，即今孟加拉国的东部。

义净还与一个诃利鸡罗国的僧人相识。从其记载看，诃利鸡罗国从上到下都信仰佛教。《大唐西域求法高僧传》卷下还有《无行传》，说无行禅师与智弘同行，也到过诃利鸡罗国：

> 无行禅师者，荆州江陵人也。……与智弘为伴，东风泛舶，一月到室利佛逝国。国王厚礼，特异常伦，布金花，散金粟，四事供养，五体呈心。见从大唐天子处来，倍加钦上。后乘王舶，经十五日，达末罗瑜洲。又十五日，到羯荼国。至冬末转舶西行，经三十日，到那伽钵亶那。从此泛海二日，到师子洲，观礼佛牙。从师子州复东北泛舶一月，到诃利鸡罗国。此国乃是东天之东界也，即赡部州之地也。停在一年，渐之东印度，恒与智弘相随。此去那烂陀途有百驿。既停息已，便之大觉……①

这里，义净再次强调诃利鸡罗国"乃是东天之东界也"。

现在的问题是，有人以为诃利鸡罗国在今印度奥里萨邦。笔者同窗王邦维教授否定了此说，认为："此国位置应在东印度之极东界，今奥里萨邦沿岸则不在此范围中。因此有人以为在今孟加拉国沿海的巴卡尔干杰县（Backerganj dist.）和诺卡利县（Noakhali

---

① 王邦维：《南海寄归内法传校注》，中华书局1995年版，第141、181—182页。

dist.）；又或以为在今梅格纳河（Meghna R.）西岸；又或以为在今吉大港（Chittagaon）附近。参见 B. C. Law：HGAI. p. 221。"① 总之，诃利鸡罗国在今孟加拉国境内，这是正解。说明义净确切地记载了中国与孟加拉国的交通实况。

2.《诸蕃志》的记载

南宋时期（1127—1279），赵汝适的《诸蕃志》卷上有"鹏茄啰国"，即今孟加拉。这是孟加拉首次出现于中国汉文典籍，也是其不断崛起的表现。《诸蕃志》中只有简短数语：

> 西天鹏茄啰国，都号茶那咭，城围一百二十里。民物好胜，专事剽夺。以白砑螺殻磨治为钱。土产宝剑、兜罗绵等布。或谓佛教始于此，唐三藏玄奘取经曾到。②

别看短短数语，其信息量很大，计有国名、首都、民情、货币、土产、宗教，以及与中国的交往。由于是首次出现，所以我们此处要做详细考证。

先说国名。杨博文先生注释说，冯承钧先生考鹏茄啰"为今之孟加拉（Bangala）。案冯氏所考为是。此国《岛夷志略》作朋加剌，《瀛涯胜览》作榜葛剌"③。从对音上讲，鹏茄啰对 Bangala 是无可挑剔的，元人汪大渊《岛夷志略》的朋加剌与鹏茄啰读音基本一致。相比之下，明人马欢《瀛涯胜览》的榜葛剌更加接近现代发音。从记载的内容看，《岛夷志略》"朋加剌"条对孟加拉的记载已经十分准确了，而《瀛涯胜览》的"榜葛剌"条的记载则更加细致真切。

再说首都。杨博文先生注"茶那咭"曰："殆即古城洛义漫

---

① 王邦维：《南海寄归内法传校注》，中华书局1995年版，第142页。
② 杨博文：《诸蕃志校释》，中华书局2000年版，第76页。
③ 杨博文：《诸蕃志校释》，中华书局2000年版，第80页注释（11）。

伐底（Lakshmanwati），自六世纪起即为此国都城。后迭经迁都，于十二世纪末仍都此城，洛义漫伐底波斯语作 shahr-i-nao，义为新城，'咭'乃'唔'之讹。茶那唔殆波斯语 shahr-i-nao 之对音。其遗址在今郭里（Guar）。"① 此注总体可取，但有三个问题：第一，洛义漫伐底应为洛叉漫伐底之讹（属刊印之误），洛叉漫又译罗什曼那或罗奇曼，本是印度史诗《罗摩衍那》男主人公罗摩（Ram）的弟弟，伐底是后缀，意思是地方，洛叉漫伐底的意思是罗什曼那的地方。第二，以波斯文 shahr-i-nao（今乌尔都语、印地语、孟加拉语等多种现代语言均用 shahr 一词，意思是城市）对茶那咭或茶那唔，均过于牵强。笔者以为，茶那咭的对音应为 Janaki，三个音节对三个汉字，对应严整，无可挑剔。Janaki 是《罗摩衍那》的女主人公，罗摩的妻子悉多的别名，季羡林先生将此名译为遮那吉（因她是国王遮那竭之女而得此名）②。在《罗摩衍那》的《后篇》中，由于罗摩怀疑悉多（遮那吉）不忠，特命罗什曼那将她送到恒河北岸遗弃。最后，罗什曼那也在恒河北岸抛弃了自己的肉身而灵魂升天③。所以古代恒河北岸多地都流传着这个传说，并常常将自己的居住地说成是罗什曼那的土地，或者是悉多的地方（茶那咭）。第三，郭里通常译为高尔，其英文名字是 Gaur 而不是 Guar④。高尔正在恒河北岸。而且 1178—1199 年，统治这里的国王恰恰就叫罗什曼那·犀那（Lakshmana Sena）。犀那王朝（Sena Dynasty，或称森那王朝）是孟加拉地区最后一个印度教王朝。

---

① 杨博文：《诸蕃志校释》，中华书局 2000 年版，第 80 页注释（11）。
② ［印］蚁垤：《罗摩衍那》（一），季羡林译，人民文学出版社 1980 年版，第 27 页。
③ ［印］蚁垤：《罗摩衍那》（七），季羡林译，人民文学出版社 1984 年版，第 338、556 页。
④ ［印］R. C. 马宗达等：《高级印度史》，张澍霖等译，商务印书馆 1986 年版，第 1185 页。

再说民族。说他们"专事剽夺",恐是片面而偏激的,或者是张冠李戴了,当时至少在孟加拉地区基本没有专门从事抢劫的民族。

再说物产。《诸蕃志》的鹏茄啰国有两点与《岛夷志略》的朋加剌一致,一是使用贝壳为货币,二是土产兜罗绵。

再说信仰。有人说"佛教始于此"也是可以理解的,因为这里8—12世纪在波罗王朝(Pala Dynasty)统治下,国王赞助佛教;说玄奘曾到这里,也符合实际。至于其他问题,只好暂时存疑,这里仅谈一点另外的浅见。

在波罗王朝建立之前,孟加拉地区仅仅算是东天竺的一个部分,而且区域内小国林立,就像玄奘和义净记载的那样,在今天的孟加拉国境内有几个闻名一时的小国,如奔那伐弹那国、三摩呾吒国、诃利鸡罗国等。正如印度史学家所说,在印度笈多王朝及其以前,孟加拉似乎仅仅是属于摩揭陀国的一个部分。到公元7、8世纪,孟加拉地区有两个民族,而且他们所建的国家比较有影响。一个是在孟加拉西部和西北部的高达(Gauda)国的高达人(Gaudas),他们兴盛于7世纪,到8世纪初就消亡了。另一个是地处三角洲地带的文伽(Vanga)国的文伽人(Vangas)。在高达王国处于无政府状态时,人民拥立了一个叫瞿波罗(Gopala,约750—770年在位)的国王。"有名的波罗王朝从瞿波罗开始,这个王朝在统治的最后年代中,它自称是日族的后裔,也是来自海上。在波罗王朝统治下,孟加拉获得了一个在它早期历史中未曾梦想到的繁荣时期。在当代记录中,波罗王室最早的一些国王被称作文伽之主和高达之主,说明他们当时统治着东孟加拉和西孟加拉两个孪生国家。"[①] 由此可知,是波罗王朝把整个孟加拉地区统一起来,建成了一个规模空前的区域性强国。这在孟加拉地区

---

① [印]R. C. 马宗达等:《高级印度史》,张澍霖等译,商务印书馆1986年版,第179页。

的历史上是第一次。

那么,这个波罗王朝的国家叫什么名字呢?既不叫高达,也不叫文伽,更不叫耽摩栗底、三摩呾吒、诃利鸡罗等,而是叫"文伽拉"。

印度有这样一件考古实例:"德干地区的拉什特拉库塔王朝(753—973)戈文达三世于公元805年镌刻的一处铭文提到'文伽拉'(Vangala),并提到达摩波罗(Dharmapala)为文伽拉国王。"[①] 戈文达三世(Govinda Ⅲ),793—814年在位;达摩波罗,约770—810年在位,是波罗王朝的第二代国王,以提倡和赞助佛教而著名。正因为这是9世纪初年的事,所以,无论是玄奘还是义净,都没有提到东印度有一个叫作Vangala的国家,甚至也没有提到"文伽"。

毫无疑问,这个"文伽拉"就是今天所说的孟加拉国的前身。因为孟加拉人习惯把辅音v读成b,所以Vangala后来就变成了Bangala。但是,我们不知道当时(9世纪初)孟加拉人的发音是否即如此,是否就有了Bangala这个叫法。这里要说的是,在波罗王朝崛起之后,至迟在公元9世纪初年,印度人,孟加拉以外的印度人,就已经称这片土地为"文伽拉"国了。从那时起,到赵汝适著成《诸蕃志》之前,即1225年之前,Vangala已经变成了Bangala。这中间经过了420年。孟加拉一词在汉文典籍中出现较晚,但在藏文文献中出现较早。

我们知道,一直到12世纪,孟加拉地区还有梵语流行。梵语抒情诗人胜天(Jayadeva)即12世纪人。他的著名诗作《牧童歌》(Gitagovinda)是梵语文学末期的经典之作。他的名字和诗作的标题中都有字母v,都没有变成b。而且其诗作句子中的v也都没有变成b。例如,其第九歌中的vinihita(安放)、viraha(分

[①] 刘建编著:《列国志:孟加拉国》,社会科学文献出版社2010年版,第58页。

离)、pavana（风）① 等，一仍梵语规则未变。

但这仅仅是少数文人在恪守梵语的规则。普通民众使用的则是俗语。一般认为，从 10 世纪始，这种只有少数人掌握的梵语已完全失势，而在梵语和摩揭陀俗语（Magadhi Prakrit）基础上演变来的一种新的语言——阿波布朗舍语（Apabhransha）则广泛流行，并出现了最初的文学作品——佛教密宗成就师们的《佛教短歌和双行诗》（Baudha gan o doha），以及修行诗（carya）等。阿波布朗舍语是印地语和孟加拉语的前身，到 14 世纪中期，孟加拉语才发展成为一种独立的语言。现在，我们就来考察一下阿波布朗舍语诗歌的发音变化，即字母 v 变成 b 的情况。

密教成就师的一首修行诗中，"轮回"（bhava）、"速度"（veg）等词仍如梵文，但"左""涅槃"就由梵文的 vam、nirvana 变成了阿波布朗舍语的 bam、nibana（还省掉了 r）②。再如，在另一首诗中，提到"乾达婆城"（意思是海市蜃楼），阿波布朗舍语作 gandhavanari，梵文应作 gandharvanagari，这个词虽然有变化，但字母 v 没有变；同一首诗中还提到"石女"（意思是不能生育的女子），阿波布朗舍语作 bandhisua，梵文应为 vandhyasuta，这个 v 就变成了 b③。这就证明，至迟到 10 世纪，阿波布朗舍语一些词汇中的 v 已经被读作 b 了。

上述密教修行诗是在西藏被发现的。而 Vangala 被读成 Bangala 的早期例证也可以在藏文文献中找到。我们知道，早年到西藏传播佛教的阿底峡（Atisha，982—1054）大师就是今孟加拉国人，其出生地在"毗扎玛普热"（Vikramapura，威德城），"在今天孟

---

① 黄宝生编著：《梵语文学读本》，中国社会科学出版社 2010 年版，第 501、502 页。
② [印] P. C. Bagchi and Santi Bhiksu Sastri, *Caryagiti-kosa of Buddhist Siddhas*, Vishvabharati-Santiniketan, 1956, p. 16.
③ 薛克翘：《印度密教》，中国大百科全书出版社 2017 年版，第 162 页。

加拉达卡附近"①。在阿底峡去世后出现的藏文木刻版《阿底峡尊者传》中，明确说"中天竺金刚座之东方，有国曰邦伽罗"②。"中天竺金刚座"，指位于今印度比哈尔邦菩提伽耶、相传佛祖释迦牟尼成佛时所坐的地方，佛教信徒认为那是大地的中心，而释迦牟尼当年活动的地方为印度的中心，故今印度比哈尔邦、北方邦一带被称作"中天竺"或"中印度"。

在仲敦巴大师（1005—1064）的《噶当问道语录》中记载，他前去靠近尼泊尔边界的普兰迎请阿底峡时（1045），曾向阿底峡发出三问，其第一问曰："现有印度班智达的情况如何？"阿底峡答曰："现在印度班智达很多，我来藏区时，东部潘伽罗地方每天都涌现出修证成就者。"③ 这里的班智达，梵文 pandita，又译板的达、班抵达等，本为印度教婆罗门大学者的称号，佛教中用作大师的称号。这里的潘伽罗，即邦伽罗，说明阿底峡时已将 Vangala 读作 Bangala 了。也就是说，10—11 世纪时，孟加拉人就将孟加拉读成为邦伽罗了。而《诸蕃志》的记载迟到了 200 年。这 200 年间，中国与孟加拉的经贸来往较少。而佛教金刚乘的交流较多，而且主要在西藏，中国汉地的僧人较少到孟加拉去，而主要是去"中天竺"。

3. 元代的相关记载

（1）伊本·白图泰的记录

阿拉伯旅行家伊本·白图泰（Ibn batuta，1304—1368，又译伊本·巴图塔）于 1333 年经中亚地区进入印度，在德里苏丹穆罕默德·沙（Mohammad Shah）的宫廷为官，后又被任命为特使出使中国。他著有《游记》一书，通常称为《伊本·白图泰游记》。

---

① 褚俊杰：《阿底夏与十一世纪西藏西部的佛教》，《西藏研究》1989 年第 2 期。
② 《阿底峡尊者传》法尊法师汉文译文，转引自郑堆《阿底峡大师早年生平考》，《宗教学研究》2010 年第 2 期。
③ 转引自秦士金《阿底峡与仲敦巴——11 世纪西藏佛教的整顿者》，《西藏研究》1994 年第 2 期。

他记叙喀里古特城（Calicut，今称卡利卡特，在印度西南海岸）说："中国、爪哇、锡兰以及兹贝·埋赫勒人，以及也门、波斯人都至此地，真是各方商人会萃之地。"接着他还详细介绍了中国船只的大小、帆数、水手、造船地点（广州和泉州）、造船方法、船内设备等，反映了元代人的航海能力及其与南亚的贸易情况[①]。

伊本·白图泰亲历了孟加拉三角洲地区。他详细记录道："在海上住了四十三夜，才到达孟加拉地区，这里幅员辽阔，生产大米，我在世界上从未见过任何地区的物价比这里更为低廉的了。"还说："我最初到达的孟加拉地区的城市是苏德喀万城，那是大海岸上的一座大城，印度人所朝拜的恒河，以及淮河，都在此合流入海。"这里说的苏德喀万城，应即前面英国学者引文中所判定的霍比甘杰，"淮河"实指布拉马普特拉河。接着，伊本·巴图塔介绍了孟加拉苏丹的情况，说他是一位志趣高尚的人，热爱异乡的客人，支持修道者和苏非派。然后介绍了苏丹的身世和孟加拉的王室与政局的变迁。他说："我走进苏德喀万时，没去拜见当地素丹，因他是反抗印度国王的，我担心后果不妙。便离开苏德喀万去凯艾姆鲁山区，两者之间为一月行程。这是一条宽阔的山脉，连接着中国，也连接着梯贝特地区，那就是麝的产地。山区的人，貌似土耳其人，他们善于服侍人。他们中的童仆较之其他童仆更为值钱。他们以玩魔法谋生。我所以到这山里来，是为了拜会一位贤人，他就是谢赫哲俩伦丁·梯布雷则。"这里所说的"凯艾姆鲁山"显然是指喜马拉雅山的东端；"梯贝特"即吐蕃（Tibet），说明孟加拉与西藏距离很近，孟加拉人与西藏人有交往，也有麝香贸易。他所说的贤人"谢赫哲俩伦丁·梯布雷则"即苏非派圣人沙·贾拉尔。这里的"谢赫"和"沙"都是传道者或圣人的意思。他接着说，"我辞别谢赫哲俩伦丁后，出发到哈班格城。这是

[①] ［摩洛哥］伊本·白图泰：《伊本·白图泰游记》，马金鹏译，宁夏人民出版社1985年版，第481—491页。

一座宽大美丽的城市。从凯艾姆鲁山脉流下的大河穿城而过，名为蓝河，可航行至孟加拉及勒克脑地区，沿河左右都是水车、花园和村舍，像埃及尼罗河两岸的情况一样。当地居民是受保护的异教徒，征收其收成的一半，还有其他赋税。""船行十五日后，抵素努尔喀万城。"① 这里，"哈班格城"应在离锡尔赫特西南不太远的河流两岸；"蓝河"应即梅克纳河；"勒克脑"应是勒克瑙提的误译；"素努尔喀万城"即位于今达卡附近的锁纳儿港。

总之，伊本·巴图塔的记录再次证实，继南宋之后，到元代时，孟加拉地区已经逐渐发达起来了。其主要表现为，孟加拉与中国西藏的联系依然紧密；从孟加拉国的港口到中国有航线；当时的穆斯林在孟加拉地区很活跃。

（2）汪大渊的记载

元代汪大渊曾两度随船至南洋考察，其第一次出海在1330年，四年后返回。第二次是在1337年，两年后返回。他曾到过南亚许多地方，回国后于1349年撰成《岛夷志略》一书。书中对印度各地记载颇详，对了解元朝与印度的海上文化交流极有帮助。他每到一地，都很注意那里的地理、土质、物产、贸易、人种、民俗等。在谈到"朋加剌"（即孟加拉，今孟加拉国和印度西孟加拉邦）时也是这样②。这是中国汉文古籍中关于孟加拉国的最早、最准确、最翔实的记载。这也证明，孟加拉作为一个国家，此时已经强盛起来。

我们注意到，苏继顾先生在注释本条时写道：

> 此国东部古为Vanga国地。《后汉书·西域传》之磐起国，《魏略》之磐越（起）国，皆指此国。十世纪时之当地

---

① ［摩洛哥］伊本·白图泰：《伊本·白图泰游记》，马金鹏译，宁夏人民出版社1985年版，第529—535页。

② 苏继庼：《岛夷志略校释》，中华书局1981年版，第330页。

文献作 Vangaladesam，十三世纪时之著录作 Bangala 与 Bengala。①

苏先生这里说的 Vagaladesam 是个梵文词，其词根 desam 为 desa 的名词形式，意思是地方或国家。今天的孟加拉国（Bangladesh）就是从梵文的 Vagaladesam 演变而来的。

（四）鼎盛阶段

1. 郑和出访孟加拉

明代初期，郑和七下西洋，中国与孟加拉国有了进一步交往，而且，相关的记载也多了起来。

郑和船队从江苏刘家港出发，到福建补给，然后到今东南亚之越南、新加坡、文莱、马来西亚、印尼、泰国、柬埔寨等地；再穿越马六甲海峡，到今南亚之斯里兰卡、印度、孟加拉国、马尔代夫等地；再经阿拉伯海入波斯湾、红海，到今天的巴基斯坦、伊朗、土耳其和阿拉伯半岛诸国；再南行到非洲东海岸诸国。

这里有三部书必须介绍。这三部书都是由同郑和一起下西洋的人写成的，最为可靠，也格外珍贵。一部是《瀛涯胜览》，作者马欢。第二部书是《星槎胜览》，作者费信。第三部书是《西洋番国志》，作者巩珍。这三部书互相印证，互相补充，较全面地反映了当时"西洋"各国的情况，也反映了郑和船队的活动情况，是宝贵的第一手资料，也是研究这段历史和当时西洋各国，包括孟加拉国情况的必读书。此三书加上《郑和航海图》《顺风相送》等资料，为我们提供了孟加拉航线的确凿证据。

2. 侯显出使孟加拉

据《明史》卷三〇四《侯显传》② 可知，侯显是功劳仅次于

---

① 苏继庼：《岛夷志略校释》，中华书局 1981 年版，第 332—332 页。
② 张廷玉等：《明史》，中华书局 1974 年版，第 7768—7769 页。

郑和的出使外藩的太监。他曾"五使绝域"：（1）于永乐元年（1403）初使西藏，"陆行数万里"，3年多以后完成任务回到京师（今南京）。（2）永乐十一年（1413）二次奉命从陆路出使尼泊尔。（3）永乐十三年（1415）由海路出使榜葛剌国。据《星槎胜览》记载，费信是这次随侯显出访的通事（翻译官）。（4）永乐十八年（1420）受命前往沼纳朴儿国宣谕皇旨，赐金币安抚。返回时经过金刚座，似未至榜葛剌。（5）宣德二年（1427）再次出使西藏诸地。也就是说，侯显"五使绝域"只有一次是专访榜葛剌国。

3. 孟加拉航线

近年来，周运中先生出版新作《郑和下西洋新考》，对中国与榜葛剌国的交通也十分重视，并特地提出了"孟加拉航线"的概念，并予以论证。他的论证有新意，其新意来自他发现了一份新资料，即明末张鼐《宝日堂初集》中记载其先祖张璇客死并埋葬于孟加拉国吉大港的记载。据张鼐文得知，张璇（1359—1413），字本中，自号柳塘，道教徒，法名为道和，永乐十年（1412）随少监杨敏出使榜葛剌国，翌年病殁于察地港官厂内。关于"官厂"，周运中先生认为即《星槎胜览》中所说的"抽分所"，有些勉强。笔者以为，根据上下文，察地港的抽分所是榜葛剌国立的税收部门，而张璇去世时所在的官厂才是明朝人建立的临时存放物资和船员休憩的场所。因为严从简《殊域周咨录》卷十一"榜葛剌"条讲了："海口有察地港，番商海泊于此丛聚，抽分其货。"明显是榜葛剌国立的抽分所，中国人不可能跑到那里去抽番商们的税。

据周运中先生推测，"吉大港官厂应该设置于永乐十年杨敏船队首次到榜葛剌时，那时榜葛剌国王等亲自到吉大港迎接，具备设置条件。吉大港官厂应该一直使用到宣德八年（1433）下西洋终止后，经历 20 多年"。①

（五）清后期的孟加拉航线

1. 黄楙材考察东孟加拉

黄楙材（1843—1890），江西上高县（今属宜春市）人。自幼家境贫寒，但勤奋好学，才华出众。青年时即博览群书，尤长于天文历算、地理测绘等。1878 年，朝廷因英国殖民者对我西藏虎视眈眈，特派黄楙材等一行 6 人前往印度考察。他们从成都出发，经缅甸入印度，历时半年。后取海路回国。回国后黄楙材绘制了《五印度全图》一册、《西域回部图》一册、《四川至西藏程途》一册、《云南至缅甸程途》一册、《游历刍言》一卷、《西徼水道》一卷上呈皇帝御览。此外尚著有《西游日记》《印度札记》二书。

关于孟加拉，黄楙材在《西游日记》中也有较详细的实地考察及相关叙述和介绍。他是经过缅甸到印度去的，所以对缅甸的地理状况有很多介绍，其中关于缅甸西南部若开邦的介绍，就涉及孟加拉：

> 阿拉干部（即今缅甸若开邦）在跋散（今译勃生）之西北，袤长二千余里，广二三百里，其地重冈叠嶂，陆路罕通，山内为缅境，山外为英属，居民多文莱族（此指马来人），南方海口曰唉家（今译阿恰布，又名实兑），北方海口曰彻第缸（今译吉大港），有陆路可通孟加拉。二埠俱有华人在此贸易，二十年来英人广为招徕，建造洋楼，渐见繁盛。②

---

① 周运中：《郑和下西洋新考》，中国社会科学出版社 2013 年版，第 249 页。
② 黄楙材：《西辀日记》，湖南新学书局光绪丁酉（1897）刊行，第 34 页。又见政协上高县文史资料委员会编《黄楙材文集》，1989 年，第 49 页。

这里说的是缅甸若开邦当时的情况。从这里我们知道，那时在缅甸的阿恰布港和孟加拉的吉大港，已经有中国商人在那里贸易谋利了。黄楙材接着又说，"华人商贩缅地实繁有徒，迤北陆路则滇人居多，迤南海滨则闽粤尤众。"又可知，在当时吉大港从事贸易的华商应以闽粤人居多。这说明，从中国的闽（泉州为代表）粤（广州为代表）两地到吉大港是有一条航线的，这也就是开始于宋代，兴盛于明代，至清代尚延续的"孟加拉航线"。只不过到了清代，由于英国殖民者将在印度的统治中心设立在加尔各答，所以，以加尔各答日益繁华兴盛，而东孟加拉的达卡、吉大港等地就逐渐被边缘化，因而显得相形见绌了。

黄楙材曾亲自到过姑斯替（Kushitia，库什蒂亚），今属孟加拉国。还曾带一二随从和翻译乘火车到姑斯替，然后"附轮船至亚山（即印度阿萨姆邦），往返二十日"。又从姑斯替到达卡等地旅游。[①] 也就是说，黄楙材从姑斯替乘船，先沿着恒河东南下行，到恒河与布拉马普特拉河交汇处又转而逆行北上，经孟加拉国北部地区又东向进入阿萨姆地区。这在古代中国旅行家中是绝无仅有的。

据黄楙材的《西游日记》，他的归国行程便是孟加拉航线的具体写照：

加尔各答——唉家（阿恰布或实兑）——漾贡（仰光）——槟榔屿（位于马来西亚西北，Penang Island）——马六甲——新加坡——西贡（今越南胡志明市）——香港。

2. 马建忠吴广霈的记录

马建忠（1845—1900），字眉叔，江苏丹徒（今镇江）人。光绪七年（1881），受李鸿章委派，前往印度同印度总督交涉鸦片事宜，同行者还有吴广霈等人。

[①] 黄楙材：《西輶日记》，湖南新学书局光绪丁酉（1897）刊行，第38页。又见政协上高县文史资料委员会编：《黄楙材文集》，1989年，第31页。

马建忠回国后将其访印日记整理为《南行记》二卷，于1896年刊行。据《南行记》上卷记叙，1881年农历六月二十四日，马建忠一行自天津港出发，经烟台、上海，再到香港换船，然后经西贡、新加坡，至槟榔屿。关于槟榔屿，马建忠写道：

> 二十八日晴。进口，闻舟泊二日乃开，遂登岸，借住闽商颜金水栈中，聊避暑氛。此间华商侨寓者约八万人，闽商为首，广帮次之，非如新加坡之富户尽属广人。颜之居室悉仿西制，埠内华商皆构别墅，翚飞鸟革，洵足为吾国生色，不图海外竟别开生面如此。①

参照此前黄楙材的有关记载，可知槟榔屿来自闽粤的华商的确很多，他们首先接触到西方文化，在南洋做得风生水起。同时，槟榔屿也是"孟加拉航线"上的重镇，所起作用相当于唐代南洋的室利佛逝。

吴广霈（1855—1919），安徽泾县西南茂林人。1881年，随马建忠去印度交涉鸦片事务，回国后写下《南行日记》。

总之，马吴二人的记载使我们知道了当时的从天津到香港，再从香港到加尔各答的"孟加拉航线"。当然，还有从孟买到锡兰，再从锡兰到香港的航线，我们姑且称之为"孟买航线"。这两条航线在槟榔屿会合。

3. 康有为的记录

康有为（1858—1927），广东南海县（今南海市）人。1898年戊戌变法的主要推动者，事败逃亡，开始海外流亡生涯。同年，康有为避祸槟榔屿，10月27日，乘船去印度，11月2日抵达加尔各答，月底卜居大吉岭。在其间近一个月的时间里，他在女儿

---

① 马建忠：《马建忠集》，中华书局2013年版，第116页。

康同璧等人陪同下先在加尔各答一带参观。11月8日傍晚，他到"支那街天后庙"去演说，见到当地华人。他记载了当地华人的概况：广东华人约于18世纪中后期到加尔各答，1901年当地已有4000华人。

这些广东的华人到印度去，走的就是"孟加拉航线"。正如康有为的《印度游记·序》中所说（括注为笔者所加）：

> 吾自南路跨大海来，经星架坡（即新加坡）、槟榔屿至恒河口之卡拉吉打（即加尔各答）而入印度。海陆之程，各万余里，然大陆艰难，风灾冰窖，头痛身热。故六朝唐宋时，非高僧艰苦者不敢远游。今则海道大通，自粤来卡拉吉打者，月有汽船六艘，海波不兴，如枕席上。遇粤之木工、履工集于印度者数千人，吏于卫藏或商人多假途出入，岁月相望，视如门户。①

这里，康有为强调的是海路到印度比陆路更平稳安全。更重要的是他提供了一条信息，即当时从广东到加尔各答每月有六艘汽船，即平均5天一班，可谓频繁了。也就是说，那时候，这条"孟加拉航线"已经很通畅、很安全，往来人员很多了。乘坐者除了工人以外，还有官吏、商人等。

4. 一位印度士兵的记录

1900年，中国的义和团运动爆发。英国当局为了保护他们在中国的利益，从印度调集军队到中国镇压义和团运动，其中有不少印度士兵。非常令人感动和难忘的是，有的士兵记录了他们来华参战的经过，表达了他们对中国人民的同情。一名叫作塔库尔·格达达尔·辛格（1869—1920，Thakur Gadadhar Singh）的印

---

① 康有为：《康有为列国游记》（上册），商务印书馆2016年版，第1页。

度士兵，用印地文，记下了他于 1900 年 6 月 29 日随部队从印度加尔各答出发，前往中国天津，又从天津进入北京的过程，也记下了他在这个过程中的所见所闻和自身感受。他于 1901 年 9 月回国。回国后，1902 年，他将自己的记录以《在中国的十三个月》为题，在北方邦的勒克瑙出版。115 年后还被翻译为英文出版①。

他们是 6 月 29 日下午从加尔各答出发的，7 月 11 日到达香港，作短暂停留（作补给）后北上，经威海卫、大沽口，于 7 月 17 日到达天津。这就是当时的"孟加拉航线"。另外，据格达达尔·辛格说："我们的前辈，即 1858 年的战士们（引按，指英殖民当局派兵帮助清政府镇压太平天国运动），就是从这条道路到中国去的。这是传统的道路，我们也得走。"② 即是说，19 世纪中和 20 世纪初，英国人充分利用这条航线从事军事活动。

---

① ［印］Thakur Gadadhar Singh：*Thirteen Months in China*. English Lranslation by Anand A. Yang, Kamal Sheel and Ranjana Sheel, Oxford University press in New Dehli, 2017.

② ［印］Thakur Gadadhar Singh：*Cina men Terah Mas*. Hindi Granthkar Press, Lakhnau, 1902. p. 309.

八　印度古地名四考

中国古籍中记载南海、印度古地名甚多,有许多都存在争议而未有定论。限于笔者功力,今仅试考其四。

(一) 迦毗黎国考

刘宋元嘉五年(428),有一份来自印度的国书保存在《宋书·夷蛮传》里。是天竺迦毗黎国国王月爱致宋文帝的。问题就在这个"天竺迦毗黎国"上,直到近年,仍存误解。例如,青年学者周运中先生在其大作《中国南洋古代交通史》中谈到迦毗黎时说:

> 迦毗黎即《大唐西域记》卷六佛陀故乡劫比罗伐堵(Kapilavastu)国,废城在今印度北方邦巴斯蒂(Basti)北部的比普拉瓦(Piprawa)。① 张星烺指出《宋书》卷九七天竺迦毗黎王月爱,即笈多王旃陀罗笈多二世(Chandragupta Ⅱ),chandra即月,gupta是爱。笈多王朝都城不在迦毗黎,而且法显在此前看到迦维罗卫城(即迦毗黎):"城中都无王民,甚如丘荒,只有众僧、民户数十家而已……迦维罗卫国

---

① 原注:[唐]玄奘、辩机原著,季羡林等校注:《大唐西域记校注》,第508页。

大空荒，人民希疏，道路怖畏白象、师子，不可妄行。"① 有学者以为迦毗黎是汉人赋予摩揭陀的新名，此说不确，应是来华的印度人看到建康人奉佛，于是假借迦毗黎之名。② 旃陀罗笈多二世是380—413年在位，元嘉五年时早已去世，可能因为他开疆扩土，所以印度人假用其威名。《梁书》卷五四说天监来贡的天竺王名屈多，我认为屈多就是笈多（Gupta）的音译，此时在位的王名巴奴笈多（Bhanugupta）。③

显然，他先是接受了张星烺先生关于迦毗黎即迦毗罗卫的意见，然后又驳斥了张先生的一些说法，指出：笈多王朝的都城不在迦毗黎、元嘉五年时旃陀罗笈多二世早已去世、屈多即笈多（指巴奴笈多）的音译等，这些都是对的。另外，他还提到莫任南先生文章中的观点：迦毗黎是汉人赋予摩揭陀的新名，认为"此说不确"。这也是对的。不对的是他接受了迦毗黎即迦毗罗卫的错误判断，又在此错误判断基础上推测，旃陀罗笈多二世"可能因为他开疆扩土，所以印度人假用其名"。

下面，本文要针对的是张星烺和莫任南二位先生的观点。张先生（1889—1951）早已谢世，莫先生（1925—2022）刚刚过世，他们都是前辈学者，深受笔者尊敬。但对于学术问题，锱铢必较，未可容私。

先看张先生的观点，他在《中西交通史料汇编》第六册的相关注释中说：

迦毗黎国即玄奘《西域记》之劫比罗伐窣堵国（Kapila-

---

① 原注：[晋]法显撰，章巽校注：《法显传校注》，第69—70页。
② 原注：莫任南：《刘宋时遣使来华的迦毗黎国在南亚何处》，《海交史研究》1992年第1期。
③ 周运中：《中国南洋古代交通史》，厦门大学出版社2015年版，第163页。

vastu），又作迦罗卫国。法显《佛国记》作迦维罗卫城。

国王月爱者，即笈多王朝旃陀罗笈多二世（Chandragupta）。印度人谓月曰旃陀罗，谓爱曰笈多也。

迦毗黎，中天竺之一国也。宋元嘉五年，来奉表之迦毗黎国王与梁天监初来献之中天竺王屈多，实属一朝代。《南史》分中天竺与迦毗黎为二国，无疑画蛇添足。古代交通不便，无由考其异同，故亦不能责也。①

除周运中先生的批驳外，笔者还要补充以下四点：

第一，迦毗黎（kaveri）与迦毗罗卫的发音相差较大，完全不是一回事。迦毗罗卫的梵文为 Kapilavastu，此词分两部分，前半 kapila 有红褐色、铜色、火、太阳等义；后半 vastu 有物件（东西）、真实、真理、实质、物质等义。二者合为城名，又称 Kapilapura，故又被意译为"苍城""黄赤城""妙德城"等，相传为释迦牟尼祖上乔达摩所建，而乔达摩为印度上古太阳族系的英雄②，故此城又可译为太阳城。迦毗黎对音 Kaveri，谁都不否认其合理性。

第二，笈多，梵文为 Gupta，可释为"护"，为"藏"（隐藏），为"秘"（秘密）。其英文的解释有 protected, guarded, preserved 及 hidden, concealed, kept secret 等③。全无"爱"的意思。故将旃陀罗笈多训为月爱，是主观臆测。如要对音，也应该向 Candranampriya 的方向寻找。因为，早在公元前 3 世纪，孔雀王朝的阿育王（Asoka，约前 272—前 232 年在位）就曾在其石刻诏书

---

① 张星烺：《中西交通史料汇编》第六册，中华书局1979年版，第31、39页。
② 季羡林等：《大唐西域记校注》，中华书局1985年版，第507页注。
③ ［英］Sir M. Monier-Williams, *Sanskrit-English Dictionary*, Munshiram Manoharlal Publishers Pvt. Ltd. New Delhi, 1994, p. 359.

中自称"天爱"（Devanampriya①）王，意思是为天神所爱的。同样，月爱的意思就是为月神所爱的。

第三，梁天建初年来贡献的中天竺王屈多（Gupta）与月爱王并非属于同一朝代，《南史》将中天竺、迦毗黎分为二国是对的，并非画蛇添足。古人所谓"中天竺"，指释迦牟尼一生活动过的地方，主要在今印度北方邦和比哈尔邦。这一观念来自佛教徒的信念"佛之威神，不生边地"②。张先生之所以将两地两朝认定为一，是因为张先生未详读表文。月爱王的国书中说得明白：

> 臣之所住，名迦毗（黎）河，东际于海，其城四边，悉紫绀石，首罗天护，令国安稳。国王相承，未尝断绝，国中人民，率皆修善，诸国来集，共遵道法，诸寺舍子，皆七宝形像，众妙供具，如先王法。③

"迦毗河"即迦毗黎河，此国居住于迦毗黎河畔。"东际于海"表示该国东面的边际是海，即不属于中天竺。迦毗黎河即今日之考维利河（Cauvery，或作 Kaveri，又译科佛里河、高韦里河等）。主要流经今印度泰米尔纳德邦南部地区，东注入海。印度东南沿海地区盛产深紫色花岗岩（紫绀石），故用以构筑城墙。彼时的城堡早已不存，但其稍后的帕拉瓦（Pallava）和朱罗（Cola 或 Chola）王朝的建筑遗存，如海岸神庙、五车神庙、《恒河降凡》岩壁浮雕、坦焦尔大塔等④，均可资佐证。当时那里的居民主要信奉印度教湿婆派，即国书中所说，以"首罗天"为保护神。首罗

---

① [印] D. C. Sircar, *Inscriptions of Asoka*, Third Edition (Revised), Published by the Director, Publications Division, Ministry of Information and Broadcasting, Government of India, Patiala House, New Delhi. 1975. p. 36.
② 道宣：《释迦方志》，范祥雍点校，中华书局1983年版，第7页。
③ 沈约：《宋书》，中华书局1974年版，第2385页。
④ 王镛：《印度美术》，中国人民大学出版社2010年版，第254—269页。

天即摩醯首罗天（Maheshvara），或称大自在天。

综上数条，可知此迦毗黎国即南印度之朱罗国。而4世纪末至5世纪初，印度南端主要有4个国家：一是以建志补罗（今印度泰米尔纳德邦康契普拉姆，Kanchipuram）为中心的帕拉瓦国，二是处于迦毗黎河下游两岸的朱罗国，三是半岛最南端的潘迪亚国（Pandya），四是半岛南端西侧的鸡罗国（Kerala，即今天的喀拉拉）[1]。尤其是朱罗国，以今坦贾武尔（Thanjavur，又作Tanjore，即坦焦尔）为中心的迦毗黎河下游地区，自西汉时代便与中国有贸易往来。20世纪40至60年代，这里曾出土汉代三铢钱1枚和五铢钱3枚。这正好与《汉书·地理志》中关于汉使到达黄支国（即今康契普拉姆）的记载相印证。因为这里与这些钱币出土地不远，"很可能，它们就是当时的使者或商人带去的。"[2]

当时的朱罗国虽地处富庶的迦毗黎河畔，但尚未强盛，其历史也模糊不清，难以描述，至于其王月爱的情况自然难以考证。

第四，梁武帝天监初（502），又有印度屈多王致梁武帝的国书保存在《梁书·诸夷传》中。有趣的是，这封国书和《宋书》中的那封月爱王的国书如出一辙，文字几乎是一样的，原因不得而知。不过，这封国书是中天竺国王屈多的。屈多即笈多（Gupta），周运中先生说其时在位的笈多王是巴奴·笈多，这个说法没错。但遣使来华的笈多王却存在两种可能，可能是巴奴·笈多，也可能是其父佛陀·笈多（Buddha Gupta，约475—495年在位），因为使者走海路，路上消耗七八年甚至更长时间，在当时属正常情况。

至此，我们根据《宋书·天竺传》提供的信息和条件，可以判定，迦毗黎国指的就是当时的朱罗国。但是，这件看似已经被判定的事情，到了唐代中期又节外生枝。那就是莫任南先生文章中提到的两条材料。

---

[1] 林承节：《印度史》，人民出版社2004年版，第75页。
[2] 杨富学：《南印度出土中国古币汇说》，《中国钱币》1995年第1期。

莫先生的文章中否定了冯承钧先生的正确意见，却接受了张星烺先生"爱曰笈多"的错误意见。他写道：

> 我认为迦毗黎既非尼泊尔的迦维罗卫，也不在印度南端的科佛里河流域，而是恒河中游的摩揭陀（又作摩伽陀）。那于元嘉五年来华的使者是摩揭陀月爱王之子，鸠摩罗笈多一世所派遣的。①

为支持迦毗黎即摩揭陀的观点，莫先生引出《新唐书》卷二二一《天竺传》中的记载："中天竺在四天竺之会，都城曰茶镈和罗城，滨迦毗黎河。"以及杜佑《通典》卷一九三《边防九·天竺传》中所说天竺国"都临恒河，一名迦毗梨河。"这里面，《通典》的说法出现于《新唐书》之前，虽言之凿凿，却并无所本。

我们知道，在唐代前期，即《通典》出现之前的文献中，没有恒河"一名迦毗梨河"的说法，玄奘没有说过，道宣（《释迦方志》中）没有说过，义净没有说过，汉译佛经中也没有说过。那么，《通典》中的这一说法是对的吗？当然不对。恒河，虽然水系繁杂，但诸多名称中却无能与迦毗梨相对应者。所以，《通典》中突兀地把迦毗梨河说成是恒河的别名，毫无依据，必定有误，不是杜佑的误解误书，便是刊印中出了差错。所以，尽管《旧唐书·天竺传》的记载颇多神奇古怪的传说，却并未采用《通典》此说。倒是《新唐书·天竺传》不仅采用了此说，而且凭空又多出了个中天竺国"都城曰茶镈和罗城，滨迦毗黎河"的说法。

我们知道，在《新唐书》出现之前，文献中没有中天竺国"都茶镈和罗城，滨迦毗梨河"的说法，即除了《通典》的那条

---

① 莫任南：《刘宋时遣使来华的迦毗黎国在南亚何处》，《海交史研究》1992年第1期。

材料外，文献中再也找不到类似的说法了。那么，《新唐书》的说法是对的吗？当然不对。在学术界，虽然谁都说不清楚这个"茶镈和罗城"究竟在哪里，究竟是怎么来的，在北印度（包括古人所谓中天竺），也找不到一条叫作迦毗黎的河流。但有一点是可以肯定的，即在戒日王（音译尸罗逸多，Siladitya）时期（590—647），曲女城（Kanyakubja）并不是摩揭陀的都城。玄奘记载过摩揭陀国的三个故都（华氏城 Pataliputra、上茅宫城 Kushagrapura 和王舍城 Rajagriha），但"事实上，玄奘或任何记载从未明确说曲女城是戒日王的国都。玄奘详细记述曲女城，不是因为它是戒日王的首都，而是因为曲女城法会在这里举行"[1]。青年学者张远女士通过对中印文献的综合研究，尤其是通过对梵文文献和考古资料的直接研究，在这里纠正了一个长期以来想当然的错误认识。也在客观上否定了莫任南先生文章中的观点：茶镈和罗城"应即摩揭陀的曲女城……摩揭陀首府原在华氏城（今巴特那），尸罗逸多时迁至曲女城。王玄策击败篡位权臣阿罗那顺于'中天竺国城'茶镈和罗，此城自然是指那曲女城"[2]。也就是说，既然曲女城不是中天竺国都城，曲女城也就不是茶镈和罗城，《新唐书·天竺传》中的中天竺国"都城曰茶镈和罗城，滨迦毗黎河"之说便无所着落，《新唐书》的这条记载便是无所依据的误记。

在《通典》和《新唐书》的这两条记载被推翻后，莫先生这篇文章的几个主要观点便都自动失效，无须再判了。

现在，我们倒是可以对"都城曰茶镈和罗城，滨迦毗黎河"这句话作逆向思考了：既然迦毗黎河即南印度的 Kaveri 河，那么，其河滨是否有个叫作"茶镈和罗"的城市呢？很遗憾，暂未发现。但是，却有一个叫作 Thanjavur 的著名城市，其对音可以是"镈茶

---

[1] 张远：《戒日王研究》，社会科学文献出版社2018年版，第85页。
[2] 莫任南：《刘宋时遣使来华的迦毗黎国在南亚何处》，《海交史研究》1992年第1期。

和罗"。这里仅仅提供一个思路,不敢武断,故不作具体说明。

(二) 庵摩罗跋考

"庵摩罗跋"一词,出现于义净《大唐西域求法高僧传》卷上(有的文本作庵摩罗跛,也有的作庵摩罗波,跋、波、跛,形相近,音相通)。对此,笔者同窗北京大学王邦维教授在其校注本的注释中写道:

> 庵摩罗跋国一名,仅见于义净本书。下文云:"在中印度庵摩罗跋国遘疾而卒。"卷上《道希传》:"既住那烂陀,亦在俱尸国。蒙庵摩罗跋国王甚相敬待。"《慧轮传》:"居庵摩罗跋国,在信者寺,住经十载。"庵摩罗跋,沙畹还原为 Amrava,Amarava,仍存疑。足立喜六认为庵摩罗跋国即毗舍离国……毗舍离,梵文 Vaisali,玄奘译吠舍厘,义净译薛舍离,本书中数见,义净所译其它佛经中亦常见,显然与庵摩罗跋不同,所指地方应亦异。庵摩罗跋国在中印度殑伽河北,地似在今比哈尔一带,但难确指何处。从义净的记载看,庵摩罗跋国似是中印度一个比较有名的国家,不少中国僧人受到国王接待,住在信者寺,但奇怪的是此译名或相近的译名不见于其它求法僧人的著作。国外有人以庵摩罗跋即 Amaravati(L. M. Joshi: Studies in the Buddhistic Culture of India during the 7th and 8th Centuries A. D. ,2nd ed. Delhi, 1977 p. 141),对音上虽较合,但 Amaravati 地在南印度,地理位置相差太远,显非义净所指。或以为庵摩罗跋即迦摩缕波(梵文 Kamarupa。冯承钧《西域地名》1980 年,页 40;张星烺《中西交通史资料汇编》第六册,1979 年,页 288;陈翰笙《古代中国与尼泊尔的文化交流》,载《历史研究》1961 年第 2 期)。但迦摩缕波地在今阿萨姆一带,属东印度。此说大约亦

以庵摩罗跋与迦摩缕波相对音而得来，误。①

这个注释中，邦维先生先指出了义净书中的三处有关庵摩罗跋的记载，然后介绍了法国学者沙畹和日本学者足立喜六的解释，并发表了他的观点。最后还介绍了国内外两种明显错误的意见。由于沙畹和足立喜六的观点有其合理性，所以他认为庵摩罗跋国应在今比哈尔邦境内恒河北岸某地。这已经很接近事实了。但仍有作进一步考证的必要。

笔者认为，此庵摩罗跋的对音即 amravana。此字由两部分组成。前半部分为梵文 amra，玄奘音译为庵没罗。他在《大唐西域记》卷二记载印度物产时，首先一口气说出了 11 种他在中国没有见到过的水果，其第一种即庵没罗果。学者们注释道："庵没罗，树名，梵文 amra 音译，又译作庵罗、庵婆罗、庵摩罗、阿摩勒、学名 Mangitera Indica，俗称芒果树（漆树科芒果树乔木）。庵没罗果即芒果。"② 后半部分为梵文 vana，音译婆那、饭那、槃那等。《翻梵语》卷六曰："婆那，译曰林也。"③《翻译名义集》卷三亦云："婆那，正言饭那，此云林。丛木曰林。"④ 婆那有时译为林，有时也译为园。amravana 即庵摩罗林或庵摩罗园，意思是芒果林或芒果园。

梵文中的 va 在古代的汉译中常常被音译为婆，但有时也被音译为伐、越、和等（恕不一一举例），但有时也音译为跋。例如，《何耶揭唎婆像法》卷一："其炭变为苏跋那金黄。"⑤《金光明最

---

① 王邦维：《大唐西域求法高僧传校注》，中华书局1988年版，第23—24页。
② 季羡林等：《大唐西域记校注》，中华书局1985年版，第212页。
③ 《翻梵语》，《大正藏》第54册，台北新文丰出版公司1983年版，第1023页。
④ 《翻译名义集》，《大正藏》第54册，第1100页。
⑤ 《何耶揭唎婆像法》，《大正藏》第20册，台北新文丰出版公司1983年版，第171页。

胜王经疏》卷一："苏跋那（此云金），婆婆娑（此云光）。"① 这里提到的"苏跋那"即梵语 suvarna，意思是金色的。《翻梵语》卷三："跋那翻为色。"② 此"跋那"（varna）是颜色的意思。从以上例子可以推知，amravana 也可音译为庵摩罗跋。

接下来是地点问题。首先，庵摩罗跋与佛教圣地吠舍厘有关。在这一点上，日本学者足立喜六的观点是对的。吠舍厘，Vaisali，又译毗舍离等，其遗址在今印度比哈尔邦北部、恒河以北的穆扎法普尔县一个名叫巴萨尔的小村庄。相传佛陀最后所到的城市即吠舍厘城。城里有一位庵摩罗女，她将自己的庵摩罗园施舍给了佛陀，佛陀在那里居住过。对此，法显记载道：

> 毗舍离城北，大林重阁精舍，佛住处，及阿难半身塔。其城里本庵摩罗女家，为佛起塔，今故现在。城南三里，道西，庵摩罗女以园施佛，作佛住处。佛将般泥洹，与诸弟子出毗舍离城西门，回身右转，顾看毗舍离城，告诸弟子："是吾最后所行处。"③

佛陀在离开毗舍离之前，是居住在庵摩罗女施舍的芒果园里。这个芒果园的具体位置在"城南三里，道西"，也就是在今巴萨尔村南约 3 里地偏西一点的地方。200 余年后，玄奘也到访吠舍厘。他记载道：

> 其西北有窣堵波，无忧王之所建也，旁有石柱，高五六十尺，上作师子之像。石柱南有池，是群猕猴为佛穿也，在

---

① 义净：《金光明最胜王经疏》，《大正藏》第 39 册，台北新文丰出版公司 1983 年版，第 180 页。
② 《翻梵语》，《大正藏》第 54 册，台北新文丰出版公司 1983 年版，第 1004 页。
③ 章巽：《法显传校注》，上海古籍出版社 1985 年版，第 93 页。

昔如来曾住于此。

又记庵摩罗园：

> 次西不远有窣堵波，是佛于此最后观吠舍厘城。其南不远有精舍，前建窣堵波，是庵摩罗女园，持以施佛。庵摩罗园侧有窣堵波，是如来告涅槃处。①

玄奘记载的阿育王石柱，近世已被发现并树立起来。这根阿育王石柱的地方在巴克拉（Bakhra）村。其旁有大塔以及若干小塔的遗迹，还有一个水池。据慧琳《一切经音义》卷五十九："在（毗）舍离庵罗园侧，昔弥猴共集，为佛穿池。"② 说的是猕猴池在庵摩罗园侧，玄奘又说水池在阿育王石柱南侧，如结合二说，则石柱、猕猴池均在庵摩罗园附近。这和法显的记载有所出入。但不管怎样，这个最具传奇色彩，又最神圣的庵摩罗园就在吠舍厘国。也许正因为此，到义净时，这里的果园主人凭借一大片神圣的芒果园变成了一个富可敌国小土邦主，被称为菴摩罗跋国了，但仍是吠舍厘国的属国。这是诸多可能性的一种，但却是最大的可能性。

（三）《诸蕃志·天竺国》考

关于印度，《诸蕃志》则有胡茶辣国、麻啰华国、鹏茄啰、天竺国、南毗国、晏陀蛮国等，均为《岭外代答》所未列，自然尤可珍贵。其中，胡茶辣国即玄奘《大唐西域记》中的瞿折罗国，在今印度古吉拉特邦。麻啰华国即《西域记》之摩腊婆，在今印

---

① 季羡林等：《大唐西域记校注》，中华书局1985年版，第590、593页。
② 慧琳：《一切经音义》，《大正藏》第54册，台北新文丰出版公司1983年版，第699页。

八　印度古地名四考　127

度中央邦马尔瓦高原地区。晏陀蛮国即今孟加拉湾中的安达曼群岛，属印度。南毗国在今印度泰米尔纳德邦。而鹏茄啰下文将专论，这里仅就天竺国和南毗国多说几句。

其"天竺国"条全文如下：

> 天竺国隶大秦国，所立国主悉由大秦选择。俗皆辫发，垂下两鬓及顶，以帛缠头。所居以石灰代瓦，有城郭居民。王服锦罽，为螺髻于顶，余发剪之使短。晨出坐毾㲪皮，毾㲪乃兽名。用朱蜡饰之，画杂物于其上，群下皆礼拜祝寿。出则骑马，鞍辔皆以乌金银闹装，从者三百人，执矛剑之属。妃衣大袖镂金红衣，岁一出，多所赈施。国有圣水，能止风涛，番商用琉璃瓶盛贮，猝遇海扬波，以水洒之则止。后魏宣武时，尝遣使献骏马，云其国出狮子、貂、豹、象、犀、象、璁珇、金、铜、铁、铅、锡、金缕织成金罽、白迭、氍毹，有石如云母而色紫，裂之则薄如蝉翼，积之则如纱，谷有金刚石，似紫石英，百炼不销，可以切玉，又有旃檀等香，甘蔗、石蜜诸果。岁与大秦、扶南贸易，以齿贝为货。俗工幻化。有弓箭甲稍飞梯地道及木牛流马之法，而怯于战斗。善天文算历之术，皆学《悉昙章》书，以下阙七字。以贝多树叶为纸。唐贞观、天授中，尝遣使入贡。雍熙间有僧啰护哪航海而至，自言天竺国人，番商以其胡僧，竞持金缯珍宝以施，僧一不有，买隙地建佛刹于泉之城南，今宝林院是也。①

《诸蕃志》特设"天竺国"条，似总论印度，却又不像。对此，杨博文先生十分不解与不满，他说："天竺为印度通称。往时印度，统一时促而分立时久，故我国史籍往往谓之五印度也。本

---

① 杨博文：《诸蕃志校释》，中华书局2000年版，第85—86页。

书所言之天竺国,未明所指何国?或系耳食传闻,或为承袭诸史,如'天竺国隶大秦国,所立国主悉由大秦选择。'纯属丝毫无据之传闻傅会之语,天竺未尝隶大秦,更毋庸说'所立国主悉由大秦选择'。如'后魏宣武时'至'以贝多树叶为纸'止,乃杂采《通典》卷一九三《边防》九'天竺'条之文。其实本书志印度国家者如南毗、故临、胡茶辣、麻啰华、注辇、鹏茄啰等,又何必画蛇添足而另立天竺国耶!"①

其实,《诸蕃志》"天竺国隶大秦"说是有所本的。其说法来自《岭外代答》卷三"大秦国"条,而此所谓"大秦"与大食明显是有所混淆的。所以,夏德、柔克义翻译此书为英文时,特地注大秦为巴格达,很有道理,但他们认为巴格达是景教的中心,所以才称之为大秦;冯承钧先生在《中国南洋交通史》中又认为此大秦系印度"南方"(读"哒嗪")一词的音转,今译为德干;杨武泉先生认为是指加兹尼王朝。② 这三种看法除了冯承钧先生的意见明显不可取外,其余两种都有一定道理。笔者以为,第一种意见只对了一半,错在没必要与景教联系起来。杨武泉先生的意见有三点不足:第一,加兹尼兴旺的时代离周去非的时代稍远,相差约200年,中经塞尔柱王朝和古尔王朝,其消息已不属于新闻;第二,加兹尼虽然曾强盛一时,但从来都承认巴格达哈利发的权威,并没有取而代之之意,事实上也不能替代哈里发而成为巴格达的代表;第三,加兹尼虽多次进犯过印度,但未曾以占领为目的,也未曾确立从属关系。否定了上述多人的意见之后,应予另考。

的确,初看"天竺国隶大秦国,所立国主悉由大秦选择"一语,显系无稽之谈。但是,仅仅这样一言以蔽之是不够的。似乎应当换一个思路,赵汝适何以至于犯此等错误?是否有另外的可

---

① 杨博文:《诸蕃志校释》,中华书局2000年版,第86页注释(1)。
② 杨武泉:《岭外代答校注》,中华书局1999年版,第96—97页校注①。

能？笔者以为，此"大秦"几乎可以肯定是"大食"之误，而且，这不是刊印之误，而是理解之误。此外，此误虽然来自周去非的《岭外代答》，却也因为赵汝适自己所得信息加深了这一误解。因为，《诸蕃志》的撰写时间，以宝庆元年（1225）计，已经超过了13世纪的1/4。而此时的印度已经进入"德里苏丹国时期"（1206—1326）的初期，赵汝适所获得关于天竺国的信息应当在此时或其前不久。也就是说，当时泉州外商的信息是很快很及时的。赵汝适所知道的天竺国信息应即印度"德里苏丹国"建立之初或其前夕的情况。当时最有名的突厥穆斯林征服者是古尔的穆罕默德（Muhammad of Ghur？—1206），他的兄长是古尔王朝的苏丹，他则负责领兵征伐。1173年，他被其兄任命为加兹尼的苏丹，1175年他开始持续地征伐印度。1179年占领白沙瓦，1185年占领锡亚尔科特，次年攻占拉合尔。此后，又于1192年击败并杀死拉吉普特人国王，1194年击败贝拿勒斯和曲女城的国王。他将印度方面的事务交给他信任的部将库特卜－乌德－丁·艾伯克（Qutb-ud-din Aibak，？—1210）管理，这就为印度德里苏丹国的建立铺平了道路。1203年，穆罕默德的兄长去世，古尔的穆罕默德继任为古尔王朝苏丹。1206年，他遇刺身亡，古尔王朝也随即解体。同年，库特卜－乌德－丁·艾伯克在德里建立了苏丹国，印度历史翻开了新的一页。正如印度的史学家所说，1203年2月以后，古尔的穆哈默德"在名义上也成为加兹尼、古尔和德里的统治者，而实际上早已如此了"①。尽管突厥穆斯林苏丹可以在印度握有生杀大权，但他们的苏丹称号都是要经过巴格达的哈里发任命的，他们也要表示忠于哈里发，忠于伊斯兰教，才能打着"圣战"的旗号从事征服印度的战争。至少名义上他们要这样做，也至少在德里苏丹国前期是这样做的。因此，《诸蕃志》之所以要列

---

① ［印］R. C. 马宗达等：《高级印度史》，张澍霖等译，商务印书馆1986年版，第294—295页。

一个"天竺国"条,并不是毫无意义的,它代表的是德里苏丹国。所谓"所立国主悉由大秦选择"是指所立的苏丹由大食国哈里发任命。

(四)《诸蕃志·鹏茄啰》考

《诸蕃志》中的鹏茄啰,是第一次出现于中国典籍。书中只简短数语:

> 西天鹏茄啰国,都号茶那咭,城围一百二十里。民物好胜,专事剽夺。以白玡螺壳磨治为钱。土产宝剑、兜罗绵等布。或谓佛教始于此,唐三藏玄奘取经曾到。①

别看短短数语,其信息量还是很大的,包括有国名、首都、民情、货币、土产、宗教,以及与中国的交往。

先说国名。杨博文先生注释说,冯承钧先生考鹏茄啰"为今之孟加拉（Bangala）。案冯氏所考为是。此国《岛夷志略》作朋加剌,《瀛涯胜览》作榜葛剌"②。从对音上讲,鹏茄啰对 Bangala 是无可挑剔的,《岛夷志略》的朋加剌与鹏茄啰也几乎雷同。相比之下,《瀛涯胜览》的榜葛剌更加接近现代发音。从记载看,《岛夷志略》的朋加剌已经十分准确了,而《瀛涯胜览》的榜葛剌则更加细致真切。

再说首都。杨博文先生注"茶那咭"曰:"殆即古城洛义漫伐底（Lakshmanwati）,自六世纪起即为此国都城。后迭经迁都,于十二世纪末仍都此城,洛义漫伐底波斯语作 shahr-i-nao,义为新城,'咭'乃'唔'之讹。茶那唔殆波斯语 shahr-i-nao 之对音。

---

① 杨博文:《诸蕃志校释》,中华书局2000年版,第76页。
② 杨博文:《诸蕃志校释》,中华书局2000年版,第80页注释(11)。

其遗址在今郭里（Guar）。"① 此注总体可取，但有三个问题：第一，洛义漫伐底应为洛叉漫伐底之讹（属刊印之误），洛叉漫又译罗什曼那或罗奇曼，本是印度史诗《罗摩衍那》男主人公罗摩（Ram）的弟弟，伐底是后缀，意思是地方，洛叉漫伐底的意思是罗什曼那的地方。第二，以波斯文 shahr-i-nao（今乌尔都语、印地语、孟加拉语等多种印度现代语言均用 shahr 一词，意思是城市）对茶那咭或茶那唔，均过于牵强。笔者以为，茶那咭的对音应为 Janaki，三个音节对三个汉字，对应严整，无可挑剔。Janaki 是《罗摩衍那》的女主人公，罗摩的妻子悉多的别名，季羡林先生将此名译为遮那吉（因她是国王遮那竭之女而得此名）②。在《罗摩衍那》的《后篇》中，由于罗摩怀疑悉多（遮那吉）不忠，特命罗什曼那将她送到恒河北岸遗弃。最后，罗什曼那也在恒河北岸抛弃了自己的肉身而灵魂升天③。所以古代恒河北岸多地都流传着这个传说，并常常将自己的居住地说成是罗什曼那的土地，或者是悉多的地方（茶那咭）。第三，郭里通常译为高尔，其英文名字是 Gaur 而不是 Guar④。高尔正在恒河北岸。而且 1178—1199 年，统治这里的国王恰恰就叫罗什曼那·犀那（Lakshmana Sena）。犀那王朝（Sena Dynasty，或称森那王朝）是孟加拉地区最后一个印度教王朝。

再说民族，说他们"专事剽夺"，恐是片面而偏激的，或者是张冠李戴了，当时至少在孟加拉地区基本没有专门从事抢劫的民族。

---

① 杨博文：《诸蕃志校释》，中华书局 2000 年版，第 80 页注释（11）。
② ［印］蚁垤：《罗摩衍那》（一），季羡林译，人民文学出版社 1980 年版，第 27 页。
③ ［印］蚁垤：《罗摩衍那》（七），季羡林译，人民文学出版社 1984 年版，第 338、556 页。
④ ［印］R. C. 马宗达等：《高级印度史》，张澍霖等译，商务印书馆 1986 年版，第 1185 页。

再说物产。《诸蕃志》的鹏茄啰国有两点与《岛夷志略》的朋加剌一致,一是使用贝壳为货币,二是土产兜罗绵。

再说信仰。有人说"佛教始于此"也是可以理解的,因为这里8—12世纪在波罗王朝(Pala Dynasty)统治下,国王赞助佛教,也是印度本土最后一个佛教王国;说玄奘曾到这里,也符合实际。至于其他问题,只好暂时存疑,这里仅谈一点另外的浅见。

英国史学家早就指出过:

> 波罗王朝是一个了不起的王朝,它持续了四个半世纪,这在印度历史上是很不寻常的。波罗人使孟加拉成为印度的主要邦之一。他们是艺术的大赞助人,绘画、雕塑、铸造铜和其他金属制品,也建造了巨大的水库用于灌溉。大约在公元1100年,孟加拉出现了一个敌对的王朝,史称犀那王朝。……公元1199年,波罗王朝和犀那王朝被穆罕默德·巴赫蒂亚尔(Muhammad Bakhtyar)领导的伊斯兰入侵者所消灭。[1]

---

[1] [英] H. G. Rawlinson, *A Concise History of the Indian People*, Low Price Publications, Delhi, 2011, pp. 82–84.

文 学 篇

一　印度古典梵语小说《十王子传》宗教意蕴探微

（一）缘起

《十王子传》为印度古典梵语长篇小说，2016 年由我国梵文学家黄宝生先生译为中文，2017 年出版①。笔者荣幸获赠，不胜感激。捧读之际，颇多感想。今略书一二，以就教于诸路方家。

关于这部小说的作者、版本、书名及故事梗概，黄宝生先生已经在译本的前言中解说得十分清楚。他在前言的最后部分写道：

> 围绕十个王子的冒险经历，檀丁交织各种故事，广泛而生动地展现了印度古代社会各地和各阶层人物的生活画面，上至帝王、后妃、王子、公主、朝臣和富商，下至妓女、赌徒、盗贼、浪子、荡妇、穷婆罗门和伪苦行者。而檀丁对市井人物怀有同情，常常以幽默诙谐的笔调描写他们。小说中洋溢浓厚的生活气息，这一点也是《十王子传》的重要艺术特色。
>
> ……
>
> 总之，檀丁的《十王子传》是一部很有特色的印度古代长篇小说，既能让我们了解印度古代的宫廷政治和社会生活

---

① ［印］檀丁：《十王子传》，黄宝生译，中西书局 2017 年版。

的方方面面，又能让我们了解印度古代长篇小说创作达到的艺术成就，值得一读。①

的确，集中而全面反映时代特点和社会生活的方方面面，这是长篇小说的长处，是古代其他任何艺术形式都无法比拟的。而《十王子传》中有关印度古代宗教，尤其是密教方面的描写，引起笔者的格外注意。

（二）檀丁时代的中印交通和印度佛教

如黄宝生先生介绍，檀丁是7世纪下半叶人。这就不能不让我们联想到两个去印度取经的中华伟人——玄奘和义净。玄奘在檀丁出生之前不久刚刚访问了印度，留下了关于那个时代印度社会状况的详细记录，尤其是关于佛教（包括密教）情况的记录。而义净在印度学习的十二年间（673—685），也许正是檀丁在世周游或从事创作之时。所幸义净也为后人留下了那个时代关于印度佛教的记录。所以，这里要结合《十王子传》的描写谈下面两个可大可小的问题。

1. 檀丁时代的中印交通

檀丁时代及其前后的约二百年间，是中印文化交流的一个鼎盛时期。这期间，不仅有玄奘、义净这样的佛学家到印度取经学习，还有许多没有留下著作的僧人前往印度留学，也有许多印度僧人到唐朝来译经传教。这期间，中印间的交往还不仅限于僧人，商人和政府间使节的来往也相当频密。这说明，中印间的水陆交通都基本顺畅。事实正是如此，玄奘当年去印度走的是西域北道，回国时走的是西域南道。义净去印度来回走的都是水路，即南海道。但他在《大唐西域求法高僧传》中记录同期赴印僧人的事迹

---

① 黄宝生：《十王子传》译本"前言"，同上，"前言"第11页。

时，不仅描述了中印交往的海上通道，也描述了陆地通道，有"北道"（经中亚至印度）、"牂牁道"（经川、滇或川、滇、缅至印度）和吐蕃道（经西藏、尼泊尔至印度）。而且提到大唐使者王玄策对印度的访问，以及文成公主给过往行人的支持。说明当时吐蕃道已成为中印文化交流的重要通道。

《十王子传》在故事的开头就讲到摩揭陀国（Magadha）的花城。玄奘《大唐西域记》卷八记波吒厘子城时提到，其地"昔者人寿无量岁时，号拘苏摩补罗城……逮乎人寿数千岁，更名波吒厘子城"。拘苏摩补罗城（Kusumapura）即花城，因"王宫多花，故以名焉"。波吒厘子城又译华氏城，遗址在今比哈尔邦首府巴特那附近。从玄奘的记载可知，该城非常古老，远古时叫花城，后来改名为波吒厘子城。5世纪初，法显去过那里，尚十分繁荣，玄奘去时，已成废墟。檀丁时代更不复存。可知，檀丁所说故事，乃是借古言今。

紧接着，《十王子传》引子第二章讲到摩腊婆王击败摩揭陀王占据花城。这个摩腊婆国，玄奘也曾巡游过。《大唐西域记》卷十一记载了这个国家。有趣的是，后世学者们对摩腊婆的地理位置有不同意见：一种观点认为在今马尔瓦地区，即古代十六国之一的阿槃底（Avanti）国的一部分，邬阇衍那（Ujjayini，今乌贾因）是其首府；另一种观点认为在今古吉拉特邦北部[①]。《十王子传》引子的第四章和第五章恰好印证了第一种观点，说摩腊婆王居住于优禅尼（即邬阇衍那的另译）城；摩腊婆王的女儿名叫阿凡提巽陀利（Avantisundari），意思是"阿凡提城美女"[②]。阿凡提即阿槃底的另译。《十王子传》正文第五章也提到"阿凡提国优禅尼城"。后文还将论及此城。

《十王子传》正文第一章、第二章提到盎迦（Anga）国占婆

---

① 参见季羡林等《大唐西域记校注》，中华书局1985年版，第900、901页注释。
② [印]檀丁：《十王子传》，黄宝生译，中西书局2017年版，第41页脚注。

城（Campa）。这也是玄奘亲身经历的地方，即《大唐西域记》卷十的瞻波国。该国属古代十六国之一的盎迦。盎迦地处今比哈尔东部及孟加拉地区，首都为占婆城，遗址在今比哈尔巴加尔普尔市附近。

《十王子传》正文第二章提到迦摩卢波，即《大唐西域记》卷十所记之迦摩缕波（Kamarupa）国，即今东北印度的阿萨姆一带。该国离中国云南较近，自古与中国有交通往来，《史记·大宛列传》《魏略·西戎传》和《后汉书·西域传》均有记录。玄奘回国前曾应鸠摩罗王之邀前去宣传佛法。玄奘回国后，迦摩缕波曾遣使者去唐请老子像和《道德经》。玄奘受太宗皇帝命将《道德经》译为梵文。

《十王子传》正文第四章讲到迦尸（Kasi）国都城波罗奈（Baranasi 或 Varanasi），即《大唐西域记》卷七的婆罗疷斯国，今印度北方邦东部的瓦腊纳西市。该地既是印度教圣地，又因释迦牟尼在此地的鹿野苑初转法轮而成为佛教四大圣地[①]之一。

《十王子传》正文第五章提到舍卫城（Sravasti），即《大唐西域记》卷六的室罗伐悉地，舍卫城是其另译。玄奘所记该地已经荒芜，但《十王子传》却把它描绘成一座繁荣城市，说明檀丁知道它往古的繁荣。

《十王子传》正文第六章提到达罗毗荼（Dravida）国的甘志（Kanci）城，《大唐西域记》卷十已有记载。甘志为建志的异译，又称建志补罗，即建志城。该地在今泰米尔纳德邦，东临孟加拉湾，西汉以来便与中国有交通往来。唐代亦多往来。檀丁为该地人士，自然多有了解。《十王子传》该章还提到修罗塞纳（Surasena）国的摩杜罗（Mathura 或 Madhura）。修罗塞纳又译苏罗森纳，

---

① 佛教四大圣地，指佛陀的出生地蓝毗尼、成道地菩提伽耶、初转法轮地鹿野苑和涅槃地拘尸那迦。有时又加上佛陀的故国迦毗罗卫及其常住说法地王舍城（灵鹫山）、舍卫城和吠舍离而称为八大圣地。

为古代十六国之一，都城在今北方邦马图拉，《大唐西域记》卷四作秣菟罗国。该章还提到绍罗湿陀罗（Saurastra）国的婆罗毗（Valabhi）城，即《大唐西域记》卷十一的伐腊毗国，约在今古吉拉特邦的卡提阿瓦半岛。

《十王子传》正文第七章讲到羯陵伽（Kalinga）国和安达罗（Andhra）国，《大唐西域记》卷十均有记载。

总之，《十王子传》中提到的绝大部分地名都为玄奘所亲践。都是中印交通史和文化交流史上常见的地名。

2. 檀丁时代的印度佛教

檀丁时代及其前后的约二百年间，也是印度佛教急剧衰落的时期。

从《十王子传》中地名可以看出，檀丁尽量使用古代地名，像是在讲述古老的故事。但在一些具体问题上，还是反映出了社会现实。

《十王子传》中对印度教、佛教、耆那教三者都有反映。就中对印度教的反映最多。书中对印度教的三大神都有歌颂，也歌颂了三大神的妻子雪山神女、吉祥天女和辩才天。还提到了天帝因陀罗、战神室建陀，以及太阳神、月神、爱神和一些著名的仙人等。对印度教的经典，如吠陀、吠陀支、奥义书、往世书、《利论》及六派哲学等也多有提及。书中还提及耆那教徒、耆那教苦行女和耆那教的寺院等，但对佛教的反映最为微弱，甚至没提到佛教这个字眼儿。这固然是作者信仰和情感的表现，但也是对当时印度社会的客观反映。

我们知道，玄奘访问印度时，印度佛教已经呈现出明显的颓势。一些佛教圣地已经荒芜，僧徒稀少，就不要说其他地方了。北方尚有许多地方被"外道"占领，而南方更是"外道"的天下，难觅佛教的踪影。即便是那烂陀这样的学术中心，虽然还有佛学大师戒贤掌门，但"外道"的学问也在那烂陀畅行无阻。当时印度的佛教已呈现四分五裂的局面，并非只有小乘和大乘佛教两大家，还有上座部佛教的几个分支。而且，与小乘佛教相比，大乘佛教处于明显的劣势。总体上说，佛教不在印度占优势，而且内部矛盾重重，争辩不断，同时还遭到来自各个方面的攻击。檀丁时代，佛教的情形只会比玄奘时期更差。

从《十王子传》的相关内容看，情况正是如此。其正文第二章有两处提到比丘尼，其中一处讲到一个妓女的未来，说她如果"得到食客、清客、小丑和比丘尼的帮衬，她的容貌、性向、技艺和魅力成为市民们议论的话题，成为年轻人追逐的目标，（就会）大大抬高自己的身价"①。这里所说的比丘尼是泛指，与小丑并列。而在另一处则是实指，说某妓女有个女使，是"一个名叫法护的比丘尼"②，地位也相当低下。似乎比丘尼所从事勾当就是为妓女服务。正文第三章还提到一个寺院，应该是佛教的寺院。该寺院处于城外，里面有一位老年苦行女，她原本是一个王子的奶妈，遇到劫难后出家。说明当时的寺院往往是困顿者的避难所。

（三）《十王子传》的密教信息

檀丁时代及其前后的约二百年间，也是印度密教大发展的时期。

需要说明的是，这里的密教，不是指秘密佛教，也不是指佛教密宗，而是指印度民间流行的怛特罗教（tantrism）。由于怛特罗教不断融入各大教派，因此在印度教、佛教和耆那教中都有其影响。玄奘访问印度时，已经见到了怛特罗教的许多迹象，并予以记录③。

---

① ［印］檀丁：《十王子传》，黄宝生译，中西书局2017年版，第64页。
② ［印］檀丁：《十王子传》，黄宝生译，中西书局2017年版，第82页。
③ 参见拙文《〈大唐西域记〉的密教信息》，《亚非研究》第12辑，社科文献出版社2017年版。

1. 关于悉陀

悉陀（siddha）在《十王子传》引子第二章至第四章中出现多次，显得很神秘。实际上，悉陀的意思是成就者或成就师，指秘密修炼中获得成就的人。而所谓成就（siddhi），即秘密修炼成的法术。

引子第二章与悉陀并列的还有一类人，即沙底耶（sadhya），这个词也有完成、成功、实现的意思，可视为悉陀的同类。此外，书中还时常提到苦行者，有悉陀苦行者，有比丘尼苦行者，也有耆那教苦行者。可见当时印度民间这种人很多，分布于各个教派。这些苦行者也都是通过苦行来获得法术，带有密教的性质。

《十王子传》引子的第二至第四章主要突出的是悉陀的预言能力，引子第五章还提到回忆起前生的能力。通晓过去和未来，这仅仅是悉陀的成就之一。此外，秘密修炼还可以获得各种成就（法术），如咒语解毒（引子第一章）、通晓幻术（引子第四章和第五章）、隐身（正文第一章）、获得宝藏（引子第四章、正文第二章）、改变形体和让异性爱上自己（正文第三章）等。这些成就法在密教典籍中被予以总结。唐代密教大师善无畏翻译的《苏婆呼童子请问经》卷下就提到了这些成就法，如疗病解毒法、出伏藏法、自在变形法、成幻化法等。唐代李无谄翻译的《不空羂索陀罗尼经》中也提到变身法、取伏藏法等。至于隐身和吸引异性，则在北宋初期天息灾翻译的七卷本《摩利支天经》中有介绍。如其卷二说道："复有成就法：用多年烂黄牛角及猪左耳血，同合眼药。遇月蚀之日诵此真言，加持其药……至月蚀退时，住诵真言，药法即成。以药点眼，得隐身通。"同样，卷七还介绍了令异性着迷的方法和咒语。

《十王子传》正文第二章还提到用"手印、咒语和禅定"治疗蛇的咬伤。这是比较典型的密教做法。

书中还多次提到火祭，这是吠陀时代就流行的祭祀，到檀丁时代，这种祭祀活动还存在。密教称之为护摩祭。正文第三章中讲到火祭，通常投入祭火的祭品有"牛奶、酥油、乳酪、芝麻、白芥末、脂肪、肉和血"①。一个女人改变自己的容貌，一个苦行女说："有这样一种幻术，在斋戒期新月夜，你站在僻静无人的地方。家庭祭司点燃祭火祭供后离去。你独自将一百块檀香木、一百块沉香木、一把把樟脑和许多衣服投入祭火后，你就会变成这个人的模样。"② 这和密教护摩祭中所用祭品大同小异。

《十王子传》正文第七章还提到了一个巫术师。从书中的描述看，他显然是在修炼密法。在羯陵伽国都城以外，一个火葬场边上的树林里，"有个人身上装饰有人的发亮的碎骨，肢体涂抹燃尽的木炭黑灰，发髻棕红似闪电，正在用左手接连不断向火中投放芝麻和芥末等燃料，发出噼啪声，火焰升腾，吞噬树林四周的黑暗。"他命罗刹抓来羯陵伽国公主金痕，然后"揪住她的头发，举起一把锋利的刀，准备砍下她的头"③。其中，巫术师身上的人骨碎片和怛特罗修行中以髑髅为饰品，即《西域记》中的"髑髅外道"很接近；肢体涂抹黑灰则与《西域记》中的"涂灰外道"很接近；以芝麻和芥末（籽）投入祭火则是怛特罗修行中最常见的做法，怛特罗教赋予芥子以特殊的神秘功用，是获得成就的必要步骤。而且，这个故事很容易使我们联想到梵文《故事海》中的《僵尸鬼故事二十五则》，其25则故事都讲到坟场，讲到一个出家人在修炼密法，试图以人为牺牲献祭大神而获得成就。

2. 湿婆崇拜与大黑天崇拜

印度教湿婆派将湿婆奉为至高无上的主神，认为他是世界的创造者和毁灭者。这已经不用多说。但密教也崇拜湿婆，尤其崇拜他的化身之一大黑天。

---

① ［印］檀丁：《十王子传》，黄宝生译，中西书局2017年版，第110页。
② ［印］檀丁：《十王子传》，黄宝生译，中西书局2017年版，第109页。
③ ［印］檀丁：《十王子传》，黄宝生译，中西书局2017年版，第167页。

一　印度古典梵语小说《十王子传》宗教意蕴探微　143

大黑天，音译摩诃迦罗（mahakala），又译大时神。《十王子传》引子第一章、第三章和第四章，三次提到去大时神庙去敬拜自在天的事。这就是说，大时神即自在天，即湿婆。

大黑天传入中国是在唐代。在中国的佛教典籍中，最早提到大黑天神的是义净（635—713），其后是密宗禅师一行（673—727）。再后来，印度来华密教大师不空金刚（705—774）翻译的《仁王经》中也提到了大黑天神。但是，记载比较详细的是与不空金刚共过事的良贲（717—777）和《一切经音义》的作者慧琳（737—820）。其中，良贲在《仁王经疏》中解释"摩诃迦罗大黑天神"道：

> 言摩诃者，此翻云大。言迦罗者，此云黑天也。上句梵语，下句唐言。大黑天神，斗战神也……三藏引别梵夹云："《孔雀王经》说，乌尸尼国国城之东有林，名奢摩奢那，此云尸林。其林纵广满一由旬，有大黑天神，是摩醯首罗变化之身。与诸鬼神无量眷属，常于夜间游行林中。有大神力，多诸珍宝。有隐形药，有长年药，游行飞空，诸幻术药。与人贸易，唯取生人血肉，先约斤两而贸药等……若飨祀者，唯人血肉。彼有大力。即加护人，所作勇猛，斗战等法，皆得胜也。"故大黑天神即斗战神也。①

引文中的"三藏"指不空金刚。"别梵夹"指《孔雀王经》的另外版本，"乌尸尼国"即优禅尼（邬阇衍那），"奢摩奢那"（smasana），即坟冢之地或火葬场。"摩醯首罗"（Mahensvara），意译大自在天，即湿婆。这段文字中有几点值得注意：（1）摩诃迦罗是"斗战神"。（2）他是大自在天化身，夜间游行于尸林。

---

① 良贲：《仁王护国般若波罗蜜多经疏》，《大正藏》第33册，台北新文丰出版公司1983年版，第490页。

（3）他有种种神药、宝贝，可以用人的血肉交换，得之可获"成就"（法术）。（4）祭祀他要用人的血肉。

《十王子传》中多处提到火葬场（坟场），其神秘气氛与大黑天崇拜有关。这又很容易使我们联想到《故事海》中经常提到的坟场。如："前往优禅尼，渐渐到达大时神坟场。这里到处是散发着肉腥味的僵尸鬼，黑魆魆的，犹如另一种火葬堆的浓烟。"①

另外，引子第二章说到"悉陀和沙底耶敬拜的玻璃林伽柱"②，也与密教崇拜有关。当时印度民间有一个林伽耶特派，该派崇拜湿婆林伽，以为是宇宙的根本，万物的起源，并佩戴小型的湿婆林伽于胸前以为标志。

3. 难近母崇拜

湿婆之妻雪山神女（Parvati，又名乌摩，Uma）有许多名称和化身，其中之一是难近母（Durga，音译杜尔伽）。《十王子传》正文第八章和《尾声》都提到难近母神像和难近母庙，同时也提到她的另一个名字"文底耶婆悉尼"（Vindhyavasini），意思是居住于文底耶山的女神，也可以理解为文底耶山脉的保护神。但实际上，当时印度的难近母崇拜不仅限于中部山区，北方地区也普遍信仰。据《慈恩传》卷三，玄奘访问印度时，一行人在恒河上遇到了群贼，群贼信奉突伽天神（即难近母）。玄奘险些被当作牺牲献祭难近母。

湿婆之妻的另一个著名化身是迦利女神（Kali，或写作迦梨，又译时母）。《十王子传》引子第一章即写道："于是，他取悦于住在大时神庙的大自在天，迦利女神的夫君，不可毁灭的大神。"③ 如前所说，大自在天又称摩诃迦罗，迦利女神又可被相对

---

① ［印］月天：《故事海选》，黄宝生、郭良鋆、蒋忠新译，人民文学出版社2001年版，第69页。
② ［印］檀丁：《十王子传》，黄宝生译，中西书局2017年版，第24页。
③ ［印］檀丁：《十王子传》，黄宝生译，中西书局2017年版，第8页。

应地称为摩诃迦利,即大时女神。

关于迦利女神,往世书中有各种传说。据《湿婆往世书》,迦利女神是从湿婆的忿怒相楼多罗(Rudra)的发辫生出来的,相貌凶恶,有诸多随从,而且还是九位难近母的首领。但据《摩根德耶往世书》,迦利女神是从难近母的前额生出来的,青面獠牙,狰狞可怖,手持宝剑和绳索,能喝恶魔(阿修罗)的血,吃恶魔的肉,战斗中杀死了无数的恶魔。

准提也是湿婆之妻的一个化身。《十王子传》引子第一章中多次提到舍巴罗(Sabara)人,有时又直接称之为"山民"。说他们要把一个孩子作为牺牲献祭给女神"钱迪"(Candi,准提),说明这个民族是信仰怛特罗教的,也说明崇拜准提是要血祭的。

准提诛杀恶魔的故事也保存在往世书中。如《摩根德耶往世书》中就讲到难近母出世和诛魔的故事,说她化身为准提,杀死一对双胞胎恶魔。佛教密宗接受了印度教的影响,将准提女神说成是"佛母",又说她即准提观音。与准提观音有关的密教经典主要是《七俱胝佛母准提大明陀罗尼经》(唐代不空金刚译)。"七俱胝"的意思是七亿,即是说,准提是七亿诸佛之母。准提观音三目十八臂,手中执有多种兵器和法宝。

总之,难近母、迦利和准提都是女性神,都是湿婆妻子的化身,都勇猛善战,都要以牺牲或血肉祭祀。在印度教中,女神地位的上升是与性力派的发展密切相关的。印度有学者认为,怛特罗教约出现于公元8世纪,并与性力派相结合①。这个说法是有道理的,但在时间的早晚上却估计不足。事实上,在檀丁时代,也就是7世纪后半甚至更早但玄奘访问印度7世纪上半叶,怛特罗的修行已经在民间广泛流行,并开始与性力派相结合了。

---

① [印] Dr. Janmejaya Choudhury, *The Antiquity of Tantricism*, *Orissa Review*, September October, 2008.

4. 罗刹、药叉与俱比罗

罗刹和药叉是印度古代神话中经常出现的两类人物。印度古代神话中通常分为两大阵营，一方是天神（提婆），一方是恶魔（阿修罗）。人类处于最弱势的地位。

罗刹通常被认为是阿修罗的一种，面目狰狞，常常吃人，会在天空飞行，有时还会随意变形。只有少数罗刹比较好。印度史诗《罗摩衍那》讲述的就是天神与罗刹作战的故事。

《十王子传》正文第六章就提到一个由婆罗门转生的梵罗刹，说他"形貌可怕"，他要求友护回答他的问题，不然就要吃掉友护。当友护给他讲了几则故事后，赢得了他的敬佩，他就成了友护的朋友。这时，另一个邪恶的罗刹劫持了一名女子从空中飞过，梵罗刹也立即起飞，阻止了那名罗刹，迫使他丢下那名女子。接着，第七章也讲到罗刹，说他们在火葬场出没。又讲到一对紧迦罗（属于罗刹的一种）夫妇，但他们似乎没有什么法力，受制于巫术师，而心地并不邪恶。

佛教也将罗刹引入了自己的万神殿。佛教密宗也不例外，不仅将罗刹安置于曼荼罗，而且还将罗刹升格为"罗刹天"，与罗刹女共同成为曼荼罗的外围护法神①。

药叉是印度教神话中的一类小神灵，也有好坏之分，但多数情况下是好的。尤其是药叉女，往往十分美丽。因此，印度古代雕刻中有时会表现她们优美而丰满的体态。在梵语文学作品中，4世纪的大诗人和剧作家迦梨陀娑写有著名的抒情长诗《云使》，表现的就是药叉的动人爱情故事。在佛教中，药叉虽然也有好有坏，但给人的印象是坏的似乎要多些。所以汉译佛经中又往往把药叉翻译为夜叉。到了佛教密宗里，药叉也被作为护法神请进了曼荼

---

① ［日］栂尾祥云：《曼荼罗之研究》，云杨笑天译，中国藏学出版社2011年版，第249、343页。

罗，有"药叉持明"和"药叉持明女"①。

《十王子传》引子第一章讲到一个名叫达罗婆利的药叉女，"眼睛迷人"，说的是药叉女长得美丽，且属于善良之辈。引子第四章又讲到"药叉附身"，说的是药叉具有法力，且邪恶。正文第四章再次提到药叉女达罗婆利，而且提到财神俱比罗（Kubera）。在印度教的往世书神话里，财神俱比罗并不是财富的拥有者，也不是像中国的财神那样会保佑谁发财，他只是财富的守护者。据说他原先住在楞伽岛，而那里居住着很多罗刹。他的父亲和一个罗刹女结合生下了他的异母弟弟罗婆那，他便被弟弟赶出了楞伽岛。罗婆那当了罗刹王，后来因拐走罗摩的妻子而被罗摩诛灭。俱比罗后来在梵天的安排下住到喜马拉雅山上，有一大群药叉做随从。因此，罗刹和药叉是有亲缘关系的。

俱比罗本来就是民间神，被印度教吸收而成为财神。他也很早就被佛教吸收为护法神，成为四天天王之一，守护北方天界，称为毗沙门（Vaisravana）天王或毗沙门天。毗沙门天也进入了佛教密宗的胎藏界曼荼罗，并有多部以他冠名的密典，如《毗沙门天王经》《毗沙门仪轨》《毗沙门天王随军护法仪轨》等。进入佛教以后，毗沙门的职责大变，由财神变为一方的守护神。而进入佛教密宗以后，则变成了战神。唐代，毗沙门即以战神的身份受到崇拜，其形象被绣在战旗上。

5. 两个密教中心

《十王子传》中提到了几个密教修行的地方，其中优禅尼和迦摩卢波最值得注意，这是印度古代很著名的两个密教修行中心。

优禅尼因大黑天崇拜而著名。在梵语文学作品中，除了《十王子传》，还有多种作品提到优禅尼和摩诃迦罗。据印度学者瓦拉德潘代近年考证，迦梨陀娑的长篇抒情诗《云使》和《童子之出

---

① ［日］梅尾祥云：《曼荼罗之研究》，云杨笑天译，中国藏学出版社2011年版，第242页。

生》、跋娑（Bhasa，约 6 世纪剧作家）的戏剧《宰羊》、波那（Bana，7 世纪剧作家）的戏剧《迦丹波利》、月天（Somadeva，11 世纪小说家）大部头的故事集《故事海》中都提到优禅尼、摩诃迦罗，或与之相关的庙宇。并且，印度已经有学者就优禅尼的摩诃迦罗雕像写过专门的文章。然后，他列举了印度古典文学中许多例证，来说明（1）从公元前到公元后的若干个世纪，有关摩诃迦罗的记载表明，这是一个古老的神明，是湿婆大神的一个变体。（2）湿婆大神的妻子雪山神女的化身迦利女神又被称为"摩诃迦利"，则湿婆即摩诃迦罗。（3）湿婆的恐怖形象跋罗婆（Bherava）即摩诃迦罗，代表着死亡的恐惧。（4）湿婆的妻子是性力女神，迦利女神也不例外。则摩诃迦罗与性力崇拜有密切关系。（5）文学典籍中明确记载了优禅尼的摩诃迦罗庙，而此庙至今尚存，庙中尚有各种神灵人物的雕刻，说明那里是印度古代摩诃迦罗崇拜的一个中心。[①]

《十王子传》两次提到迦摩卢波。正文第二章，一个苦行者说他通晓咒语，并长期住在迦摩卢波，这就暗示出迦摩卢波是一处苦行者的修行地，也是密法的修行地。

玄奘《大唐西域记》卷十记迦摩缕波国说："气序和畅，风俗淳质。人形卑小，容貌黧黑，语言少异中印度。性甚犷暴，志存强学，宗事天神，不信佛法。故自佛兴以迄于今，尚未建立伽蓝，召集僧侣。其有净信之徒，但窃念而已。天祠数百，异道数万。"可知，7 世纪，迦摩缕波的人民还普遍不了解佛教。他们敬神，有些须佛教徒，也许因惧怕王权而进行秘密修炼。历史上，迦摩缕波的沙尔斯特毗（Shalastabhi）王朝（7 至 10 世纪）的国王们不喜欢佛教，他们崇拜天尊迦摩自在（Kamesvara，或译爱欲自在，即湿婆的别称）和女神摩诃瞿利（Mahagauri，即性力女

---

① ［印］M. L. Varadpande, *Mythology of Shiva and Shakti*. New Delhi, Abhinav Publications, 2013. pp. 104 – 115.

神），属于印度教湿婆派。在玄奘去那里弘扬佛法之后，那里依然以湿婆派的影响为主。作为湿婆派的中心，有一些佛教徒秘密地去那里学习了密法。所以，佛教密法大量接受湿婆派的影响，迦摩缕波起到过重要作用。

（四）结语

综上所述，可以得出以下结论。

檀丁的长篇梵语小说《十王子传》中透露了不少密教信息。首先，从中可以感知，公元7世纪后半的印度佛教已经比玄奘访问印度时进一步衰落，而密教修行却在民间迅速发展。第二，《十王子传》透露的密教信息中，不仅包括密教的修行者，如悉陀、苦行者等，还包括密教的修行法，如念诵咒语、运用手印等，还包括修行的目的，获得法术。第三，当时的密教修行已经与湿婆崇拜相结合，尤其崇拜其恐怖化身摩诃迦罗，也与性力崇拜相融合，如崇拜难近母、迦利女神和准提女神，并实行血祭。

二 梵剧《茉莉和青春》密教考

（一）作者

《茉莉和青春》（*Mālatīmādhava*）是印度 8 世纪出现的一部优秀梵文戏剧，作者是薄婆菩提（Bhavabhūti）。关于薄婆菩提的生平资料很少，生活年代也很难确定。因此，外国学者，尤其是德国和印度的学者做过多方考证，但在一些细节上至今难以达成一致。

由于薄婆菩提在印度文学史上有着崇高地位，被认为是迦梨陀娑之后最有成就的戏剧作者，所以也受到中国学者的重视。金克木先生在他的《梵语文学史》中曾对薄婆菩提作过简介。而黄宝生先生则作了进一步的介绍。黄宝生先生说："他著有三部戏剧：《茉莉和青春》《大雄传》和《后罗摩传》。我们从这些剧本的序幕里舞台监督所作的介绍中，得知他的一些生平事迹。""薄婆菩提出生在印度西南部维达巴国波德摩普尔城的一个婆罗门世家。他的家族恪守吠陀礼仪，举行苏摩祭，并保存五堆祭火。他的前五代祖先名叫摩诃迦维（意谓'大诗人'），他的父亲名叫尼罗甘特（意谓'青项'）。他本人又名室利甘特（意谓

'吉项'①)。薄婆菩提学问渊博，精通吠陀、奥义书、数论和瑜伽等许多婆罗门教经典，也熟谙戏剧、政治和情爱理论。他自称是'语言大师'，'语言女神犹如忠贞的妻子，与他形影不离'。""薄婆菩提在早期没有获得朝廷恩宠，颇有怀才不遇之感。……在波德摩普尔城创作了第一部戏剧《大雄传》。但这部戏剧受到当地人士挑剔指谪。薄婆菩提愤愤不平，不久离开故乡，迁居印度北部的学术中心波德摩婆提城。他在那里创作了《茉莉和青春》和《后罗摩传》。""这两部戏的演出获得成功，他的名声大振。最后，他成为曲女城国王耶索沃尔曼的宫廷诗人。"②

关于薄婆菩提在世的时间，中外学者都有考证。黄宝生先生结合印度方面的资料和中国两《唐书》的记载，考证出薄婆菩提的生活年代在 7 世纪下半叶和 8 世纪上半叶③。因为，供养薄婆菩提的曲女城国王耶索沃尔曼（Yaśovarmān，《旧唐书》卷一九八作伊沙伏摩）在唐开元十九年（731）派使者来过中国。而新罗僧人慧超也在其执政期间访问过曲女城，《慧超往五天竺国传》记录了当时曲女城的情况。另外，印度学者甘伽·萨伽尔·罗伊博士经过周密考证后认为，薄婆菩提的创作时间在公元 700—730 年间④。

（二）剧情

《茉莉和青春》为十幕剧，描绘了两对青年男女从恋爱到结婚

---

① 吉项，梵文 Śrikaṇṭha，Śri 是吉祥的意思，kaṇṭha 是脖子、喉咙、嗓音的意思。因此，笔者以为，这个名字翻译为"吉祥喉"或"吉祥嗓音"可能更好，更能暗示出薄婆菩提诗人、语言大师的身份。

② 季羡林主编：《印度古代文学史》（黄宝生文），北京大学出版社 1991 年版，第 294—295 页。

③ 季羡林主编：《印度古代文学史》（黄宝生文），北京大学出版社 1991 年版，第 295—296 页。

④ ［印］Mahakavi Bhavabhuti：*Malatinadhava*, Commented and Edited by Dr. Ganga Sagar Rai, Chowkhanba Surbharti Prakashan , Varanasi, 2014, pp. 7 – 9.

的曲折过程。因为此剧没有汉译本，这里须要先做较详细的介绍。首先是人物介绍，列表如下。

主要角色二人：

1. 茉莉（Mālatī），女主角，波德摩婆提国宰相菩利婆苏之女。

2. 青春（Mādhava），男主角，维达巴国大臣提婆罗多之子。

重要角色六人：

3. 迦曼德吉（Kāmandakī），佛教比丘尼，茉莉的教母，早年与菩利婆苏和提婆罗多是同学。

4. 摩格伦德（Makaranda），青春的朋友。

5. 摩德衍蒂迦（Madayantikā），波德摩婆提国宠臣南达纳之妹。

6. 罗宛吉迦（Lavaṅgikā），茉莉的仆人和女友，茉莉乳母的女儿。

7. 佛护（Buddharakṣitā），迦曼德吉的女弟子和随从。

8. 阿婆罗吉达（Avalokitā），迦曼德吉的女弟子和随从。

其他配角九人：

9. 南达纳（Nandana），波德摩婆提国大臣。

10. 迦罗亨娑＊（Kalahansa），青春的仆从。

11. 绍达蜜尼（Saudāminī，意为雷电），迦曼德吉的早期弟子，瑜伽女。

12. 髑髅环＊（Kapālakuṇḍalā），瑜伽女，极怖钟（阿怙罗甘特）的弟子。

13. 极怖钟＊（Aghoraghaṇṭa，aghora 是超级恐怖或极度恐怖的意思，ghaṇṭa 的意思是钟，音译"阿怙罗甘特"），迦波梨迦派修行者。

14. 菩利婆苏（Bhūrivasu），波德摩婆提国宰相，茉莉之父。

15. 提婆罗多（Devarāta），维达巴国宰相，青春之父。

16. 曼达丽迦＊（Mandārikā），迦罗亨娑的情人。
17. 波罗蒂诃丽＊（Pratihārī），女守门人。①

现据黄宝生先生和甘伽·萨伽尔·罗伊博士的剧情简介②综合如下。

第一幕：

（故事背景：古时候有两个婆罗门青年，菩利婆苏和提婆罗多，他们是从小长大的莫逆之交，二人为保持长久关系决定将来做儿女亲家。后来菩利婆苏在波德摩婆提国任宰相，提婆罗多在维达巴国当大臣。前者的女儿茉莉和后者的儿子青春都长大成人。后者派儿子青春到好友的国家去求学，也有意提醒好友，他们当年有儿女婚约。但前者因为国王的旨意，不得不同意将女儿茉莉嫁给当朝宠臣南达纳。）

舞台总监和助手小丑先上场，边插科打诨边介绍剧作者和剧中人物，然后二人分别扮演佛教尼姑迦曼德吉和徒弟阿婆罗吉达上场。迦曼德吉讲述她与茉莉和青春，以及与其长辈的同学关系，并决定成全两个年轻人的婚事。于是她们二人安排茉莉和青春见面。结果是茉莉和青春一见钟情。茉莉因为思念青春而为他画了一张像。青春见到茉莉也心事重重、思念不已。青春向好友摩格伦德说出了自己的心情。这时，仆人迦罗亨娑拿着茉莉画的画像过来，说这是茉莉画的。青春看后，就在自己画像旁边画上了茉莉的像。茉莉的女仆曼达丽迦过来，拿走了画像。

第二幕：

迦曼德吉和徒弟阿婆罗吉达到茉莉那里去。茉莉正在向罗宛吉迦倾诉自己的相思之苦。迦曼德吉告诉茉莉，她的父亲已经接

---

① 以上译名除带＊号者，皆遵黄宝生先生的译法，带＊号者为笔者自译。
② 季羡林主编：《印度古代文学史》（黄宝生文），北京大学出版社1991年版，第296—298页； ［印］Mahakavi Bhavabhuti：*Malatinadhava*, Commented and Edited by Dr. Ganga Sagar Rai, Chowkhanba Surbharti Prakashan, Varanasi, 2014, pp. 13 – 18。

受了国王的旨意，做出了错误决定，要把她嫁给那个完全不般配的南达纳。罗宛吉迦也赞成尼姑的说法。茉莉对父亲的决定很反感，更加剧了她的痛苦。迦曼德吉举出古代沙恭达罗和优哩婆湿的故事，劝说茉莉拿出勇气，效法她们，自主婚姻。为了促使茉莉下决心，罗宛吉迦故意向迦曼德吉问起青春的身世。迦曼德吉说出了茉莉父亲和青春父亲的关系。茉莉得知这一切后，更加思念青春。

第三幕：

迦曼德吉派她的女弟子佛护到南达纳的妹妹摩德衍蒂迦那里去，目的是想促成她和青春的好友摩格伦德相爱。佛护的介绍使摩德衍蒂迦对摩格伦德产生了好感，急于见到摩格伦德。

这一天，茉莉随父母去湿婆庙。迦曼德吉已经事先让青春去了那里。她和弟子佛护随后也去了那里。在神庙的花园里，茉莉向女仆罗宛吉迦述说心曲，青春在花丛后面观看、倾听，激动不已。忽然有人惊呼，原来是老虎出笼，摩德衍蒂迦处于极度危险的境地。摩格伦德出现，他拿着武器奔向老虎。摩格伦德杀死了老虎，自己也因受伤而昏厥。

第四幕：

青春见摩格伦德昏了过去，一时心急，也昏了过去。茉莉和摩德衍蒂迦去搀扶。迦曼德吉用钵中水向二人洒去，二人苏醒。此时，南达纳派人来叫摩德衍蒂迦回家，说国王已经决定让茉莉嫁给她的哥哥。离开前，摩德衍蒂迦表示想再见到摩格伦德。茉莉听到自己将要出嫁的消息非常难过，迦曼德吉安慰她，说这是国王的决定，不是她父亲的决定，根据法论，他父亲才有嫁女儿的权利。

迦曼德吉奉王后之命带走茉莉。茉莉痛不欲生。

青春为得到茉莉，决定去卖人肉，以换取密教的法术。

第五幕：

形貌可怖的瑜伽女髑髅环自空而至，她从吉祥山（Śrīparvata）来到迦罗罗女神庙（Karālāyatana，Karālā 为难近母①或准提母②的化身，以恐怖相著称）。她看见青春手里拿着人肉和剑，正在叫卖，便离开。

不一会儿，庙里传来悲惨的呼叫声。青春跑过去，看到了恐惧的茉莉，瑜伽女髑髅环和极怖钟也在场。原来极怖钟和髑髅环师徒俩抓来茉莉，想杀死她祭祀迦罗罗女神。髑髅环让茉莉在最后的时刻想想自己心爱的人，茉莉就想起了青春。当髑髅环要杀死茉莉的时候，青春上前阻止。极怖钟与青春开始打斗。此时，菩利婆苏的士兵已经将神庙团团围住。

第六幕：

极怖钟被青春杀死，髑髅环非常恼怒，决心报复。

茉莉和南达纳的婚礼就要举行了。她和迦曼德吉、罗宛吉迦来到神庙敬神。迦曼德吉已事先让青春和摩格伦德藏在神庙。茉莉讲述自己极度痛苦的心情，想要结束生命。当她伤心地拥抱罗宛吉迦的时候，青春走过来，茉莉误将青春当成罗宛吉迦，拥抱了他。当她认出青春时，很是羞愧。迦曼德吉等趁机劝茉莉和青春自由结婚。

迦曼德吉安排茉莉和青春到她寺院的后花园举行婚礼，并让摩格伦德男扮女装冒充茉莉去和南达纳结婚。

第七幕：

南达纳前来庆祝洞房花烛夜，向摩格伦德假扮的茉莉扑来，摩格伦德抗拒、打他，使他很生气，悻悻然离去。佛护为了促成摩格伦德和摩德衍蒂迦的婚姻，特地和罗宛吉迦一起把摩德衍蒂

---

① 难近母，Durgā，音译杜尔伽，湿婆大神之妻的一个化身。
② 准提母，Caṇḍī，湿婆大神之妻的化身之一，汉译佛经中又译准提、尊提、准胝等。本剧第八幕第 13 颂提到了准提女神。

迦带来。她们和摩德衍蒂迦对话，故意把话头引向摩格伦德。摩德衍蒂迦表示了对摩格伦德的爱意和相思。于是，佛护问道：如果与摩格伦德相会，你会怎么做？摩德衍蒂迦的回答是"献身"。此时，摩格伦德卸装现身，拉住摩德衍蒂迦的手表白爱情。佛护和罗宛吉迦劝他们到迦曼德吉的寺院，像茉莉和青春那样结婚。

第八幕：

茉莉和青春坐在那里等待消息。茉莉有些不安，青春在逗她开心。迦罗亨婆、摩德衍蒂迦、阿婆罗吉达和佛护进来。他们告诉茉莉和青春，摩格伦德被巡夜的士兵拦截了。青春即刻与迦罗亨婆前去帮助摩格伦德。阿婆罗吉达和佛护去向迦曼德吉报告消息，只有茉莉和摩德衍蒂迦留了下来。当茉莉向前走的时候，髑髅环突然出现，为替师父报仇抓走了茉莉，把她带到吉祥山。摩德衍蒂迦全然不知。此时，罗宛吉迦进来，寻找茉莉。迦罗亨婆带来消息，说国王看到青春和摩格伦德很英勇，同意他们各自的婚姻。接着，青春和摩格伦德回来，发现茉莉不见，很伤心。所有人都到迦曼德吉那里去了。

第九幕：

青春和摩格伦德寻找茉莉。青春十分焦急哀痛，两度昏厥。摩格伦德自幼与青春结下友谊，见不得好友如此痛苦，想在好友死去之前自己先行了断。他准备从山崖跳下去。就在那一刹那间，迦曼德吉以前的徒弟绍达蜜尼来到，阻止了摩格伦德。她告诉摩格伦德，她已经从髑髅环手上解救了茉莉。

第十幕：

茉莉的父亲忍受不了女儿失踪的痛苦，已经到山上去准备自焚，还有一些人也都不想活了。就在此时，绍达蜜尼带着茉莉、青春和摩格伦德回来了，人们转悲为喜。当茉莉听说父亲上山自焚的消息，昏厥过去。绍达蜜尼运用法力招来一阵急雨，浇醒了茉莉，也扑灭了茉莉父亲自焚的火堆。最后，绍达蜜尼带来国王的信函，信中祝福新人婚姻美满。人们皆大欢喜。

（三）有关密教的内容

《茉莉和青春》中与佛教和密教相关的内容非常引人瞩目。其中有几个关键人物的行事，如迦曼德吉及其弟子们，反映出当时印度的佛教情况；而极怖钟及其弟子髑髅环的行事，则和印度民间的秘密修行相关；迦曼德吉的早期弟子绍达蜜尼又是佛教中密乘的典型人物。

下面，我们根据剧中提供的信息讨论几个问题。

1. 佛教的一般情况

从剧情简介可知，除了男女主角，一个关键人物就是比丘尼迦曼德吉。她具有大智慧，善于谋划，长于用人，能在关键时刻掌控事态，是剧中那些主要人物的主心骨或者说是精神支柱。而她的寺院也是一个庇护所，两对新人都在那里结婚。

迦曼德吉作为长辈，既是女主角茉莉的教母，又与剧中的年轻人关系亲密，被他们称为女神（bhagavati），而她则称呼这些年轻人为孩子（vatsa）或儿子（putra）、女儿（putri）。她的几个女弟子（除了大弟子）和女主角及其侍女们的关系也十分融洽，彼此以女伴（sakhi）相称，并无宗教隔膜。

从迦曼德吉的言行看，她游走于权贵之家，不仅与当朝王后有联系，还与大臣们及其亲属来往频繁。她有一颗慈悲心、仁爱心，同时勇于担当。作为一名佛教信徒，她很少宣讲佛教的义理，反而大谈世俗的情爱，同时她也了解婆罗门教的一些教条和掌故，如法论中关于父女关系的规定、沙恭达罗和优哩婆湿的传说等。

由以上情况可见，当时印度社会的正统信仰是婆罗门教。而佛教徒依然活跃于民间，并能够与婆罗门教友善相处。婆罗门教信徒与佛教信徒之间并无宗教偏见，呈现出你中有我、我中有你的和合局面。

还有一个现象值得注意，就是本剧中尼姑们的名字都具有寓意。"迦曼德吉"含有"满足心愿者"的意思，这正是她在剧中所起作用的诠释。"阿婆罗吉达"的意思是"观世"，是观世音菩萨名字的前半截。"佛护"的意思更明确，即佛的捍卫者。而"绍达蜜尼"的意思是"雷电"，具有对邪恶的震慑意味，体现了金刚乘成就法的威力。

我们曾谈到《故事海》与密教的关系问题①，并注意到佛教密宗尼姑的左道修行，她们与本剧中尼姑们的行事完全不同，可见，本剧中的佛教尼姑，除绍达蜜尼外，均属于正统的佛教派别。出现这种现象，不能归结为作者的好恶，而应该视为社会现实的反映，即佛教密宗分为左右两道，《故事海》中的尼姑代表其左道，本剧中的绍达蜜尼代表其右道。

总之，从尼姑迦曼德吉的行事已经可以看出当时佛教的世俗化倾向，而且从她和她弟子们的行事也可以看到佛教密宗的发展变化。我们知道，作为佛教真言宗的根本经典《大日经》的编纂时间大约在6世纪末至7世纪初，而作为金刚乘的根本经典《金刚顶经》到8世纪初已在印度初具规模②。那么，到薄婆菩提的时代，佛教金刚乘已经在印度许多地方流行，这与《茉莉和青春》所反映的社会现实是一致的。或者可以得出这样的结论，即当时的印度佛教已经世俗化并开始密教化了。

2. 关于优禅尼

我们先来考察一下剧中故事的发生地，波德摩婆提国或波德摩婆提城（Padmavatī）的地理位置，因为它的位置与吉祥山有一定的关系。印度古代叫波德摩婆提的城市有三个，一个是华氏城

---

① 薛克翘：《印度密教》第十七章，中国大百科全书出版社2017年版，第237—248页。

② 吕建福：《中国密教史》（修订版），中国社会科学出版社2011年版，第52、59页。

(Patriputra，今比哈尔邦首府巴特那）的别称；二是今本纳（Panna，在中央邦著名旅游胜地卡朱拉霍以东偏南约 50 公里处）的别称；三是乌贾因（Ujjain，在今中央邦，古称 Ujjayanī，译作优禅尼、优禅耶尼、邬阇衍那等）的别称。其中，本纳可以首先排除，因为它在历史上没有形成过大都市和学术中心。根据剧中的描述，也可以排除华氏城，因为剧中（如第九幕）提到了几条河，如印度河、拉瓦那河（鲁尼河）、摩杜摩提河（纳尔马达河的支流）和戈达瓦里河，都在西部或南部，与地处东部的华氏城基本无关。那么，剧中故事的发生地就应是第三者，即优禅尼。另外，波德摩婆提国的位置也与维达巴国（在今马哈拉施特拉邦）相距不甚远。

更为重要的是，优禅尼不仅是印度古代的学术中心，而且也是印度密教的一个中心。我们在谈到《故事海》与密教的关系时，已经谈到这一点，那里不仅有著名的大黑天神庙，也有著名的难近母神庙，都与密教关系密切。而在本剧中，第五幕提到的那座迦罗罗女神庙，正与《故事海》中所说的难近母神庙相吻合。

3. 关于吉祥山、迦波梨迦和瑜伽女

剧中多次提到吉祥山、迦波梨迦和瑜伽女。

其第一幕的开头部分，作为剧情的铺垫，尼姑迦曼德吉和弟子阿婆罗吉达出场后有一段对话，提到迦曼德吉先前的弟子绍达蜜尼为获得"真言成就"（mantrasiddhi）在吉祥山修炼"迦波梨迦斋戒"（kāpālikavrata）。还提到优禅尼城外有一处"大坟场"（mahāśmaśāna，大焚尸场，大弃尸场），那里有一个名叫迦罗罗的遮蒙达（Cāmuṇḍā）[①] 女神，"喜欢各种生物的献礼"（vividhajīvopahārapriyeti，指喜欢血祭）；髑髅环每天傍晚时分到大坟场来，髑髅环是吉祥山来的身戴髑髅的迦波梨迦行者极怖钟的

[①] 遮蒙达，湿婆之妻雪山神女的化身之一，即迦利女神（Kālī，又译为时母）；又是对迦波梨迦派修女的称呼。

女弟子，形象令人恐惧。

第五幕的故事发生在焚尸场和迦罗罗女神庙，因此有一些相关描述。这里只介绍其开头部分。第五幕开头即说，瑜伽女髑髅环身穿可怕的发光衣服自空中而来，她有一段独白（1至6颂）。其第1颂说的是修行者须掌握瑜伽修炼要领，大意是：将灵魂（精神）专注于经络轮的中间，可获得成就（siddhi，音译悉地）；修行者坚定心念，沙克蒂（Śakti，性力女神）便充盈心间，性力主（Śaktinātha，指湿婆）永世常驻。其第2颂说的是她自身修炼的体验和行为，大意是：她每天都摒除六种感官（指眼、耳、鼻、舌、身、意）的遮蔽，将最高主湿婆安置于心莲的中央，按照经络的上行顺序，受世间五甘露（Pañcamṛta，五种祭品）吸引，凌空飞行而身体不疲，拨开云团刚刚到来。其第3颂的大意是：我上下迅飞，项间髑髅璎珞（kapālakaṇṭhmālā）的撞击，如可怕的响铃；如此奋飞，我心旷神怡，而令他人惊恐万状。第4颂中说，她披散的头发打成结依然抖动不已，手中的湿婆兵器上系的铃铛不断发出声响，她看见人的头骨排列成丛。然后是散文部分，说她来到坟地，那里的焚尸柴堆上冒着烟，其近旁就是迦罗罗女神庙；她是奉师命前来寻找祭品的，要找城里出自名门的女宝献给迦罗罗女神。此时她看到一个人拿着剑在坟地间行走（青春在卖人肉）。髑髅环离开后，是青春的大段独白，渲染坟地的恐怖，提到嗜人血肉的鬼怪毕舍遮（piśāca）。髑髅环和极怖钟将茉莉押到迦罗罗女神庙，开始向遮蒙达女神致敬和祈祷。

第九幕开场，绍达蜜尼自我介绍，说她自吉祥山飞向波德摩婆提城。后来当她出现在青春和摩格伦德面前时，二人不知她是谁。于是在第53颂，绍达蜜尼讲述了她在吉祥山修行的内容，其中有"遵师行"（gurucaryā，包括侍奉师父、按照师父的指导和仪轨修行）、苦行（tapasyā）、怛特罗（tantra，指一整套的密教修行的理论和方法）、曼特罗（mantra，即真言、咒语）和瑜伽（yoga,此时的瑜伽修炼已经扩大了内涵,故金刚乘又称"瑜伽密教")。并说,要让他们见识一下她从这些修炼中得到的迷人成就(ākarṣiṇīsiddhi)。于是她带走了青春。青春瞬间消失,让摩格伦德大为惊奇,决定去向众人讲述他亲眼见到的奇迹。第十幕,当青春带着昏迷的茉莉回来时,摩格伦德问他,那个女瑜伽行者在哪里。青春说他和她一起上了吉祥山,又瞬间回来了,但她却不见了(第14颂)。后来,绍达蜜尼用法术救助众人,并来到众人面前,向自己先前的师父迦曼德吉致敬,迦曼德吉称赞她的成就。

根据以上信息,下面讨论几个问题。

第一,关于吉祥山的位置,学界至今尚无定论[1]。但吉祥山是修炼真言成就的地方,却是很多资料都能证明的。剧中,绍达蜜尼作为佛教徒在那里修炼迦波梨迦派的真言成就,说明佛教中已经渗透了迦波梨迦派的修行法。学界通常认为,迦波梨迦派是印度古代民间怛特罗修行的一种,由于与婆罗门教的多神信仰相结合,尤其与性力派关系紧密,也被看作是婆罗门教湿婆派和性力派的一支。迦波梨迦在佛教中,应属于金刚乘阶段的一个派别。迦波梨迦派有两个显著的外在标志,一是身戴髑髅,二是在寒林修炼。绍达蜜尼似乎没有这样的特征,只是修炼其中的斋戒和真言成就,应属于其中的右道。而髑髅环则具备这两个特征,应属于其中的左道。这左右两道并存于吉祥山,正说明本剧作者生活的年代恰好是密教真言乘、金刚乘形成和发展的时期。剧本中笼统地介绍了迦波梨迦派的修行,而实际上,如前文所说,此时,作为密教真言乘理论的代表作《大日经》,以及金刚乘的基础理论经典《金刚顶经》的最早部分《真实摄经》都已编纂完成。剧本中的内容与之吻合。

第二,前文已经指出,优禅尼有难近母女神庙,而剧中又说

---

[1] 参见薛克翘《印度密教》第五章,中国大百科全书出版社2017年版,第74—77页。

迦罗罗就是遮蒙达女神，即难近母的化身之一迦利女神。据《摩根德耶往世书》后期加入的部分《女神颂》，为诛杀恶魔，迦利女神由难近母的化身迦利迦（Kālikā）的额头生出，其面目狰狞、手持宝剑和绳索，曾杀死、吞噬大小恶魔无算①。她的这一形象已经被佛教密宗吸收，乃至有多位菩萨、明王和明妃都持有利剑与套索。迦利女神又称作摩诃迦利，与之相对应的男神是摩诃迦罗（大黑天神）②，而优禅尼的摩诃迦罗神庙十分著名。这里要说的是，本剧中髑髅环以杀死活人祭祀难近母（包括其化身）的做法，也有多种资料可资佐证。例如，玄奘在印度就曾险些被当作祭品杀掉。据《慈恩传》卷三，玄奘与80余人乘船东下，遇见强盗。强盗们"素事突伽天神，每于秋中觅一人质状端美，杀取肉血用以祠之，以祈嘉福。"玄奘因得到弥勒菩萨的护佑而幸免于难。其中所说的"突伽天神"即杜尔伽（Durgā女神，即难近母）。这是玄奘遇到的真实事件。又如，《故事海》中收有《僵尸鬼故事二十五则》，其中也有杀人给女神献祭的情节，虽是一则文学故事，却也以现实生活为依据。而玄奘《西域记》中也恰巧记载了一个类似的故事，即"烈士池"的传说，也都与密教有关。薄婆菩提创作本剧的年代距离玄奘访印的时间大约百年，这百年间印度的密教发展迅速，这一点已由该剧得到证实。

第三，性力派的信息。前面说过，第五幕第1颂提到"性力主"湿婆。在往世书文献中，湿婆本来就有多个妻子，其首任妻子是萨蒂（Satī），萨蒂因父亲在祭祀时对湿婆不敬而自焚，转生为喜马拉雅山王之女雪山神女（音译波罗婆底，Pārvatī），成为湿婆的第二任妻子。由于湿婆有多个化身和称号，所以雪山神女也

---

① 参见薛克翘主编《东方神话传说》（第四卷），北京大学出版社1999年版，277—280页（王晓丹据《摩根德耶往世书》编译）。

② 有关摩诃迦罗的考证，可参见薛克翘《印度密教》第十三章，中国大百科全书出版社2017年版，第184—200页。

有多个化身和称号。特别是在民间,那些善于降魔的女神都被归于雪山神女名下,成为她的化身。如,"大天女"(Mahādevī)、难近母、迦利、迦利迦、遮蒙达、准提,等等。性力派发展起来以后,女神在民间受到更多崇拜,性力女神众多。婆罗门教的几位主要神明都有了自己的性力配偶。如《摩根德耶往世书》的《女神颂》中就提到湿婆、梵天、毗湿奴、因陀罗、神军统帅塞健陀等的沙克蒂(Śakti,性力女神),也就是说,众神都有自己的沙克蒂。

第四,关于瑜伽女。自从瑜伽密教发展起来以后,印度民间的瑜伽士(yogī)多了起来,瑜伽女也多了起来。而伴随着怛特罗教的男女双修,一部分瑜伽女成为瑜伽士的性伙伴。就像性力派使每一位天神都有了性力配偶一样,怛特罗教的男瑜伽行者也在修行中冥想自己就是某位大神,然后将女瑜伽行者幻想为自己性力女神。在本剧中出现了两个对立的瑜伽女,二人虽然都是迦波梨迦派信徒,却分别代表着左右两道。显然,剧作者认为,髑髅环代表的是邪恶,绍达蜜尼代表的是正义,所以剧中的青年人称绍达蜜尼为"瑜伽自在天女"(yogīśvarī)。这大约也符合当时正统婆罗门教的基本看法。从剧中透露的信息看,代表正统佛教的迦曼德吉还是认同绍达蜜尼所修炼的瑜伽的,所以在剧本第十幕,她对绍达蜜尼的成就(法术)大加赞扬。这是剧本中的情况,但在现实中,善恶就不一定如此分明。

总之,印度密教的情况十分复杂,各种流派相互交叉,彼此包容,难分难解。剧本《茉莉和青春》中透露给我们的信息仅是豹之一斑、海之一蠡。

三　须菩提考

（一）《西游记》中之须菩提

《西游记》第一回，美猴王欲摆脱轮回、逃避生死，"一心里访问佛仙神圣之道，觅个长生不老之方"①，他乘筏浮于海，经南赡部洲至西牛贺洲，到"灵台方寸山，斜月三星洞"拜须菩提祖师为师。师父给他起法名孙悟空。须菩提这一人物，虽然被描绘为在洞中修行的神仙，但又是具有"西方妙相""空寂自然随变化，真如本性任为之。与天同寿庄严体，历劫明心大法师。"也就是说，他似乎是一个佛道混合型人物。

第二回，须菩提能够教授弟子的学问不仅包括儒释道，还有阴阳家、墨家、医家等等，说明他不仅兼通三教，更全面掌握着中国传统文化的方方面面。但孙悟空除了长生不老法，其余一概不学。于是，师父在他头上打三下，背着手走入里面，将中门关上。悟空明了师意：要在三更天从后门进入，去秘处传他道法。最后，孙悟空学会七十二般变化和"筋斗云"。

据书中这两回对须菩提的描述，笔者以为，有这样几个问题值得注意。

第一，《西游记》之须菩提的原型可以追溯至原始佛教释迦牟

---

①　以下凡引《西游记》文，均依人民文学出版社1992年版，并只标回数，不注页码。

尼十大弟子之一的须菩提（Subhuti）。这在学术界已成共识。在佛教史上，如同佛的概念在不同时期有不同内涵一样，须菩提的概念在原始佛教、大乘佛教和密教时期都有所不同。而这些不同也反映在《西游记》中的须菩提身上。

第二，《西游记》之须菩提给美猴王起名"悟空"，突出了一个"空"字。同时，第一回说给美猴王开门的仙童"心与相俱空"，又说须菩提"空寂自然随变化"，都透露出大乘佛教对"空"的强调，暗示出小说中的须菩提与大乘佛教的关系。

第三，《西游记》之须菩提让孙悟空三更天从后门入，去"秘处"传法，突出的是一个"秘"字。"秘"即秘密，亦即密教的"密"。第二回祖师说了"显密圆通真妙诀"这样的话，其中的"显"指大乘佛教，"密"即密教，或称佛教密宗。而且，须菩提教授孙悟空神通变化以及口诀（书中又称口诀为咒语、真言），都是密教的要素。这些又透露出小说中之须菩提与密教相关。

下面我们就按照这三点做具体考证。

（二）原始佛教之须菩提

我们知道，在原始佛教中，佛是真实的历史人物，这是学界公认的。同样，他的十名大弟子也是实有其人，也被学界所公认。也就是说，须菩提是真实的历史人物。如前辈学者崔连仲先生所说：

> 须菩提，舍卫城人，婆罗门（一说吠舍）种姓，以论证"诸法性空"著称，故被誉为"解空第一"。[1]

---

[1] 崔连仲：《释迦牟尼——生平与思想》，商务印书馆2001年版，第44页。

的确，佛陀的十大弟子各有所长，须菩提的长处主要是"解空第一"，如《增壹阿含经》卷三，就肯定并解释了他的这一长处："恒乐空定，分别空义，所谓须菩提比丘是；志在空寂，微妙德业，亦是须菩提比丘。"① 这里的"空寂"二字成为常用的佛教语汇，因此《西游记》第一回说须菩提"空寂自然随变化"就看似巧合而实则必然了。

总之，《西游记》之须菩提来自原始佛教之须菩提，鲜有异议。

（三）大乘佛教之须菩提

佛教发展到部派佛教阶段以后，又在大约公元1世纪渐渐生发出大乘佛教。在中国的两汉之交，佛教由西域向中原地区传播。在公元2世纪后期，属于大乘佛教"般若"类经典的《道行般若经》由月氏沙门支娄迦谶介绍到中国。此后，般若类经典《放光般若经》（西晋无罗叉译）、《光赞经》（西晋竺法护译）、《摩诃般若波罗蜜经》（姚秦鸠摩罗什译）等陆续于两晋时期译为汉文②。而且，属于般若类的著名经典《金刚般若波罗蜜经》（简称《金刚经》，鸠摩罗什译）也在此期间被译为汉文。"般若"意译为"智"（即智慧），"波罗蜜"意译为"度"（即到彼岸），"摩诃般若波罗蜜"意译为"大智慧到彼岸"，简译为"大智度"。相传为龙树菩萨所造的百卷《大智度论》即是对《摩诃般若波罗蜜经》的解说，亦被鸠摩罗什译出。

现在的问题是，我们可以从般若类经典中发现，须菩提的名字密集出现于这类典籍。据中华电子佛典协会的《电子佛典》字

---

① 《增壹阿含经》，《大正藏》第2册，台北新文丰出版公司1983年版，第558页。
② 参见任继愈主编《中国佛教史》第一卷，中国社会科学出版社1981年版，第316页。

符串统计,须菩提在《道行般若经》中出现607次,在《放光般若经》中出现1769次,在《光赞经》中出现625次,在《摩诃般若波罗蜜经》中出现2672次,在《金刚般若波罗蜜经》中出现695次,等等。须菩提之所以在般若类大乘经典中出现得如此频密,就是因为他"解空第一"。般若类佛经在很大程度上要解决"空"的问题,所以其中要么由佛出面向须菩提解说空义,要么由须菩提出面向他人解说空义。

"空"这一概念"在原始佛教时期提出,在部派佛教时期被完善、充实,到大乘佛教时期进一步被丰富、创新"①。般若类经典强调的"空",正如《大智度论》卷十九所归纳和强调的:

> 佛告须菩提:色即是空,空即是色。受、想、行、识即是空,空即是受、想、行、识。空即是涅槃,涅槃即是空。②

其实,"色③即是空,空即是色"这一命题在般若类佛经中相当常见,人们主要是通过《金刚经》而熟悉它的。《金刚经》在唐代曾因明皇亲注颁行天下而家喻户晓,其中曾五次强调"色即是空,空即是色"。

总之,大乘佛教时期的须菩提更以"解空"为显著特征。至于《西游记》中的须菩提,笔者以为还有三点值得注意。

第一,他给美猴王取法名"悟空",寓有深意。这使人很自然地联想到"解空"。由"解空"到"悟空",是一个认识和觉悟的过程,也是一个师徒传承的过程。《西游记》的作者给美猴王起的这个名字,是在有意无意间做出的巧妙安排,发人深思。

---

① 姚卫群:《佛教般若思想发展源流》,北京大学出版社1996年版,第119页。
② [印]龙树:《大智度论》,《大正藏》第25册,台北新文丰出版公司1983年版,第198页。
③ 色,梵文rupa,指肉眼所能看到的景物和物质世界。

第二，他教授孙悟空七十二般变化，也和"空"关系密切。所谓"变化"即佛教中常说的神通，有时又合称"神通变化"，简称"神变"。按照大乘佛教的观点，神通的本质也是空。如《摩诃般若波罗蜜经》卷三所说："神通空不名神通，离空亦无神通。神通即是空，空即是神通。"① 变化是幻，幻也是空。如《道行般若经》卷一，须菩提报佛言："尔天中天！幻与色无异也，色是幻，幻是色，幻与痛痒、思想、生死识等无异。"②

第三，他教孙悟空的"筋斗云"也与"空"有关。"筋斗"，又作觔斗，唐代即是百戏中的一种，即一种娱乐节目，崔令钦《教坊记》中就有"筋斗裴承恩"和"教坊一小儿，筋斗绝伦"③的记载。段安节《乐府杂录》则记"鼓架部"有"旋槃觔斗"④。到宋代，筋斗更是成为百戏中不可缺少的内容，北宋孟元老《东京梦华录》卷七记"一人上蹴秋千，筋斗掷身入水，谓之水秋千"，"上竿打筋斗"⑤等百戏表演。南宋吴自牧《梦粱录》卷二十记有"百戏踢弄家""能打筋斗"⑥。但由于宋金元时期杂剧的发达，百戏的筋斗自然也被杂剧采用，成为涉及武打杂剧的要素。对此，除了陶宗仪《南村辍耕录》中有记载外，一些杂剧中也有直接反映⑦。然而，更值得注意的是，"筋斗"一词在两宋时期的中国佛教界成为热词，被常用于一些高僧的语录、诗词或偈颂当中。例子很多，今仅举一例。《圆悟佛果禅师语录》卷十二："而

---

① 《摩诃般若波罗蜜经》，《大正藏》第8册，台北新文丰出版公司1983年版，第234—235页。
② 《道行般若经》，《大正藏》第8册，台北新文丰出版公司1983年版，第224页。
③ 崔令钦：《教坊记》（外三种），吴企明点校，中华书局2012年版，第15、30页。
④ 崔令钦：《教坊记》（外三种），吴企明点校，中华书局2012年版，第123页。
⑤ 邓之诚：《东京梦华录注》，中华书局1982年版，第184、194页。
⑥ 吴自牧：《梦粱录》，浙江人民出版社1980年版，第193页。
⑦ 参见胡忌《宋金杂剧考》（订补本），中华书局2008年版，第230、231页。

今兄弟见怎么说，便道：'只是虚空里打筋斗。'兄弟，只这虚空也难得。岂不见祖师传法偈云：'心同虚空界，示等虚空法。证得虚空时，无是无非法。'"① 由此可见，这"筋斗云"也是作者们有意无意的神来之笔。

（四）秘密佛教之须菩提

《西游记》与密教关系非常密切，有关考证可参见拙著《神魔小说与印度密教》②。《西游记》中的须菩提和佛典中的须菩提都与密教关系密切。而密教典籍中的须菩提则逐步被神化。下面从五个方面予以考证。

1. 须菩提与神通变化

在原始佛教时期，释迦牟尼最初并不主张练习和显示神通变化。但后来，尤其是在大乘佛教时期的经典中，佛祖不仅赞同神通变化，而且还亲自展现神通力。如《观佛三昧海经》卷八，说舍卫城来了一些淫女（妓女），使富家子弟花费了大量钱财，国王为此请求佛祖出面教化这些淫女。于是佛祖命弟子们展现神通前往教化现场，须菩提等十大弟子都"作十八变，飞至试场。如是，千二百五十比丘各现异变，亦作十八种神通，飞至试场。"③ "千二百五十"是佛经中经常出现的数字，是佛陀释迦牟尼随行弟子的数目之一，此外尚有"五百弟子"和"十大弟子"等说法。这段经文宣扬的是，佛陀的随行弟子们全部具有神通，这是大乘佛教的说法。

《分别功德论》卷五说，佛陀的五百弟子中，有二须菩提。其

---

① 绍隆等编：《圆悟佛果禅师语录》，《大正藏》第47册，台北新文丰出版公司1983年版，第768页。
② 参见薛克翘《神魔小说与印度密教》第四至六章，中国大百科全书出版社2016年版，第60—118页。
③ 《佛说观佛三昧海经》，《大正藏》第15册，台北新文丰出版公司1983年版，第684页。

一叫"天须菩提",出生于释迦族(应即佛陀十大弟子之一)。他因一特殊机缘"思惟四谛,至于后夜,即得罗汉,便飞腾虚空。"① 这种飞腾虚空的本领是最普遍的神通变化,佛典中多有描述。这说明,须菩提在大乘佛教中已经具有神通。

《大法炬陀罗尼经》卷一也说,佛陀的一千二百五十名弟子"皆阿罗汉"。而阿罗汉的特点即"诸漏已尽,无复烦恼,咸得自在,心善解脱,慧善解脱……能入一切自在之地。其名曰慧命须菩提、慧命大迦叶、慧命舍利弗、慧命大目乾连。如是等大威德神通声闻,而为上首。"②《大法炬陀罗尼经》属于密教文献,也就是说,在一些密教文献里,佛陀的全部随行弟子均为罗汉,而其大弟子则具有大威德、大神通、大自在,须菩提包括在内。

须菩提与神变相关的例子很多,下文还将提到,这里仅举三例。

2. 须菩提与咒语真言

佛典中,咒语或真言(梵文为 mantra)又称陀罗尼(梵文为 dharani)。咒语在印度起源甚早,至少可以追溯到吠陀时期,并很早就被引入佛教,且得以迅速发展。因此,秘教的早期阶段被学界称为"陀罗尼密教"。如中国学者吕建福先生所说:"陀罗尼在初期大乘佛教中的演变和发展直接导致了原始密教——陀罗尼密教的形成。"③

佛典中的须菩提自然也与咒语真言紧密相连。《宝星陀罗尼经》卷三为我们提供了他念诵咒语的有力佐证:"尔时长老须菩提,为魔童子说此偈已,即说咒曰:'多侄也他,苏文第,毗文

---

① 《分别功德论》,《大正藏》第 25 册,台北新文丰出版公司 1983 年版,第 47 页。

② 《大法炬陀罗尼经》,《大正藏》第 21 册,台北新文丰出版公司 1983 年版,第 661 页。

③ 吕建福:《中国密教史》(修订版),中国社会科学出版社 2011 年版,第 31、32 页。

第，文陀，阇醯，赐离，赐离，赐离，阿婆赐离，阿婆呵赐离，多他多婆赐离，步多俱胝赐离，娑婆呵。'尔时长老须菩提为此童子于歌声中说此偈辞及陀罗尼句，时彼五十童子，第一欢喜，生净信心。"① 经中，不仅说了须菩提用咒语教化五十童子，另外几位佛陀的大弟子们也分别出面念诵了陀罗尼咒语，施以教化。他们所用咒语各不相同，说明他们有各自专属的咒语。

再如，《陀罗尼集经》卷十一介绍了求雨的坛法："五龙王前，龙别各安一大瓦瓶，瓶上各以白粉涂之。其瓶身上，以真牛黄各画四个须菩提像，结加趺坐。"此外，还要在坛的四角安置水罐、鲜花、杨柳枝等。同时，"其坛内外，多以泥作小龙子形，以为眷属。五龙王前，各以种种饼果饮食，一大牙盘盛而供养，其食日别换新好者。作是坛法乞雨之时，每日以煮五谷一石，散施地上鬼神等食。作法时共八弟子伴……如是八人更互入坛诵咒，不得令其坛内空虚。日夜诵咒，咒声莫绝。……又请有德有行精进众僧，及自清斋，香汤洗浴，着新净衣，入帏之内，转《大云经》《孔雀王经》《大云轮经》，六时绕坛行道礼拜，助祈雨人。若能如是作法乞雨，三日得雨。若不得者，一七日内必得大雨"。② 这里，须菩提以神的身份出现于祈雨坛场，他的画像与咒语、转经共同形成一股神秘力量，迫使龙王降雨。

须菩提与咒语真言相关的例子尚多，今仅举二例。

3. 须菩提与瑜伽三昧

三昧（梵文 samadhi），又译为三摩地，意译为定，是瑜伽修行的一个高级境界，指心专注一处而不动的状态。进入这种状态称为入定。更重要的是，瑜伽修行在密教中得到进一步发挥，并

---

① 《宝星陀罗尼经》，《大正藏》第 13 册，台北新文丰出版公司 1983 年版，第 549 页。

② 《陀罗尼集经》，《大正藏》第 18 册，台北新文丰出版公司 1983 年版，第 880 页。

成为密教的代称,故密教又称瑜伽教。如此,三昧的概念也在密教中有所发展。

早在般若类经典中,须菩提便因得"无诤三昧"而对三昧有深刻理解,并得到佛祖的赞扬。事见《摩诃般若波罗蜜经》卷三:

> 舍利弗问须菩提:"菩萨摩诃萨住是诸三昧已,从过去佛受记耶?"须菩提报言:"不也,舍利弗,何以故?般若波罗蜜不异诸三昧,诸三昧不异般若波罗蜜。菩萨不异般若波罗蜜及三昧,般若波罗蜜及三昧不异菩萨。般若波罗蜜即是三昧,三昧即是般若波罗蜜。菩萨即是般若波罗蜜及三昧,般若波罗蜜及三昧即是菩萨。"舍利弗语须菩提:"若三昧不异菩萨,菩萨不异三昧,三昧即是菩萨,菩萨即是三昧。菩萨云何知一切诸法等三昧?"须菩提言:"若菩萨入是三昧,是时不作是念,我以是法入是三昧。以是因缘故,舍利弗,是菩萨于诸三昧,不知不念。"舍利弗言:"何以故不知不念?"须菩提言:"诸三昧无所有故,是菩萨不知不念。"尔时佛赞言:"善哉,善哉,须菩提!如我说汝行无诤三昧第一,与此义相应。"①

关于无诤三昧,《大智度论》卷十一说:"须菩提于弟子中得无诤三昧最第一。无诤三昧相,常观众生,不令心恼,多行怜悯。"② 这里说须菩提得到"无诤三昧",其意思是指一种消除了烦恼、悟到空的实质、对众生心怀怜悯的高超境界。

大乘佛教认为,要想达到三昧的境界,就要学习和掌握通过

---

① 《般若波罗蜜经》,《大正藏》第 8 册,台北新文丰出版公司 1983 年版,第 238 页。

② [印]龙树造:《大智度论》,《大正藏》第 25 册,台北新文丰出版公司 1983 年版,第 136—137 页。

智慧到达彼岸世界的知识，即学习"般若波罗蜜"。须菩提作为佛祖门下获得"无诤三昧第一"头衔的大弟子，在获得真传之后，又向佛祖讲述他自己的心得，如《大智度论》卷四十一所说：

> 尔时须菩提白佛言：世尊……欲知十善道，欲知四禅，欲知四无量心、四无色定、四念处，乃至十八不共法，当学般若波罗蜜。菩萨摩诃萨欲入觉意三昧，当学般若波罗蜜。欲入六神通九次第定超越三昧，当学般若波罗蜜。欲得师子游戏三昧，当学般若波罗蜜。欲得师子奋迅三昧，欲得一切陀罗尼门，当学般若波罗蜜。菩萨摩诃萨欲得首楞严三昧、宝印三昧、妙月三昧、月幢相三昧、一切法印三昧、观印三昧、毕法性三昧、毕住相三昧、如金刚三昧、入一切法门三昧、三昧王三昧、王印三昧、净力三昧、高出三昧、毕入一切辩才三昧、入诸法名三昧、观十方三昧、诸陀罗尼门印三昧、一切法不忘三昧、摄一切法聚印三昧、虚空住三昧、三分清净三昧、不退神通三昧、出钵三昧、诸三昧幢相三昧，欲得如是等诸三昧门，当学般若波罗蜜。[1]

如今，人们很难辨析这段话中的所有概念，但大意是清楚的，即修炼各种三昧，都离不开学习般若波罗蜜。这就是须菩提反复强调的主旨。

关于须菩提修炼三昧所获得的神通力，释迦牟尼师徒之间、弟子之间有过讨论，如《菩萨念佛三昧经》卷二所说：

> 尔时阿难心生念言，此须菩提阿兰若行最为第一，而无等双。今是大德在此会中。世尊常说此须菩提，能作种种无

---

[1] [印]龙树造：《大智度论》，《大正藏》第 25 册，台北新文丰出版公司 1983 年版，第 360—361 页。

量神通。阿难即问须菩提言:"如是变化将非汝耶?"答言:"长老,非我所为,我能常乐,不舍闲处。如彼定心入此三昧,以是三千大千世界,置一毛端极微之分,周回旋转,如陶家轮。其中众生,无觉知者。长老阿难,我于佛前,能师子吼,正说无畏。吾以一气吹此三千大千世界,悉令烧尽,不使众生有热恼想。我曾示现如此神变,能在佛前说师子吼,以此大千世界众生,置一指端上升虚空,彼此寂然,无诸音声,不相触碍,及觉知者。"①

至此,须菩提三昧修行的神通力已经被无限夸大。又如密教典籍《大威德陀罗尼经》卷十四所说:

> 阿难问言:"世尊,何故如来所说,上座须菩提,最上第一具足福田?"佛告阿难:"有三昧名'无有上',尊者须菩提具是三昧,以是故,如来说为第一福田。"阿难复问言:"世尊,其上座舍利弗,岂不具足彼三昧耶?"佛告阿难:"其上座舍利弗,亦不具足彼之三昧。"阿难复问言:"世尊,自余声闻颇有具足,彼之三昧如上座须菩提不?"……佛告阿难:"……其须菩提,于一切法中不缚不着,其上座舍利弗不能量度。上座须菩提亦不能思如是等想。得禅比丘有是果报……是名精进三昧。言精进三昧者,此是证道。"②

这里是说须菩提的"无有上"三昧又称"精进三昧",已经是高得不能再高的境界了,得到佛的肯定,就连号称"神通第一"

---

① 《菩萨念佛三昧经》,《大正藏》第13册,台北新文丰出版公司1983年版,第803页。
② 《大威德陀罗尼经》,《大正藏》第21册,台北新文丰出版公司1983年版,第812—813页。

的大弟子舍利弗也比不上。由此可见，密教典籍中的须菩提已不再停留于大乘佛教经典中所说的"无诤三昧"的水平上了。

4. 须菩提与金刚

当密教发展到7、8世纪，即进入真言乘和金刚乘阶段后，须菩提也被进一步神化，并且获得了金刚的名号。

例如，《胎藏金刚教法名号》中所说：

> 门北，第一如来烁乞底（众行金刚），第二旃檀香辟支佛（清凉金刚），第三多摩罗香辟支佛（氤氲金刚），第四大目乾连（妙用金刚），第五须菩提（无相金刚），第六迦叶波（离尘金刚），第七舍利弗（般若金刚，亦名巧智，亦名善巧），第八如来喜（称法金刚），第九如来舍（号平等金刚）。①

这里所说金刚，指手执金刚杵的护法者。这里提到了佛祖的四大弟子，除了须菩提，还有目连（即目犍连、目乾连）、迦叶波（即迦叶、大迦叶）和舍利弗，他们本来被称为"声闻弟子"，即亲自聆听释迦牟尼教诲并获得证悟者，现在都被密教列为护法金刚了。

再看《佛说出生一切如来法眼遍照大力明王经》卷二：

> 尔时，尊者须菩提与自众俱来，在会坐，从座而起，白佛言："世尊，云何受持此大力明王心陀罗尼而得解脱？"佛言："须菩提，汝问金刚手秘密主。"故时须菩提即白金刚手言："秘密主，云何受持此大力明王心所得何果？"金刚手言："得仓库盈满，名衣上服，金银珍宝，象马牛羊，所求施与。"

---

① 《胎藏金刚教法名号》，《大正藏》第18册，台北新文丰出版公司1983年版，第205页。

须菩提言:"有如是等广大果报?"金刚手言:"须菩提,如是,如是,乃至尽众生烦恼果报故,为住功德果故,至阿耨多罗三藐三菩提功德道故。"须菩提言:"善哉,善哉。"①

此经简称《大力明王经》,属于密教金刚乘典籍。其中所说"金刚手"又叫"持金刚"或"执金刚",梵文Vajrapani,意思是手执金刚杵的护法者。但在加上"秘密主"头衔以后,他就变成了金刚乘中护法金刚们的首领,常在佛(此处指毗卢遮那佛,即大日如来)左右。上面的这段引文说明须菩提与金刚手的关系很近。结合此前《胎藏金刚教法名号》中所说的须菩提为"无相金刚",可知其从属于金刚手秘密主,并接受其教诲。

5. 须菩提在曼荼罗中的位置

曼荼罗,梵文mandala,又意译为坛、坛场、坛城等。是密教高僧(通常是具有阿阇梨名号,即导师资格者)为修行、作法、传法、为施主祈福等而建立的特殊场所。曼荼罗有很多种,根据不同的用途和目的而被画成方、圆、三角等形状,且大小不一。其中要根据神位座次画佛、菩萨、金刚等图像,因此,从这个角度讲,曼荼罗又是密教万神殿的缩影。

须要说明的是,密教中广泛使用曼荼罗是持明密教时期的事。所谓持明密教,是4、5世纪时在陀罗尼密教基础上形成的早期密教,而其晚期在6、7世纪,其特点是在念诵咒语的同时有增加了手印、供养法、像法和曼荼罗等②。

《苏悉地羯罗经》卷三介绍了一种可以获得圆满成就的曼荼罗:"其曼荼罗,方,四角安四门,如前所说,分布界道。东面置佛……左边置须菩提,右边置阿难,于西南角置钵,于西北角置

---

① 《佛说出生一切如来法眼遍照大力明王经》,《大正藏》第21册,台北新文丰出版公司1983年版,第212页。
② 吕建福:《中国密教史》(修订版),中国社会科学出版社2011年版,第36页。

锡杖。"① 经中还有多处记载类似的曼荼罗中安置有须菩提和阿难的图像，而原始佛教中的其余八大弟子均不在列。《苏悉地羯罗经》属于持明密教晚期的经典。这说明，在真言乘和金刚乘形成前夕，须菩提已经彻底被神化了，也被彻底偶像化了，在曼荼罗中留有一席之地，成为密教万神殿之一员。

在以《大日经》编成为标志的真言乘和以《金刚顶经》编成为标志的金刚乘确立以后，便出现了胎藏界和金刚界两大类曼荼罗。8 世纪被介绍到中国的胎藏界曼荼罗中有一种，即如《大毗卢遮那成佛神变加持经莲华胎藏悲生曼荼罗广大成就仪轨》卷二偈颂所述的："持真言行者，次往第三院。东方初门中，释迦师子坛……旃檀香辟支，多摩罗香等，目连、须菩提、迦叶、舍利弗，如来并喜舍，伞上如来牙，轮辐辟支佛，宝辐辟支佛，拘希罗、阿难、迦旃、忧波离，智供养云海。"② 通常，此类曼荼罗有一个中胎（又称中台），状似八瓣莲花，即一个中心，向外开放为八个方位，称"中台八叶"，其中心画大日如来，八方画四佛和四菩萨，其外围为方形，有二重、三重、四重不等。此引文中所说的第三院，指此曼荼罗的第三重，被称为释迦院。释迦院的主尊为释迦牟尼佛。问题是，释迦牟尼佛怎么变成了外围的神明？原来，在密教中，最受崇拜的是大日如来（即大毗卢遮那佛，又简称卢舍那佛），认为他才是宇宙的本体、核心，释迦牟尼只是他在某个时期的一个化身。目连、须菩提、迦叶、舍利弗、阿难等弟子也是菩萨在那个时期的化身。

日本前辈学者栂尾祥云先生曾在其专著《曼荼罗之研究》中给出多种曼荼罗的繁、简图形，并给出释迦牟尼及诸大弟子图像，

---

① 《苏悉地羯罗经》，《大正藏》第 18 册，台北新文丰出版公司 1983 年版，第 627 页。
② 《大毗卢遮那成佛神变加持经莲华胎藏悲生曼荼罗广大成就仪轨》，《大正藏》第 21 册，台北新文丰出版公司 1983 年版，第 137—138 页。

须菩提自在其中①。

除了胎藏界曼荼罗，别的曼荼罗中也出现过须菩提的身影。如前文提到的《陀罗尼集经》卷十一的祈雨曼荼罗，此外还有《成就妙法莲华经王瑜伽观智仪轨》："其坛三重，当中内院画八叶莲华，于华胎上置窣覩波塔。于其塔中，画释迦牟尼如来、多宝如来，同座而坐。塔门西开，于莲华八叶上，从东北隅为首，右旋布列，安置八大菩萨：初弥勒菩萨，次文殊师利菩萨，药王菩萨，妙音菩萨，常精进菩萨，无尽意菩萨，观世音菩萨，普贤菩萨。于此院四隅角内，初东北隅，置摩诃迦叶。次东南，须菩提。西南，舍利弗。西北，大目犍连。次于第二重院，于其东门，置金刚锁菩萨。南门，置金刚铃菩萨。当塔前门，金刚钩菩萨。北门，金刚索菩萨。"②《法华曼荼罗威仪形色法经》所记与此大同。对此，栂尾祥云先生称之为"法华曼荼罗"，并给出一幅图③。而且，本经中称须菩提、大迦叶、舍利弗、目犍连为"四大声闻"，所谓四大声闻，各经说法不一，至于其在曼荼罗中的地位则相当于菩萨。

总地看，作为历史上实有其人的释迦牟尼及须菩提等弟子，在密教曼荼罗中已被边缘化，而居于核心地位的是五佛四菩萨，以及众多的佛母、菩萨、金刚、明王、天王、龙王等，其实他们均为想象中的神明。

---

① ［日］栂尾祥云：《曼荼罗之研究》，杨笑天译，中国藏学出版社2011年版，第90、196、199页。
② 《成就妙法莲华经王瑜伽观智仪轨》，《大正藏》第21册，台北新文丰出版公司1983年版，第212页。
③ ［日］栂尾祥云：《曼荼罗之研究》，杨笑天译，中国藏学出版社2011年版，第563页。

四 《水浒传》与密教

(一)《水浒传》与佛教

元末明初,密教在中国民间广为流行。作为一种社会现象,必然要反映到文学创作当中。在此期间编写成书的《西游记》《华光天王传》《封神演义》等神魔小说自然在很大程度上反映了这一社会现实,而《水浒传》等所谓的"元明传来之讲史"[1] 小说亦难脱密教的影响。

《水浒传》的作者们对佛教非常熟悉,盖因为其时三教相互容受,目之所见,习以为常。作者们心目中既已留下深深印象,便可信笔而书,自然而然。今检《水浒传》[2] 中涉及佛教的描写颇多,既有义理阐述,也有掌故运用,更有许对多寺院生活的描述,如寺院职事、修行起居、戒律仪轨,等等。下面就具体事物做粗浅讨论。

1. 义理

《水浒传》第四回提到"地水火风合成人"。地、水、火、风在佛教中被称为"四大",即宇宙万物中包含的四大要素,类似中国传统观念中的五行。"四大说"在两晋南北朝时期就对中国的思想界产生了影响,唐代以后影响更著,因而"四大成身说"也进

---

[1] 鲁迅:《中国小说史略》,人民文学出版社1975年版,第104页。
[2] 本文依据的版本是1975年上海人民出版社百二十回本《水浒全传》。以下引文只标回数不注页码。

入了古代医学大家陶弘景、孙思邈等的著作。

《水浒传》第九十九回又提到，鲁智深跌入一地穴，别有天地，见一和尚，上前问询，和尚对鲁智深说："上至非非想，下至无间地，三千大千世界，广远人莫能知。"又道："凡人皆有心，有心必有念；地狱天堂，皆生于念。是故三界惟心，万法惟识。"其前一句，是佛教宇宙观的基本观念，描绘的是一个从上到下的无穷高远和无穷深邃的立体世界；其后一句，是大乘佛教，尤其是唯识宗（又称法相宗）的基本理念，认为宇宙万有归根到底是一个"识"字。因而这一学派被称为"唯识派"或"瑜伽行派"，这一教派被称为"唯识宗""大乘有宗""法相宗"或"慈恩宗"，在唐代初期因玄奘法师的译介、提倡而广为人知。

2. 寺院

《水浒传》中提到的寺院较多，著名的有五台山、大相国寺、寒山寺、金山寺、灵隐寺等，此外还有瓦罐寺及蓟州报恩寺，大约是借用金陵瓦官寺和大报恩寺之名虚构。

书中第四回对五台山的描写较多，说那里是"文殊菩萨道场"，进山有"五台福地"的牌楼，有文殊院。由于佛典（如《华严经》）的附会，五台山被认为是文殊菩萨的驻地，故山中许多寺院，多以文殊为主尊。五台山作为密教[①]的圣地，在唐代非常著名。中国佛教密宗的实际创始人不空金刚（简称不空），因提倡文殊崇拜而得到玄宗的赞赏，后于代宗大历五年（770）夏奉诏上五台山为玄宗做法事积功德，历时三个月。从此，五台山成为中国北方最大的佛教中心，也是最大的密教中心之一。因此，除了《水浒传》，五台山在明清神魔小说中也屡屡被提及或被渲染。

---

① 本文所说的密教，指秘密佛教（Esoteric Buddhism），即在大乘佛教中出现的一支秘密修行派别，或称佛教密宗。成熟的密教大约公元7世纪形成于印度，以《大日经》和《金刚顶经》编辑成书为标志。《大日经》和《金刚顶经》于8世纪被翻译为汉文，标志着中国佛教密宗的形成。

3. 职事

《水浒传》第四回有鲁达出家的细节描述。首先讲五台山寺院的僧阶，有长老大和尚，还有首座、维那、侍者、监寺、都寺、知客、书记等。第六回又详说大相国寺里职事等级。说首座、维那、侍者、书记都是"清职，不容易得做"，而都寺、监寺、提点、院主都是实权人物，属于"上等职事"。"还有那管藏的，唤做藏主；管殿的，唤做殿主；管阁的，唤做阁主；管化缘的，唤做化主；管浴堂的，唤做浴主。这个都是主事人员，中等职事。还有那管塔的塔头，管饭的饭头，管茶的茶头，管东厕的净头，与这管菜园的菜头。这都是头事人员，末等职事。"以上胪列，绝非作者们的杜撰，而是元明时期寺院生活的真实写照，说明作者们对寺院生活十分熟悉。

4. 戒律、仪轨

《水浒传》第四回讲鲁达在五台山出家时的剃度仪式，不仅详细逼真，而且风趣活泼。其过程大体是，先准备衣着和拜具，然后选吉日良辰，届时鸣钟击鼓，僧人齐集法堂，开始剃度。剃发毕，赐予法名，填写度牒，穿法服。再由长老摩顶受戒，宣"三皈五戒"，受戒者须一一回答能否。因鲁智深粗鲁，在严肃场合闹出笑话，但长老先前曾入定冥思，得知鲁智深"上应天星"，终获正果，因此未按常理追究。

(二) 密教坛场

《水浒传》第四十五回，杨雄之妻潘巧云前夫王押司去世二周年，请报恩寺的阇梨裴如海做功德，有如下描写：

"只见道人挑将经担到来，铺设坛场，摆放佛像、供器、鼓、钹、钟、磬、香花、灯烛。"（坛场铺设完毕）"行者先来点烛烧香。少刻，海阇梨引领众僧却来赴道场，潘公、石秀接着，相待茶汤已罢，打动鼓钹，歌咏赞扬。只见海阇梨同一个一般年纪的和尚做阇梨，播动铃杵，发谍请佛，献斋赞供，诸大护法监坛主盟，'追荐亡夫王押司早生天界'。只见那夫人乔素梳妆，来到法坛上，执着手炉，拈香礼佛。那海阇梨越呈精神，摇着铃杵，念动真言"。

这里面有几个关键词须作解释。

1. 坛场、道场

这里的"坛场""法坛"和"道场"都指曼荼罗（mandala），即密宗僧人做法事布置的特殊场所，前者意译后者音译。曼荼罗起源于印度上古，由祭坛发展而来，为佛教所借用。印度密教的早期被判定在3、4世纪左右，"大约到5世纪中叶，出现了《金刚道场经》《灌顶道场经》等具有比较完备的密法体系的经典。"[①] 也就是说，曼荼罗在密教形成的早期即被引进，成为修行活动的一部分，而到5世纪中叶，大乘佛教已普遍被采用。自从唐代由印度传入真言乘和金刚乘以后，以《大日经》为理论依据的"胎藏界曼荼罗"和以《金刚顶经》为理论依据的"金刚界曼荼罗"修行法，也在中国佛教界盛行起来。曼荼罗修法也称坛法，在宋代即与水陆道场相结合，一些密教仪轨、行法也被运用于民间的祈福活动。到元明时代，情况也大抵如此。

同样，《水浒传》第一百十六回，宋江于杭州净慈寺设水陆道场七昼夜，虽无细节描写，但也应属同一情况。白化文先生曾指出："相传汉化佛教最早的水陆道场，是梁武帝为其亡妃郗氏而设。事实上，此种法会在北宋时才盛行起来。主要内容是诵经设斋，礼佛拜忏，追荐一切亡灵。"[②] 刘黎明博士则指出："宋神宗熙宁年间，东川杨锷采纳密宗仪轨，将唐代密宗的'冥道无遮大

[①] 吕建福：《中国密教史》（修订版），中国社会科学出版社2011年版，第40页。
[②] 白化文：《汉化佛教与寺院生活》，天津人民出版社1989年版，第179页。

斋'与先前的梁武帝'六道慈忏'相结合，编撰《水陆仪》三卷行于世。"①

2. 阇梨

阇梨全称阿阇梨，为梵文 acarya 的音译，通常的意思是规范师、正行师、教授。但在密教兴起之后，其意义又有所变化，尤其是在曼荼罗修法当中，阿阇梨起着引导众僧进入曼荼罗并指导修炼的作用。首先，他必须精通曼荼罗的建立仪轨，明了诸神的方位。其次，他必须精通相关的密教经文、咒语和手印，主持整个仪式，否则便称不上阿阇梨。在唐代开元年间，阿阇梨几乎是专指善无畏、金刚智、不空金刚等能够建立曼荼罗的密教大师，可见，阿阇梨的称号不是什么人都可以获得的。后来直到元明时期，阿阇梨的称号较容易获得，但也基本都与密教仪式有关。

3. 真言

真言又叫咒语，梵文为 mantra，最早出现于印度上古的吠陀文献，原始佛教文献中也使用此词。但汉译佛经中有时也把陀罗尼（dharani）翻译为真言、密咒、禁咒等。陀罗尼的本意是持有，引申为记忆，汉译佛经中有时译为"总持"。吕建福先生指出："有唐一代，密教信仰最突出的表现还是真言咒语的流行……当时不论显教还是密教，不论僧人还是俗人，念诵陀罗尼几乎成为一种时尚。""在唐代流传比较多的真言及陀罗尼，除尊胜陀罗尼及其他佛顶类真言和观世音类、天王类真言之外，主要还有随求真言、无垢净光真言、佛母准提真言、不动真言、大轮真言、金刚童子真言、随心真言等。"② 唐代以后，咒语真言是坛场中必不可少的仪轨，《水浒传》表现的正是这种情景。我们下文还要谈及。

---

① 刘黎明：《中国古代民间信仰研究》，巴蜀书社2010年版，第190页。
② 吕建福：《中国密教史》（修订版），中国社会科学出版社2011年版，第487页。

（三）密教神通、法器

"神通"一词在现代汉语中是个常用词，成语中有"神通广大""各显神通"等。这些词语在明人的小说中使用较多，如《西游记》和《东游记》等。从而给人们留下深刻印象，因此才变成了今天的常用语。

"神通"一词来源于印度，梵文为 abhijna，又译为"神通力""神力"等，后随佛教传入中国。

在原始佛教当中，佛陀是反对运用神通的，所以最初使用神通的都是所谓的"外道"，通常指婆罗门教的术士。但后来的佛教文献中，不仅佛陀的弟子们运用神通与外道斗法，佛陀自己也常常运用神通彰显佛法的威力。到了密教阶段，神通更成为修行者追求的目标之一。神通即通常所说的法术，密教文献中又称为"悉地"（siddhi），意译为成就，所以这些神通法术又称为成就法。仍如吕建福先生所说，密教发展到6、7世纪，"其内部出现了一种新的倾向，就是以'真言'来标其教法、以成就神通为其密法的一股思潮。代表这一新倾向的密典，主要是《不空羂索神变真言经》《佛顶轮王经》《苏悉地经》《苏婆呼经》（《妙臂经》）《瞿醯经》……汉译的这些经典都是在7世纪末8世纪初传入中国的，故在印度流行的时间当在6—7世纪"。①

《水浒传》中虽然多描述枪刀棍棒的打斗，但也演示出不少神神道道的比神通、斗法术的场景，也提到一些密教的法宝、法器。这里对其中比较主要的略作解释。

1. 斗法

《水浒传》中有相当多斗法的情节。第十九回，公孙胜作法祭风，火攻官船。第五十二回，高唐州高廉祭起一道黑气，飞沙走

---

① 吕建福：《中国密教史》（修订版），中国社会科学出版社2011年版，第48页。

石,刮向宋江的队伍;宋江看天书,得"回风返火"法,念咒回风;高廉又用剑敲动铜牌,军中走出一群怪兽,一起向宋江队伍冲来。第五十四回,公孙胜与高廉斗法,"只见一道金光射去,那伙怪兽毒虫,都就黄砂中乱纷纷坠于阵前。众军人看时,却都是白纸剪的虎豹走兽,黄砂尽皆荡散不起"。第六十回,公孙胜与樊瑞斗法获胜。第八十六回,公孙胜破辽国贺统军妖法。第九十五回,乔道清"仗剑作法,口中念念有词……无数神兵天将杀将下来"。公孙胜作法,一道金光把风沙冲散,"那些天兵神将,都纷纷堕落阵前。众人看时,却是五彩纸剪就的"。乔道清又使出"三昧神水"的法术,亦被公孙胜破除。第九十六回,公孙胜和乔道清在五龙山斗法。五龙山龙王庙有泥塑五龙,被二人用法术激活相斗,"公孙胜左手仗剑,右手把麈尾望空一掷,那麈尾在空中打个滚,化成鸿雁一般一只鸟飞起去。须臾,渐高渐大,扶摇而上,直到九霄空里,化成个大鹏,翼若垂天之云,望着那五条龙扑击下来……将五条泥龙,搏击的粉碎,望北军头上,乱纷纷打将下来……乔道清再要使妖术时,被公孙胜运动五雷正法的神通,头上现出一尊金甲神人,大喝:'乔冽下马受缚!'乔道清口中喃喃呐呐的念咒,并无一毫儿灵验"。

现在的问题是,根据书中交代,公孙胜、樊瑞都是道教全真派弟子,高廉也与全真派有密切关联,乔道清也是道家人物,他们之间相互斗法的故事,应当是受了道教的影响,怎么会和佛教密宗扯上关系呢?但事实是,上述情节的确与密教有关,这里须多说几句。

第一,《水浒传》是三教融合的产物。始自南北朝的"三教论衡",到唐代形成高潮,并开始戏剧化,以致宋代的三教戏流行,这一切都促进了三教的融合。正如刘林魁先生所说:"场景性三教论衡的戏剧化与三教论衡戏的上演,足以表明中国传统文化中庸、温和的亲和力与深厚、绵长的改造力。"① 也就是说，由于中华民族具有包容性特质，使三教论衡走向三教融合，形成中华文化的多样性格局。正是因为这种融合，我们往往不能一眼看出一些貌似道教的东西而实则是有受佛教影响的成分。

第二，应当说，在三教相互容受的过程中，道教更多地从佛教中吸取了营养。这方面的例子太多，不是几篇文章能够说清楚的。仅以《水浒传》第九十六回公孙胜与乔道清斗法故事为例，就足以说明问题。斗法故事在佛经中出现较早，且比比皆是，这类故事直接影响了明代所有神魔小说，罕有例外。季羡林先生曾指出《善见律毗婆沙》卷二高僧与恶龙斗法、《根本说一切有部毗奈耶药事》卷九如来与恶龙斗法、《佛说菩萨本行经》卷中佛与恶龙斗法等故事对《西游记》的影响②。《水浒》中的斗法故事也不例外。

第三，《水浒传》中披露出一些受密宗影响的直接信息，说明它受有佛教密宗的影响。例如，第九十六回公孙胜说乔道清的法术"都是外道，不闻正法"，这分明是佛教的语言。第九十七回，公孙胜对乔道清说："足下这法，上等不比诸佛菩萨，累劫修来，证入虚空三昧，自在神通；中等不比蓬莱三十六洞真仙，准几十年抽添水火，换髓易筋，方得超形度世，游戏造化。你不过凭着符咒，袭取一时，盗窃天地之精英，假借鬼神之运用，在佛家谓之金刚禅邪法，在仙家谓之幻术。"③ 这段话说明，《水浒传》的作者们早已把佛道两家的法术神通打包到一起了，而且将其分为三等，上等是佛家的"自在神通"，中等是道家的"游戏造化"，

---

① 刘林魁：《〈广弘明集〉研究》，中国社会科学出版社2011年版，第430页。
② 季羡林：《〈西游记〉里面的印度成分》，载《中印文化关系史论文集》，三联书店1982年版，第171—178页。
③ 按，这段话与罗贯中著、冯梦龙补编《平妖传》第十三回中的一段话雷同。而二十回本《三遂平妖传》中无是语。是冯梦龙将其补入《平妖传》？难以考订。近年来有多人谈论《水浒传》与《平妖传》的关系，但未见有关于这段话的论证。

下等的是"假借鬼神"的旁门左道。而旁门左道在佛教和道教中都有。这里所说的"金刚禅"即与密教有关。这个"禅"即瑜伽，金刚乘又被称为瑜伽教。所谓"金刚禅邪法"即"金刚禅左道"，指金刚乘后期出现的左道派别，该派不仅喝酒吃肉，还搞所谓的"男女双修"①。

第四，修炼神通成就的密教典籍很多，形成了密教典籍中的一大类别"苏悉地经"。所谓"苏悉地"，翻译为汉文即"妙成就""妙法术"的意思。如唐代善无畏译的《苏悉地羯罗经》和《苏婆呼童子请问经》、李无谄译的《不空羂索陀罗尼经》、不空译的《佛说金毗罗童子威德经》等等，都是介绍各种法术修炼仪轨的，北宋前期也翻译了很多。这些对激发小说家们的想象力具有很大意义。

2. 神行法

神行太保戴宗是《水浒传》中的一位重要人物，他的神行法使他成为水泊梁山不可或缺的交通员、侦查员。第三十九回有对"神行法"的较详细描述，行走前每条腿上拴两个"甲马"，口里念咒语；到地方安歇，要解开甲马，烧纸，且不食荤。

什么是甲马？戴宗的甲马恐怕不是民间的纸马，有人估计是道教的符箓，是有道理的。但"神行法"也有可能受到密教成就法的影响。唐代不空译《佛说金毗罗童子威德经》就有这样的说法："又法，若欲令人日行千里者，当取菖蒲三寸，烧作灰，和药涂脚。不欲进千里，并不为难。"② 同时也须要念诵咒语。这样，戴宗的"甲马"即便不是"菖蒲灰"，起码也是与菖蒲灰具有同等功效的法宝了。

---

① "男女双修"，如《元史》卷四十三《顺帝六》和卷二百五《奸臣哈麻》所记元代宫廷中一度风行的"演揲儿法"，在当时被认为是有伤风化的。

② 《佛说金毗罗童子威德经》，《大正藏》第21册，台北新文丰出版公司1983年版，第371页。

3. 铃杵

前文已经提到过海阇梨在坛场"摇着铃杵,念动真言"的描写,几乎相同的描写又见于《平妖传》。作为密教的常用甚至必备的法器,密教典籍中提到铃杵的地方很多,今仅引其二,略加说明。

《佛说最上根本大乐金刚不空三昧大教王经》卷五:"杵表真实理,振铃为法音,三昧是大印,安住诵心明。持此铃杵者,即成金刚手,是大阿阇梨,金刚手无异。"① 其中,三昧,梵文 samadhi,即禅定。大印,梵文 mahamudra,即大手印,一种密教修行方式和境界。明,梵文 vidya,即明咒、咒语、真言;金刚手,又叫执金刚,梵文 Vajrapani,是密教中菩萨级的护法神。这段话的意思是,(在坛场中)"杵代表真实,铃声象征佛法的声音;三昧是大手印的修行方式,要稳定住心思,念诵咒语。手持铃杵的人就会成为金刚手,这个阿阇梨与金刚手无异"。《佛说大摩里支菩萨经》中说到阿阇梨的装束:"阿阇梨身着皂衣,顶戴皂冠,手执铃杵,发勇猛心,观想摩里支菩萨。"② 总之,密教典籍中提到铃杵的地方非常多,并且总是与阿阇梨进入曼荼罗有关。

4. 降魔杵

《水浒传》中提到了降魔杵。一般来说,降魔杵是护法金刚手执的武器。宋代《密庵和尚语录》中说:"师(引按,即密庵和尚)指金刚云:'贤劫千佛数,末后最殷勤。倒握降魔杵,高标利物拳;心肝无屈曲,肠胃有区分;神通愿力虽无尽,且为山僧护法门。'"③

---

① 《佛说最上根本大乐金刚不空三昧大教王经》,《大正藏》第 8 册,台北新文丰出版公司 1983 年版,第 812 页。

② 《佛说大摩里支菩萨经》,《大正藏》第 21 册,台北新文丰出版公司 1983 年版,第 265 页。

③ 《密庵和尚语路》,《大正藏》第 47 册,台北新文丰出版公司 1983 年版,第 961 页。

降魔杵或称金刚杵。佛经中常提起，密教典籍中也多见。如《修习瑜伽集要施食坛仪》中说道，举行该仪式时，要念诵"铃杵真言"："唵斡资啰萨答哑吽，唵斡资啰看咤哑吽，唵哑吽。"然后持杵振铃，念诵："我今振铃杵，声徧十方处，礼请诸圣贤，悉皆来赴会。此乃一切诸如来，手中执持金刚杵……左手执持微妙七宝铎，洪音振动十方及三际；梵音嘹亮惊觉魔冤心，摧碎邪妖魍魉诸鬼魅。右手执持金刚降魔杵，威势力重八万四千觔；摧坏天与非天魔眷属，普使回光返照而渴仰。"① 这段话里，不仅提到了铃杵，而且也提到了金刚杵和降魔杵。可见，降魔杵即金刚杵，又称金刚降魔杵。

5. 数珠

数珠又叫念珠，通常为僧人的佩戴物，但也用以计算念佛号的次数，如念一声"阿弥陀佛"便拨过一珠。在密教中，数珠往往与念诵咒语相结合，以期获得成就神通。《水浒传》里提到两种数珠。一种是第二十七回和三十一回说的"一百单八颗人顶骨做成的数珠"，一种是第一百十五回说的"一串七宝璎珞数珠"。其中，前者属于密教，既是装束，也是法器。

唐代义净曾译《曼殊室利咒藏中校量数珠功德经》一卷，阐述了数珠的质地、功用等。宋代法天译《妙臂菩萨所问经》卷一："说于数珠，乃有多种，所谓菩提子、金刚子、莲花子、木槵子，及砗磲、诸宝、锡、铜等。随取一物为珠，数一百八。如是得已持诵，行人常保重之。凡持诵时，于本尊前，依法安坐，调伏诸根，端身自在，不得隈倚。系念本尊及真言、印契，收摄其心，勿令散乱。然取数珠，右手执持，左手仰承，每诵真言一遍乃掐

---

① 《修习瑜伽集要施食坛仪》，《卍续藏》第59册，台北新文丰出版公司1975年版，第303页。

一珠。"① 这里不仅说了数珠的常用材料，还说了数珠与真言的配合。之所以一百零八颗珠子，是因为许多密教真言都要念108遍。这个数字正好也是《水浒》一百单八将的数字，很难说是偶合。《甘露军荼利菩萨供养念诵成就仪轨》中数珠与念诵真言的要领和目的："左手引珠右手捻珠。如转法轮相。念诵一百八遍或一千遍。若不满一百八遍即不充祈愿遍数。念诵之时心不间断。观身为本尊。诵之时不应出声。不缓不急……心中所求悉地。当愿众生速疾获得。"②

至于用人顶骨做数珠，则是密教后期常见的做法，至今尼泊尔藏传佛教仍有此种串珠。其起源为印度古代民间的秘密修行派别怛特罗派的髑髅崇拜，后被婆罗门教吸收，不久又被佛教吸收，髑髅便演化为密教修行的法器。这在明代的神魔小说中频频出现，如《西游记》《平妖传》《南游记》《封神演义》等小说中都出现过。具体考证可参见拙著中的相关考证③。

（四）密教神明

《水浒传》中提到很多与密教有关的神明，如宝光如来（第一百十四回）、文殊菩萨（第四回）、观世音（第六回）、地藏菩萨（第四十五、五十一回）、金刚（第四、六、七十四回）、揭谛（第四、七十四回）、巨灵神（第一、十三回）、夜叉（第六回"飞天夜叉"，第二十七回"母夜叉"）、罗刹（第三十一回）、华光天王（第十三、三十七、三十八、九十九回）、托塔天王（第十三、十四回）、哪吒（第五十八、五十九回），等等。下面对这

---

① 《妙臂菩萨所问经》，《大正藏》第18册，台北新文丰出版公司1983年版，第748页。

② 《甘露军荼利菩萨供养念诵成就仪轨》，《大正藏》第21册，台北新文丰出版公司1983年版，第49页。

③ 参见薛克翘《神魔小说与印度密教》，中国大百科全书出版社2016年版，第96、154、201、247页。

些神明作一一介绍和考证。

1. 宝光如来

宝光如来首先出现于大乘佛教经典，但经典中的说法并不一致。有的经典说他是过去无数劫出现过的过去佛之一（《佛说大乘无量寿庄严经》卷上），有的则说他是未来无数劫将出现的未来佛之一（《未来星宿劫千佛名经》《大庄严法门经》卷二）；有的说他出生在北方（《佛说不思议功德诸佛所护念经》卷二），有的又说他出生于南方（《佛说大乘不思议神通境界经》卷二）。密教吸收这位尊神，使他成为曼荼罗中"佛部"（又称"如来部""如来族"）的一位尊神。如《大佛顶广聚陀罗尼经》卷四所说："第一如来族，第二莲花族，第三金刚族，第四摩尼族，第五大三昧族。如上诸族等，皆随口不忌，金刚不能破。最胜如来、金刚聚如来、阿閦如来、阿弥陀如来、毗卢遮那如来、宝光如来，如上诸如来，若人忆持、称名，皆来现身。"[1] 还有一些密教典籍也提到过他。

2. 文殊菩萨

前文提到五台山，已经涉及文殊菩萨。东晋义熙十四至十七年（418—421）期间，印度来华僧人佛驮跋陀罗在中国僧人帮助下译出《大方广佛华严经》60卷，即后世所称"六十华严"。后研习者日众，至隋代而形成华严宗。唐代武则天圣历二年（699），于阗僧人实叉难陀又译出80卷本《华严经》，史称"八十华严"。在这个过程中，文殊崇拜已经在民间兴起。尤其在开元年间佛教真言乘和金刚乘传入以后，文殊菩萨成为密教四大菩萨之一，受到更为广泛的崇拜。宋金辽元时期，有很多名僧大德、朝臣墨客到五台山礼拜文殊、修行密法，使五台山和文殊菩萨声名远播。

---

[1] 《大佛顶广聚陀罗尼经》，《大正藏》第19册，台北新文丰出版公司1983年版，第171页。

3. 观世音

观世音又称观音、光世音、观自在等，梵文 Avalokitesvara。在《法华经》的《观世音菩萨普门品》中，已经有了对观音化身的详细叙述，说他既可以为男身又可以为女身，能以各种形象救苦救难。所以，从两晋南北朝开始，直到明代，观世音在中国民间的影响非常大，观音在两晋南北朝以来的小说中屡屡出现，其知名度远在佛陀之上。在密教的曼荼罗中，观世音菩萨也是四大菩萨之一。具体论述可参见拙著①。

4. 地藏菩萨

较早的汉译佛经中，东晋佛驮跋陀罗译的《华严经》卷五十五提到地藏菩萨。大约同时，相传北凉时期（397—460）译的《金刚三昧经·总持品》中，地藏菩萨请求佛宣讲佛法，佛表扬他说："汝能如是救度众生，是大悲愍，不可思议。"唐代实叉难陀译《地藏菩萨本愿经》卷上说，过去时有一婆罗门女，其母不信因果，死后堕入无间地狱。婆罗门女卖家宅而供养先佛，并一心念佛，遂使其母解脱地狱。"婆罗门女者，即地藏菩萨是。"自唐代以后，地藏菩萨在中国民间有较大影响，而且这一影响远播日本、韩国等地。

地藏菩萨在密教曼荼罗中也确立了自己的位置，属于八大菩萨之一，地位略逊于"四大菩萨"观音、文殊、普贤和弥勒。但在密宗典籍《地藏菩萨陀罗尼经》中，其地位却名列弥勒、文殊、观音、普贤等恒河沙诸大菩萨之前，"若人于百劫中礼敬供养，欲求所愿，不如于一食顷礼拜供养地藏菩萨，功德甚多，所愿速得悉皆满足。何以故？此地藏菩萨于一切众生能大饶益、为如意宝故。此族姓子若欲成就众生，故能发坚固大慈伏藏，令满一切众

---

① 参见薛克翘《神魔小说与印度密教》，中国大百科全书出版社2016年版，第49、90、141、192、236页。

生心愿"。①

5. 金刚与揭谛

《水浒传》第四回讲到五台山寺，第六回讲到瓦罐寺和大相国寺，其山门两侧都有金刚塑像。金刚作为护法神被雕塑于寺门，在宋代已流行，有宋人笔记为证。范成大《吴船录》卷下写道："丙子。发江渎庙。七十里，至公安县。登二圣寺。二圣之名，江湖间竞尚之，即在处佛寺门两金刚神也。"② 此后直到今天，大多寺院山门两侧均塑有二金刚神像。只是由于《封神演义》流行于民间以后，到清代，此二金刚又有了一个俗名，叫作"哼哈二将"。

金刚，佛典中又称金刚力士，早在南北朝时期就影响到中国的民俗。如梁代宗懔《荆楚岁时记》就记载："十二月八日，为腊日……村人并击细腰鼓，戴胡头，及作金刚力士以逐疫。"但唐代以后，密教金刚乘兴起，"金刚"一词遂更活跃于民众口头。密教最主要的护法神叫执金刚或金刚手。在元明杂剧和小说中，金刚的威力又被渲染放大，被描绘得如同战神一般。

《水浒传》中又不时地提到揭帝，而且往往与金刚对举。如第四回说"直饶揭帝也难当，便是金刚须拱手"，第七十四回又说"揭谛仪容，金刚貌相"。那么，揭帝又是何方神圣？

揭帝又作揭谛，元明杂剧和神魔小说中常常提起。如百回本《西游记》中就不时提到"四值功曹、五方揭帝"，有时还说"三千揭帝"。"五方揭帝"似乎是不同方位的守护神，"三千揭帝"大约又指布满宇宙（三千大千世界）各方的神。揭帝一词应来自密教咒语，而且是直接来自《心经》的咒语。具体考证可参见

---

① 《地藏菩萨陀罗尼经》，《大正藏》20册，台北新文丰出版公司1983年版，第658页。又参见张总《地藏信仰研究》，宗教文化出版社2003年版，第37—52页。

② 范成大：《范成大笔记六种》，孔凡礼点校，中华书局2002年版，第225页。

拙著①。

6. 飞天夜叉

《水浒传》第六回说到，瓦罐寺里有一名道士的绰号叫"飞天夜叉"，第二十七回说开店的孙二娘绰号"母夜叉"，说明《水浒传》成书时民间普遍把夜叉视作凶神恶煞。

我们知道，夜叉（又作药叉）是佛教神话中的鬼神，其原产地在印度。在印度古代的史诗神话中，夜叉（药叉）本来是一群很可爱的小神，但在佛教典籍中，夜叉就不那么可爱了，被归为异类，有时被翻译成"能噉鬼""捷疾鬼"，而且分为多种，有的在地上，有的在天空。在密教中，夜叉亦有多种，其主体作为北方天王（又称毗沙门天、多闻天）的随从，虽可畏可怖，却是守护一方的善神，而在虚空中飞行的夜叉，则多为恶神。

密教典籍《佛说大轮金刚总持陀罗尼经》中就教人如何做降伏一切诸魔手印以及如何冥想，说："于心中想自顶上有火轮，现起忿瞋，想一切天魔、一切恶鬼、蛊道、魅鬼、兽等类，一时俱死。向上看天，虚空中一切飞鸟、飞天夜叉、一切杂类等，一时俱死。"②

由于唐代密教风行，飞天夜叉的故事自唐代以来便出现于小说之中，如《酉阳杂俎》前集卷十四《诺皋记上》和卷十五《诺皋记下》各有一则飞天夜叉的故事③。

7. 华光

《水浒传》提到华光的地方较多，如第十三回杨志与索超比武，有一段赞词说："一个是巨灵神忿怒，挥大斧劈碎山根；一个如华光藏生嗔，仗金枪搠开地府。"第三十七回，张横唱道："老

---

① 薛克翘：《神魔小说与印度密教》，中国大百科全书出版社2016年版，第76、77页。

② 《佛说大轮金刚总持陀罗尼经》，《大正藏》第21册，台北新文丰出版公司1983年版，第164页。

③ 段成式：《酉阳杂俎》，方南生点校，中华书局1981年版，第135、142页。

爷生长在江边，不怕官司不怕天。昨夜华光来趁我，临行夺下一金砖。"第三十八回，以"华光教主"形容张顺的水性。第九十九回，说"那马灵是涿州人，素有妖术：脚踏风火二轮，日行千里，因此人称他做神驹子；又有金砖法，打人最是厉害；凡上阵时，额上又现出一只妖眼，因此人又称他做小华光"。从这些描写可知，华光是明代民间尽人皆知的一位神明，有时被称为"华光藏"，有时被称为"华光教主"，以金枪为兵器，以风火轮和金砖为法宝，额头上还多生有一只眼。

明代的《四游记》在神魔小说中占有一席之地，其中余象斗的《南游记》（又称《华光天王传》）集中讲述了华光的故事。同时，华光也出现于元明杂剧，如《西游记杂剧》第八出《华光署保》，讲华光保唐僧去西天取经。《孤本元明杂剧》中有《双林坐化》杂剧四折，其第三折讲到华光，并提到五显神、千里眼、顺风耳等，当与《南游记》有较密切的关系。

关于华光故事受密教影响的情况，拙著《神魔小说与印度密教》中有详细考证[①]。

8. 托塔天王和哪吒

关于托塔天王和哪（那）吒，《水浒传》中有不少描绘。其第十三回就提到"扶持社稷毗沙门，托塔李天王"。第十四回，说晁盖的绰号是"托塔天王"。第五十八回讲到"那吒太子"，第五十九回讲到"八臂那吒"。此外，第二回、第六十回均使用了"三头六臂"的成语。这都说明，《水浒传》在成书的时候李天王和哪吒的故事已经在民间广泛流行了。元明杂剧《二郎神醉射锁魔镜》《西游记杂剧》《猛烈哪吒三变化》等都有哪吒故事的片段，而小说《西游记》和《封神演义》中对李天王和哪吒形象的塑造则比较完整。

[①] 薛克翘：《神魔小说与印度密教》，中国大百科全书出版社2016年版，第175—192页。

如《西游记》中，托塔李天王和哪吒三太子出现多次，第八十三回里又对哪吒的身世作了较详细的追述：

> 原来天王生此子时，他左手掌上有个"哪"字，右手掌上有个"吒"字，故名哪吒。这太子三朝儿就下海净身闯祸，踏倒水晶宫，捉住蛟龙要抽筋为绦子。天王知道，恐生后患，欲杀之。哪吒奋怒，将刀在手，割肉还母，剔骨还父；还了父精母血，一点灵魂，径到西方极乐世界告佛。佛正与菩萨讲经，只闻得幢幡宝盖有人叫道："救命！"佛慧眼一看，知是哪吒之魂，即将碧藕为骨，荷叶为衣，念动起死回生真言，哪吒遂得了性命。运用神力，法降九十六洞妖魔，神通广大。后来要杀天王，报那剔骨之仇。天王无奈，告求我佛如来。如来以和为尚，赐他一座玲珑剔透舍利子如意黄金宝塔，——那塔上层层有佛，艳艳光明。——唤哪吒以佛为父，解释了冤仇。所以称为托塔李天王者，此也。

这一说法大体与《封神演义》中的说法相似。

关于托塔李天王和哪吒受密宗影响的问题，张政烺、徐梵澄、金鼎汉等先生均有专文论述[1]，可以参见。笔者也曾作详细考证[2]。

"三头六臂"在现代汉语里是个成语，意思是本事很大。《西游记》里的哪吒和孙悟空都曾现三头六臂之相，其中以哪吒的三头六臂形象为精彩。第五十一回是这样描写的：

---

[1] 张政烺：《封神演义漫谈》，《世界宗教研究》1982年第4期；徐梵澄：《关于毗沙门天王等事》，《世界宗教研究》1983年第3期；金鼎汉：《封神演义中几个与印度有关的人物》，《南亚研究》1993年第3期。

[2] 薛克翘：《神魔小说与印度密教》，中国大百科全书出版社2016年版，第78、95、109、117、153、237等页。

只见那太子使出法来，将身一变，变作三头六臂，手持六般兵器，望妖魔砍来；那魔王也变作三头六臂，三柄长枪抵住。这太子又弄出降魔法力，将六般兵器抛将起去。是哪六般兵器？却是砍妖剑、斩妖刀、缚妖索、降魔杵、绣球、火轮儿。大叫一声"变！"一变十，十变百，百变千，千变万，都是一般兵器，如骤雨冰雹，纷纷密密，望妖魔打将去。

这是多头神的例子。不仅哪吒会变三头六臂，妖魔也会。多头神在印度教神话里是很多见的，几乎各位大神都能够显现多头多手的形象。佛教密宗里的神灵也常有多头的法相，如马头观音菩萨（明王）、千手观自在菩萨、十一面观音、大梵天、鸠摩罗天、大黑天、摩利支天、金刚萨埵、降三世明王、无能胜明王、阎曼德迦金刚、难陀龙王、乌波难陀龙王，等等。尤其是"忿怒"相的护法神，不仅多头多臂多兵器，还凶相毕露，令人畏怖。这些，对《水浒传》中的一些人物和情节都或多或少地产生了影响，限于篇幅，这里不再一一指出。

五　长生殿的文学与宗教因缘

（一）历史上的长生殿

关于历史上的长生殿，《辞海》的解释是这样的：

> 唐华清宫殿名。《唐会要·华清宫》："天宝元年十月造长生殿，名为集灵台，以祀神。"①

天宝元年即 742 年，很明显，此解简约，且仅及其一不及其二。相比之下，《辞源》同时列"长生院"和"长生殿"两条，解释更全面、更详细。

"长生院"条：

> 唐时帝王之寝殿。又名长生殿。《旧唐书》一三七《陈夷行传》："陈夷行字周道，……（大和）八年，兼充皇太子侍读，诏五日一度入长生院侍太子讲经。"《资治通鉴》二〇七长安四年："太后寝疾，居长生院。"元胡三省注："长生院，即长生殿。明年五王诛二张（易之、昌宗），进至太后所寝长生殿，同此处也。"

---

① 《辞海》（缩印本），上海辞书出版社 1979 年版，第 70 页。

"长生殿"条：

> 唐代殿名。唐白居易《长庆集》十二《长恨歌》："七月七日长生殿，夜半无人私语时。"《资治通鉴》二〇七长安四年"太后寝疾，居长生院"元胡三省注："盖唐寝殿皆谓之长生殿。此武后寝疾之长生殿，洛阳宫寝殿也。肃宗大渐，越王系授甲长生殿，长安大明宫之寝殿也。"玄宗长生殿于天宝元年造，在华清宫，名为集灵台，以祀神。见《唐会要》三十《华清宫》。①

《辞源》的主要依据应是清代徐松的《唐两京城坊考》。其卷一《西京·宫城》提到长生院②，《西京·大明宫》则提到长生殿③，卷五《东京·宫城》"集仙殿"注也提到长生殿④。徐松的注文与《辞海》的解释近似。

清代程鸿诏继《唐两京城坊考》刊后又作《唐两京城坊考校补记》一卷（今附1985年中华书局本后），其中引清代著名考据家阎若璩对长生殿的结论曰："阎氏若璩云：大明宫寝殿也……又云：唐寝殿皆曰长生。"⑤ 这明显是对胡三省观点的确认。程鸿诏还引述了南宋学者王应麟《困学纪闻》中关于长生殿的论述："武后在洛阳，不归长安，张柬之等举兵至后所寝长生殿，又迁后于上阳宫，皆在洛阳。程泰之《雍录》误为长安宫殿，长安别自

---

① 商务印书馆编辑部：《辞源》，商务印书馆1983年版，第3229页。
② 徐松：《唐两京城坊考》，张穆校补、方严点校，中华书局1985年版，第8页。
③ 徐松：《唐两京城坊考》，张穆校补、方严点校，中华书局1985年版，第24页。
④ 徐松：《唐两京城坊考》，张穆校补、方严点校，中华书局1985年版，第135页。
⑤ 徐松：《唐两京城坊考》，张穆校补、方严点校，中华书局1985年版，第190页。

有长生殿。"①

近年，李健超先生又通过数十年努力，汇集了大量现代考古资料和研究成果，将《唐两京城坊考》增订为一部巨著《最新增订唐两京城坊考》。他所增订的内容仅有一处涉及长生殿，曰："大明宫与华清宫和洛阳宫城内均有长生殿，见《唐会要》卷三十《华清宫》条及《资治通鉴》第二百七中宗神龙元年条、《新唐书·桓彦范传》等。"② 虽无新意，却是对胡三省、阎若璩、徐松、程鸿诏等人的观点再肯定。

至此，我们可以得出两点判断：

第一，胡三省基本否定了《唐会要》的说法，认为长生殿的功用不是"祀神"，而是唐代帝王寝宫的统称。对此，后世的多数学者表示赞同。

第二，唐代知名长生殿有三处：一在骊山华清宫，即明皇行宫；二在洛阳宫，即所谓武后寝疾处；三在长安大明宫，即所谓肃宗大渐处。

下面就谈谈这三处著名的长生殿。先谈华清宫的长生殿，因是白居易《长恨歌》中所说"七月七日长生殿，夜半无人私语时"的发生地，因而与文学的因缘最为紧密，也最为著名。

（二）长生殿的文学因缘

唐明皇和杨玉环的恋情悲剧在唐代即引起震撼，引发出很多慷慨诗文，而众多作品中，白居易的《长恨歌》影响最为广远，不仅深深地影响了后世的中国文学，还深深地影响了日本的古代文学③。

---

① 徐松：《唐两京城坊考》，张穆校补、方严点校，中华书局1985年版，第214页。
② 李健超：《最新增订唐两京城坊考》，三秦出版社2019年版，第31页。
③ 参见周相录《长恨歌在日本的影响》，《文史知识》1997年第10期；文艳蓉《长恨歌在日本的容受》，《中文学术前沿》2015年第1期。

1. 相关小说

通常以为，白居易的叙事抒情长诗《长恨歌》创作于806年，实则应该在807年。因为唐人陈鸿的《长恨歌传》既演绎了明皇和杨妃的凄楚故事，又同时道出了白居易《长恨歌》的创作原委，其中说道"元和元年冬十二月太原白乐天自校书郎尉于盩厔"作《长恨歌》[1]。盩厔即今之陕西周至，元和元年冬十二月当为阳历807年初。

关于陈鸿的《长恨歌传》，鲁迅先生曾指出："陈鸿为文，则辞意慷慨，长于吊古，追怀往事，如不胜情。……在长安时，尝与白居易为友，为《长恨歌》作传（见《广记》四百八十六）。……杨妃故事，唐人本所乐道，然鲜有条贯秩然如此传者，又得白居易作歌故特为世间所知，清洪昇撰《长生殿传奇》，即本此传及歌意也。"[2]

《长恨歌》和《长恨歌传》的确诱发出不少小说，程毅中先生曾列举出唐人的作品《杨通幽》（《太平广记》卷二十引《仙传拾遗》）、《金钗玉龟》（《绀珠集》卷十一引《传奇》），宋人乐史的《杨太真外传》、董逌《广川画跋》卷一《书马嵬图》引《青城山录》记杨妃故事，以及传为元人伊世珍辑的《琅嬛记》引杨妃故事（亦见《广艳异编》卷十四《王道士》）等[3]。

其中，宋代乐史的《杨太真外传》上下卷较为有名。小说作者"撷拾《明皇杂录》，《开天传信记》，《安禄山事迹》，《酉阳杂俎》，及陈鸿《长恨歌传》，排比润饰，成《杨太真外传》二卷，首尾备具，斐然可观"[4]。其下卷写道："十四载六月一日，上幸华清宫，乃贵妃生日。上命小部音声（小部者，梨园法部所

---

[1] 汪辟疆校录：《唐人小说》，中华书局1959年版，第119页。
[2] 鲁迅：《中国小说史略》，人民文学出版社1975年版，第60页。
[3] 程毅中：《唐代小说史》，人民文学出版社2011年版，第149页。
[4] 汪辟疆校录：《唐人小说》，中华书局1959年版，第123页。

置,凡三十人,皆十五已下)于长生殿奏新曲,未有名,会南海进荔枝,因此曲名《荔枝香》。"① "十四载"为公元为755年,如此言之凿凿,当有所本。

而元人辑《琅嬛记》所引故事则推出新意,增加了杨妃谴责明皇的细节:"以天下之主,不能庇一弱女,何面颜复见妾乎?沉香亭下月中之誓何在也!"② 已见某种女权意识之端倪。

至于现代,尚有王安忆的小说《长恨歌》(1996)反响较大,虽假旧名而盛新酒,也算与白诗有所关联。英文版的《长生殿故事》(The Palace of Eternal Youth, 2012)则是向海外介绍明皇杨妃之恋。

总之,明皇与杨妃的故事波澜迭起,迤逦千余年,真可谓"此恨绵绵无绝期"了。

2. 相关戏曲

《长恨歌》和《长恨歌传》在戏曲方面的影响更大,波波相继,更是绵绵不绝。其显而易见的影响有二:一为元代白朴的杂剧《唐明皇秋夜梧桐雨》(简称《梧桐雨》),是其400余年后的舞台复活与浪漫延伸;二为清初洪昇的《长生殿》(1688),是其880余年后脱胎换骨的新界碑。

先说《梧桐雨》。作者白朴,字仁甫,又字太素,号兰谷先生,真定(今河北正定)人。他生于金代,幼年就遭遇亡国之变。曾作杂剧16种,今仅存3种,《梧桐雨》是其代表作。杂剧之所以取名为《唐明皇秋夜梧桐雨》,是因为白居易《长恨歌》中有句曰:"春风桃李花开夜,秋雨梧桐叶落时。"

有学者评论道:"《梧桐雨》,借唐明皇、杨贵妃故事,抒发

---

① 汪辟疆校录:《唐人小说》,中华书局1959年版,第131页。
② 转引自程毅中《唐代小说史》,人民文学出版社2011年版,第149页。

了自己的亡国之痛……在我国戏曲史上具有杰出的地位。"① 学者聂石樵则评论道："《梧桐雨》是白朴依据白居易《长恨歌》再创作的，内容是写唐明皇和杨贵妃的爱情悲剧。但是在题材的处理上与《长恨歌》有所不同，最主要的是删除了道士访仙一节，而以杨贵妃死后唐明皇陷入深邃的沉思为终结。"②

的确，白朴为自己的杂剧命名《梧桐雨》是突出了一种凄凉的氛围。其第四折中的一些唱词反映了该杂剧与《长恨歌》的关系。例如，明皇唱道："妃子呵，常记得千秋节，华清宫宴乐；七夕会，长生殿乞巧：誓愿学连理枝比翼鸟；谁想你乘彩凤，返丹霄，命夭。"又唱道："长生殿那一宵，转回廊，说誓约，不合对梧桐并肩靠。"③ 这些都能透露出杂剧与白诗的关系，也突出了华清宫长生殿的温馨空间感。

到了现代，"梧桐雨"这个词又衍生出连续剧《梧桐夜雨》（1986），以及有人用起了"梧桐夜雨"的笔名，也有号为《梧桐夜雨》的短篇小说系列，都是在追求一种气氛、一种感觉。

再说《长生殿》。作者为清代初期人洪昇，他字昉思，号稗畦、稗村等，浙江钱塘（今杭州）人。"他出生在一个富裕的士大夫家庭，早岁拜文坛名宿毛先舒、陆繁弨为师，接受了良好的文学熏陶。……洪昇游京师时，受业于名诗人王士祯，得诗法于施闰章，又结交诗友朱彝尊、查慎行、赵执信、毛奇龄、吴人等，所作诗歌高超闲淡，不落俗境。从二十岁起至四十五岁止，洪昇做了二十多年的太学生，没有担任过一官半职。1689 年因为在佟皇后丧期内观演《长生殿》而得罪，被革去监生……1704 年，他

---

① 张庚、郭汉城主编：《中国戏曲通史》（上），中国戏剧出版社 1980 年版，第 145 页。
② 聂石樵：《中国古代戏曲小说史略》，北京师范大学出版社 2006 年版，第 43 页。
③ 顾肇仓选注：《元人杂剧选》，人民文学出版社 1978 年版，第 106、110 页。

在浙江吴兴浔溪酒醉后不幸失足落水而死。"①

洪昇一生创作传奇和杂剧九种（一说十余种），今仅存二种，一为传奇《长生殿》，二为杂剧《四婵娟》。此外尚有诗集多种。

《长生殿》传奇共二卷，五十出，是一部大戏。作者在《自序》和《例言》中说了自己的创作宗旨。他在《自序》中说："余览白乐天《长恨歌》及元人《秋雨梧桐》剧，辄作数日恶。南曲《惊鸿》一记，未免涉秽。从来传奇家非言情之文，不能擅场；而近乃子虚乌有，动写情词赠答，数见不鲜，兼乖典则。因断章取义，借天宝遗事，缀成此剧。凡史家秽语，概削不书，非曰匿瑕，亦要诸诗人忠厚之旨云尔。"同时，作者还将佛道合一，强调了结局的虚幻缥缈："要之广寒听曲之时，即游仙上升之日。双星作合，生忉利天，情缘总归虚幻。清夜闻钟，夫亦可以蘧然梦觉矣。"② 关于剧本的命名，洪昇在《例言》中写道："唐人有玉妃归蓬莱仙院、明皇游月宫之说。因合用之，专写钗盒情缘，以《长生殿》题名，诸同人颇赏之。"关于此剧的取材，写道："予撰此剧，止按白居易《长恨歌》、陈鸿《长恨歌传》为之。而中间点染处，多采《天宝遗事》《杨妃全传》。"③

学者聂石樵指出："《长生殿》是洪昇综合了历代所有关于唐天宝时期的史、传、传奇、小说的材料撰写而成的。其中主要的为白居易的《长恨歌》、陈鸿《长恨传》、乐史《杨太真外传》，白朴《梧桐雨》和王伯成《李太白贬夜郎》杂剧，屠隆《彩毫记》和吴世美《惊鸿记》传奇等。在撰写过程中，曾三易其稿。"④

---

① 洪昇：《长生殿·前言》，吴山评点、李保民点校，上海古籍出版社2016年版，第1页。
② 洪昇：《长生殿·自序》，浙江古籍出版社2016年版。
③ 洪昇：《长生殿·例言》，浙江古籍出版社2016年版。
④ 聂石樵：《中国古代戏曲小说史略》，北京师范大学出版社2006年版，第252页。

总之，《长生殿》传奇是由白居易《长恨歌》衍生出来的。但长生殿只是故事的发生地之一，作者洪昇特地将它提取出来用作全剧的标题，如他所说，是为了突出"情缘"二字。正因为有他的这部创作，长生殿就不再仅仅是一个宫殿的名字，而是变成了情缘的象征，变成了缠绵悱恻、海誓山盟的符号，变成了幽冥相通、亦真亦幻的化境。

3. 梨园新实

从现代戏剧史的角度看，《长恨歌》和《长生殿》各衍生出一个新的戏剧系列。

先说长恨歌系列。

以长恨歌冠名的电影和电视剧主要有：（1）根据王安忆同名小说改编的电影《长恨歌》，于 2005 年在香港上映；（2）由海润影视制作有限公司出品的反映民国时期爱情故事的连续剧《长恨歌》，于 2006 年播出。

而真正由白居易《长恨歌》衍生出来的是陕西旅游集团策划打造的大型实景舞剧《长恨歌》。该舞剧以骊山实景为依托，加上现代高科技声光电效果，气势格外恢宏，震撼人心。该舞剧正式演出于 2005 年，十余年来经过主创人员不断完善更新，如今已经成为华清宫旅游的著名产品，深受观众欢迎。

再说长生殿系列。

由于洪昇《长生殿》本身就是戏剧，属于昆剧，因而很容易衍生出一些其他剧种的《长生殿》，如京剧、川剧、粤剧等，不能一一列出。

京剧名家梅兰芳小时候第一次登台，就在昆剧《长生殿》的《密誓》中扮演织女。他年轻时，已经到了民国初期，昆腔《长生殿》传奇中的几出戏更是经常在北京上演，如老生的《酒楼》《弹词》，生旦的《定情》《絮阁》《密誓》《惊变》《埋玉》等。梅先生 20 岁以后就把这些出都学会了，而且细读了全本《长生殿》。当时在京剧班子里，有关杨贵妃的戏只有一折《醉酒》。于是，梅先生着手创作京剧《太真外传》。在朋友们的帮助下，一切都进展顺利，1925年夏天，《太真外传》正式上演①。梅先生过世以后，梅派的继承者们继续排演《太真外传》。

由上海昆剧团根据洪昇《长生殿》改编的昆曲《长生殿》新作于2007年上演，并很快被排成系列电影公映。这应该是洪昇《长生殿》的"嫡传"。

（三）长生殿与道教

的确，中国道教的来源之一便是崇敬神灵、祭祀神灵。长生殿既然不是祀神的场所，而是寝宫，那么它是否就与道教无关了呢？不是。仅从"长生"二字便可见其与道教的深刻渊源。战国至秦汉时期，中国民间就流传着神仙传说，同时也流传着方术，由此道教才逐渐发展出了各种修炼手段，并形成了明确的修炼目的——成仙。正如《魏书·释老志》所说："其为教也，咸蠲去邪累，澡雪心神，积行树功，累德增善，乃至白日升天，长生世上。"② 也就是说，神仙的最大特点是长生不死。这就是长生殿命名的依据，是从道教教义出发的深思熟虑，也是出于吉祥目的的愿望表达。

那么，长生殿的命名为什么会出现于唐代？的确，秦皇汉武，都曾痴迷于长生不老，到了唐宗宋祖也不例外。但这只是问题的一个方面，更为重要的是时代政治背景。

早在隋末的动乱之秋，李渊起兵即得到道教徒的鼎力协助，在李世民登基之前，也曾得到道教人士的舆论支持。其中最为突出的一位道士，即传说活到126岁的王远知（？—635）。他不仅

---

① 许姬传、许源来：《忆艺术大师梅兰芳》，文化艺术出版社2015年版，第215—216页。

② 魏收：《魏书》，中华书局1974年版，第3048页。

在高祖龙潜之时"尝密传符命",而且在武德年间(618—629),李世民平定了王世充势力之后,曾预言李世民将成为"太平天子"①。像这样的道教徒远不止一个两个,有的不仅为李氏家族造舆论,而且出人出力,为李氏家族打江山坐江山做出了贡献。总之,"老子受命之符"在隋末唐初被大力渲染,"唐宗室自称是老子的后裔,尊老子为'圣祖',一场崇奉老子的活动在全国逐渐开展了。"接着,"唐初执行的是崇道抑佛的政策。武德八年(625),唐高祖规定国家重要典礼,公开活动的场面,其排列、站位次序,三教的序位为道教在先,儒教为次,释教为末。"②

太宗过世,到高宗这一代,依然是很尊崇道教的。高宗亲自到亳州拜谒太上老君庙,封老子为"太上玄元皇帝";武后则提出建议,让皇族、百官和举子学习《老子》,于是高宗正式敕命推行,研习《老子》在全国成一时风尚。但是,高宗过世,武后独揽大权,为了当皇帝,要改李家王朝为武家天下,她又放弃道教,取消学习《老子》的敕命,也取消了老子"太上玄元皇帝"的封号,并煞费苦心地利用佛教(详见后文),通过抬高佛教来抬高自己。武后过世,中宗恢复老子的至尊地位,恢复老子"太上玄元皇帝"的封号,下令贡生举子研习《老子》,但采取佛道并重的政策。睿宗也是如此。

玄宗即位以后,情况再次发生变化。由于他亲身经历过武则天利用佛教篡权弄政的过程,出于对李氏宗室的维护,亟须巩固李唐王朝的家天下,所以他一反中睿二宗佛道并重的政策,重新排三教座次,将老子列于孔子和释迦牟尼之上,道教在儒教和释教之前。并采取了一系列崇道抑佛的实际措施:开元二年(714)诏令全国沙汰僧尼,开元十九年(731)下达《不许私度僧尼及住兰若敕》,还先后下达了《断书经及铸佛敕》《禁士女施钱佛寺

---

① 刘昫等:《旧唐书》,中华书局1975年版,第5125页。
② 任继愈主编:《中国道教史》,上海人民出版社1990年版,第269、272页。

诏》《分散化度寺无尽藏财物诏》《诫励僧尼敕》《僧尼拜父母敕》等。① 更值得注意的是，玄宗本来并不相信道士们的方术，但在开元后期至天宝年间，他不仅相信道教的长生术，还于开元二十四年（736）在宫中设置寿星坛，祭拜老人星，祈求长生。另一方面，他还派人到嵩山等地炼制长生丹药。上有所好，下必效焉。于是就有一批佞臣和道士等谎称亲见老子显灵，老子传信给他说"天下太平，圣寿无疆"，每当听到这种祥瑞，玄宗都非常受用。例如，《资治通鉴》就曾记载说，太白山人王玄翼曾经上言，说他见到了玄元皇帝，玄元皇帝说在某某仙洞有"妙宝真符"，玄宗便立即派刑部尚书张均等前去求取。书中并评论道："时上尊道教，慕长生，故所在争言符瑞，群臣表贺无虚月。李林甫等皆请舍宅为观，以祝圣寿，上悦。"②《旧唐书·礼仪志》也有评论："玄宗御极多年，尚长生轻举之术。于大同殿立真仙之像，每中夜夙兴，焚香顶礼。天下名山，令道士、中官合炼醮祭，相继于路，投龙奠玉，造精舍，采药饵，真诀仙踪，滋于岁月。"③ 总之，玄宗为了长生，荒唐耗费，在所不惜。而这正是后世《长恨歌》和《长恨歌传》产生的重要背景。

（四）华清宫的长生殿

接着上文玄宗崇道抑佛、醉迷长生的背景，这里先谈华清宫的长生殿。由于这是白居易《长恨歌》中所说"七月七日长生殿，夜半无人私语时"的发生地，因而与文学和道教的因缘最为紧密，也最为著名。

1. 《长恨歌》《长恨歌传》与道教

关于《长恨歌》和《长恨歌传》，陈寅恪先生有详考也有评

---

① 任继愈主编：《中国道教史》，上海人民出版社1990年版，第277页。
② 司马光编著：《资治通鉴》，中华书局1956年版，第6900页。
③ 刘昫等撰：《旧唐书》，中华书局1975年版，第934页。

价。他说：

> 若以唐代文人作品之时代，一考此种故事之长成，在白《歌》陈《传》之前，故事大抵尚局限于人世，而不及于灵界，其畅述人天生死形魂离合之关系，似以《长恨歌》及《传》为创始。此故事既不限现实之人世，遂更延长而优美。然则增加太真死后一段故事之作者，即是白、陈诸人，洵为富于天才之文士矣。①

从艺术上讲，《长恨歌》和《长恨歌传》的开创意义在于其想象力的突破性发挥，但是，这想象力的发挥是以宗教为背景、为基础、为关键点的。如陈寅恪先生所说，这是一种超现实的"延长"，不仅延长了故事的生命，也延长了主人公和读者的别愁离恨。

在《长恨歌传》中，玄宗思念贵妃，"三载一意，其念不衰。求之梦魂，杳不能得。适有道士自蜀来知上心念杨妃如是，自言有李少君之术。玄宗大喜，命致其神。"正是因为现实中的玄宗崇信道教，所以小说中的玄宗也信服道士的方术。这正是故事艺术真实的背景和基础，也是情节发展的关键点。

而《长恨歌》中则写道："忽闻海上有仙山，山在虚无缥缈间。楼阁玲珑五云起，其中绰约多仙子。中有一人字太真，雪肤花貌参差是。"陈寅恪先生认为，"中有一人字太真"之说来自《杨太真外传》上：[开元]"二十八年十月，玄宗幸温泉宫，使高力士取杨氏女于寿邸，度为女道士，号太真，住内太真宫。"他据《唐会要》卷十九、《旧唐书》卷七和《新唐书》卷五考证，开元年间，皇城外有太真观，内有太真宫，"真字在道家与仙字同

---

① 陈寅恪：《元白诗笺证稿》，上海古籍出版社1978年版，第13页。

义也"。① 也就是说，现实生活中，杨贵妃也是道士出身，号称太真，是有道教背景的。因而在《长恨歌传》和《长恨歌》中成为蓬壶仙子也是具有坚实基础的。

再看《长恨歌》的作者白居易，也具有道教背景。正如刘林魁先生所指出："道教信仰是白居易研究的核心问题之一。元和后期，白居易被贬江州司马期间，亲自于庐山建炉烧炼丹药。宋人姚宽的《西溪丛语》、清人赵翼的《瓯北诗话》，对此有过详细考证。然而，白居易一生的道教信仰，并非直线发展。元和前期，白居易对道教多次揭露、批评；江州司马期间的炼丹以失败告终时，白居易也多有沮丧和怀疑。"② 前文提到，白居易作《长恨歌》在元和元年十二月（807），这应是白居易对道教有所"揭露、批评"的时期。但诗中似乎并未流露出抨击和讥讽意味，这应是出自《长恨歌》叙事真实性的需要，而在同时期另外的诗歌中，就体现出了批判精神。例如，他在盩厔县尉任上写有一首五言诗《梦仙》，其最后几句这样写道：

　　神仙信有之，俗力非可营。苟无金骨相，不列丹台名。徒传辟谷法，虚受烧丹经。只自取勤苦，百年终不成。悲哉梦仙人，一梦误一生！③

他认为神仙为实有，但一般人不可强求，那些梦想成仙的人，最终不仅是徒劳无功，而且还毁掉了自己的一生。

大约两年后，他写了另一首诗《海漫漫》，全录于下：

　　海漫漫，直下无底旁无边；云涛烟浪最深处，人传中有

---

① 陈寅恪：《元白诗笺证稿》，上海古籍出版社1978年版，第38、39页。
② 刘林魁：《三教论衡与唐代文学》，人民出版社2021年版，第526页。
③ 白居易：《白居易全集》，刘明杰点校，珠海出版社1996年版，第5页。

三神山。山上多生不死药，服之羽化为天仙。秦皇汉武信此语，方士年年采药去。蓬莱今古但闻名，烟水茫茫无觅处。海漫漫，风浩浩，眼穿不见蓬莱岛。不见蓬莱不敢归，童男丱女舟中老。徐福文成多诳诞，上元太一虚祈祷。君看骊山顶上茂陵头，毕竟悲风吹蔓草。何况玄元圣祖五千言：不言药，不言仙，不言白日升青天。①

关于此诗的解读，如刘林魁先生所说："诗作咏叹秦皇汉武欲求仙长生最终难免坟头蔓草这一题材。诗中对道教有三个角度的批判。其一，道教仙人之说无法印证，虚幻不实。海中仙山蓬莱岛，虽然今古闻名，但'烟水茫茫无觅处'，始终未曾有人寻得；其二，道士诳诞，其言无实，上元节祈祷神仙太一，常求而无应，劳而无功，归于虚无；其三，老子与道教没有关联，《道德经》中并无服药求仙之说。三层批判可总结为：仙山仙境虚无、求仙祈祷无效、成仙理论无依据。"② 也就是说，从这首《海漫漫》可知，他在《长恨歌》中所描绘的蓬莱仙山不过是文学想象，他自然也不相信杨贵妃真的居住在那里。结合《海漫漫》，我们得知，他说"忽闻海上有仙山，山在虚无缥缈间"，也可以理解为否定蓬莱仙山的存在。

2.《长生殿》与道教和佛教

《长生殿》成书于《长恨歌》之后880余年，这中间所发生的各种历史事件和出现的文学作品，都在洪昇的关注视野之内。因此，洪昇在构建这部大戏的时候，有了很多可取的素材，也有了更大的发挥空间。于是，《长生殿》中便增加了许多情节和众多人物，不仅具备了史诗般的宏大叙事结构，而且还具有揭露黑暗和批判腐败的进步性特征。例如，增加了一些宫廷生活的奢靡场

---

① 白居易：《白居易全集》，刘明杰点校，珠海出版社1996年版，第45页。
② 刘林魁：《三教论衡与唐代文学》，人民出版社2021年版，第527页。

景，因而也就增加了诸如高力士、李龟年、雷海青、郑观音、谢阿蛮、李謩等人物，而且也增加了永新、念奴等宫女。至于杨妃的亲属，如杨国忠以及韩国夫人、虢国夫人和秦国夫人等，也在不同场合出现。尤其令人震撼的是，在第十五出《进果》中，表现了岭南驿使快马给杨贵妃送新鲜荔枝的细节：使者依仗自己的特殊使命，不仅蛮横驱马践踏农田，还将盲人少年践踏致死，居然毫无怜悯之心，下层百姓敢怒不敢言。

为了表现安禄山兵变和玄宗避难蜀地，作者除增加了叛臣安禄山一角外，还增加了哥舒翰、郭子仪、陈元（玄）礼等将帅，并特设《刺逆》一出（第三十四出），刻画了阉人李猪儿飞檐走壁，翻宫墙入偏殿刺杀安禄山的逼真场景，以增读者快意。

在道教方面，洪昇采用《太平广记》卷二十《杨通幽》（出杜光庭《仙传拾遗》）的说法，将"临邛道士"直接说成是杨通幽，而且还设置了一些神仙，如马嵬坡的土地、酆都城的判官、天孙织女、月主嫦娥等。

然而，《长生殿》传奇的最大变革是增加了一个大团圆的结尾：明皇死后灵魂飞升，到月宫同玉妃相聚，有升入天宫。这就是第五十出《重圆》所交代的结果。这个结局可以说是俗套，但由于中国古往今来的大多数读者和观众的审美意识里，大团圆结局始终是一种完美、善良的追求，哪怕它并不真实。所以，这种大团圆结局也可以说是一种必要的情感补偿。

作者洪昇十分清楚，虽则是大戏《长生殿》，故事的主要发生地应在长生殿，但那只是定情之所，而非真正的长生之地。也就是说，长生的神话早已破灭。为了实现大团圆，需要增加点什么，可以信手拈来的就是佛教素材。于是，《长生殿》里施展了佛道兼容的手段。这手段主要体现于以下三点。

第一，用佛教的超度（来生）来诠释道教的长生。例如，第二十五出《埋玉》中说，马嵬坡有座佛堂，杨贵妃临死前要去拜佛，发愿"望我佛度脱咱"，高力士也说"愿娘娘好处生天"。①这就是说，死亡不可避免，长生已成泡影，只好寄希望于来生，视来生为今生的延长。但此说并非洪昇自创，而是采自宋人乐史的《杨太真外传》（鲁迅《唐宋传奇集》收），其文与《长生殿》传奇稍异：

> 逡巡，上入行宫。抚妃子出于厅门，至马道北墙口而别之，使力士赐死。妃泣涕呜咽，语不胜情，乃曰："愿大家好住。妾诚负国恩，死无恨矣。乞容礼佛。"帝曰："愿妃子善地受生。"力士遂缢于佛堂前之梨树下。②

这里说的是明皇祝愿妃子找个好地方托生，高力士奉命动手勒死贵妃。倒是洪昇将高力士刻画得有人情味了。

第二，用佛教的轮回转生说诠释生命的重复。重复也是一种延续。《长生殿》中一直称杨玉环为蓬莱仙子，到最后才宣布李隆基为孔升真人。其第五十出，仙女宣读玉帝玉旨：

> 玉帝敕谕唐皇李隆基、贵妃杨玉环："咨尔二人，本系元始孔升真人、蓬莱仙子。因小谴，暂住人间。今谪限已满，准天孙所奏，鉴尔情深，命居忉利天宫，永为夫妇。如敕奉行。"③

说明皇是孔升真人转世，杨贵妃是蓬莱仙子转世，这种轮回转世说来自印度，来自佛教，具体论述可参见拙著④，此不赘述。

---

① 洪昇：《长生殿》，浙江古籍出版社2016年版，第65页。
② 鲁迅：《鲁迅全集》第10卷，人民文学出版社1973年版，第425页。
③ 洪昇：《长生殿》，浙江古籍出版社2016年版，第138页。
④ 薛克翘：《中印文化交流史》，中国大百科全书出版社2017年版，第32页。

这里要说的是，洪昇所说的孔升真人转世，也不是他的发明，而是借用了前人的说法。在清人褚人获的《隋唐演义》第一百回，讲述了道人杨通幽为明皇寻找杨贵妃魂魄的故事。故事中，仙人张果向杨通幽介绍了明皇与贵妃的前因后果：

> 元始孔升真人在太极宫听讲时与蕊珠仙女相视而笑，犯下戒律，谪堕尘凡，罚作女身为帝王嫔妃，即隋炀帝的宠妃朱贵儿。贵儿再世，便是大唐开元天子李隆基了。炀帝前生，乃终南山一个怪鼠，因窃食了九华宫皇甫真君的丹药，被真君缚于石室中一千三百年；他在石室潜心静修，立志欲作人身，享人间富贵。那孔升真人偶过九华宫，知怪鼠被缚多年，怜他潜修已久，力劝皇甫真君，暂放他往生人世，享些富贵，酬其夙志，亦可鼓励来生悔过修行之念。有此一劝，结下宿缘。此时适当隋运将终，独孤后妒悍，上帝不悦，皇甫真人因奏请将怪鼠托生为炀帝，以应劫运。恰好孔升真人亦得罪降谪为朱贵儿，遂以宿缘而得相聚，不意又与炀帝结下再世姻缘，因又转生为唐天子，未能即复仙班。炀帝的后身即杨妃是也。炀帝既为帝王，怪性复发，骄淫暴虐；况有杀逆大罪，上帝震怒，只判与十三年皇位，酬其一千三百年静修之志；不许善终，敕以白练系颈而死，罚转女身，仍姓杨氏，与朱贵儿后身完结孽缘，仍以白练系死，然后还去阴司，候结那杀逆淫暴的罪案。当他为妃时，又恃宠造孽，罪上加罪。[①]

我们从《隋唐演义》褚人获的《序》中得知，这个孔升真人转世的说法也不是他发明的，他说："昔箨庵袁先生曾示予所藏

---

① 褚人获撰：《隋唐演义》，岳麓书社2005年版，第655页。

《逸史》，载隋炀帝、朱贵儿、唐明皇、杨玉环再世因缘事，殊新异可喜。因与商酌，编入本传，以为一部之始终。"① 他说的籜庵袁先生，即明末清初的小说家袁韫玉。谭正璧先生曾提到袁韫玉《隋史遗文》、林翰《隋唐两朝志传》等书，说："清褚人获重编《隋唐演义》，于此诸书都多所取资，可谓集诸书之大成者。"② 可知袁韫玉熟悉隋唐小说。他所藏的《逸史》即唐人卢肇的《逸史》，但袁韫玉所藏《逸史》已佚，现存的佚文中并无孔升真人转世的文字。

第三，用佛教的忉利天境界诠释生命的归宿。明皇和贵妃在月宫相会，奉玉帝玉旨，他们二人"笑骑双飞凤，潇洒到天宫"。这个天宫就是忉利天宫，佛教又称三十三天，梵文 trayastrmsa。总之，洪昇在《长生殿·自序》中强调了全剧结局的虚幻缥缈："要之，广寒听曲之时，即游仙上升之日。双星作合，生忉利天。情缘总归虚幻，清夜闻钟，夫亦可以蘧然梦觉矣。"③ 其实，生忉利天只是想象，"情缘总归虚幻"才是其本意。

（五）洛阳宫的长生殿

人们熟知长生殿的文学因缘，却很少有人知道它与密教的因缘。

这里首先要说说武后与佛教的关系。据《旧唐书·则天皇后本纪》，武则天称制以后，自我神化，改东都洛阳为"神都"，自称"圣母神皇"；利用沙门伪撰《大云经》，令诸州各置大云寺，总度僧千人；于载初二年（690）九月九日"革唐命，改国号为周"，改元天授；天授二年（691）"夏四月，令释教在道法之上，

---

① 褚人获撰：《隋唐演义》，岳麓书社 2005 年版，书前《原序》。
② 谭正璧、谭寻：《古本稀见小说汇考》，上海古籍出版社 2012 年版，第 218 页。
③ 洪昇：《长生殿·自序》，浙江古籍出版社 2016 年版。

僧尼处道士女冠之前"。①

其中，关于"神皇"和《大云经》等案，汤用彤先生有详考，曰："中宗继位，武后乃亟谋篡位，遂大造符瑞图谶，以期移天下之观听。垂拱四年（688）四月（或五月），武承嗣伪造瑞石，文曰：'圣母临人，永昌帝业。'令雍州唐同泰表称获之于洛水。皇太后大悦，号其石为宝图。六月又得瑞石于汜水，是曰'广武铭'。文略曰：'……三六年少唱唐唐，次第还唱武媚娘。……化佛从空来，摩顶为授记。光宅四天下，八表一时至。'此盖暗示女子武媚当为天子，而摩顶授记，则实暗指《大云经》谶之事。""现英国伦敦博物馆藏敦煌写本有武后登极谶疏者，中疏《大云经》，按《东域录》有《大云经神皇授记义疏》一卷，想即此也。"②

武后革命之后，便频频改元、大赦、大酺、加尊号等。其所加尊号，均与佛教有关。

由以上情况，我们可以得出印象：第一，武则天是把洛阳当作自己的政治发祥地，故号为"神都"，革唐命的同时似乎也颠倒了两都的主次。第二，她夺位过程中得到佛教信徒的有力支持，使自己成了佛教神明弥勒的化身，所以她大力弘扬佛法，将唐初既定的佛道次序颠倒了过来。第三，她大力支持佛经翻译，翻经院所在的洛阳"佛授记寺"的命名当来自汜水瑞石"广武铭"。

武后所居之长生殿，多在洛阳宫。据《佛祖统纪校注》卷三十：

圣历二年（699）十月，诏讲于佛授记寺讲堂，京师地皆震动。即日召对长生殿。师乃指殿隅金师子，谓《大经》理深事广，文博义幽。非入理圣人无以达其奥，是以立见边之

---

① 刘昫等：《旧唐书》，中华书局1975年版，第119—121页。
② 汤用彤：《隋唐佛教史稿》，中华书局1982年版，第23—24页。

喻，晓无涯之法。金况法界体，师子喻法界用。其中立为五教：一愚法声闻教，二大乘始教，三大乘终教，四大乘顿教，五一乘圆教。则天豁然领解，乃着其说为《金师子章》。①

这段文字说的是法藏法师的事迹。其中的长生殿，即洛阳宫长生殿，因为佛授记寺在洛阳。据《唐两京城坊考》卷五《东京·外郭城》条，徐松注曰："薛怀义于建春门内敬爱寺别造殿宇，改名佛授记寺。"②

法藏在佛授记寺讲经，当日被召进长生殿，所以此长生殿不可能在长安大明宫。法藏在长生殿受召对事，亦见于《佛祖统纪校注》卷四十、《释氏稽古略》卷三等，尤其是《佛祖历代通载》卷十二，明确写道法藏在"东都佛授记寺讲新《华严经》"③。

武后执政晚期，欲敛天下僧尼之钱建大像，拒不听从大臣们劝谏，而张廷珪依佛言相谏著效。据《旧唐书·张廷珪传》：

> 长安中，累迁监察御史。则天税天下僧尼出钱，欲于白司马坂营建大像。廷珪上疏谏……则天从其言，即停所作，仍于长生殿召见，深赏慰之。④

此事因与佛教相关，故佛教文献中也多有记载，如《（古今图书集成）释教部汇考》卷二、《佛祖历代通载》卷十二等。

"长安"为武后最后的年号，此事发生于武则天晚年。据《旧唐书·则天皇后本纪》，她于大足元年（701）"冬十月，幸京

---

① 释道法：《佛祖统纪校注》，上海古籍出版社2012年版，第653页。
② 徐松：《唐两京城坊考》，张穆校补、方严点校，中华书局1985年版，第146页。
③ 常念：《佛祖历代通载》，《大正藏》第49册，台北新文丰出版公司1983年版，第585页。
④ 刘昫等：《旧唐书》，中华书局1975年版，第2252页。

师，大赦天下，改元为长安"，长安三年（703）"冬十月丙寅，驾还神都。乙酉，至自京师"①。也就是说，她接见张廷珪的长生殿在长安大明宫。值得注意的是，武则天大队人马从长安回洛阳，全程约370公里，从丙寅到乙酉整整20天，平均每天行进约18.5公里。

（六）大明宫的长生殿

唐代京师长安城大明宫中有长生殿。据《旧唐书·肃宗本纪》：肃宗为玄宗第三子。"自仲春不豫，闻上皇登遐，不胜哀悸，因兹大渐。乙丑，诏皇太子监国。……丁卯，宣遗诏。是日，上崩于长生殿，年五十二。"② 即是说，肃宗大渐和崩逝都在大明宫的长生殿，说明那里是他的寝殿。

1. 越王授甲案

《旧唐书·越王係传》记载，长生殿里曾发生惊险一幕。原来，越王係，本名儋，肃宗第二子，于乾元二年（759）七月，被任命为天下兵马大元帅，与李光弼讨伐史思明，但他并未亲征。乾元三年四月又被改封越王。宝应元年（762）四月，肃宗寝疾弥留之际，皇太子监国。此时，张皇后因与中官李辅国有隙，便想趁机除掉李辅国。她先找来太子，劝他出手，说李辅国和内侍程元振二人"将图谋不轨，若不诛之，祸在顷刻"，但太子觉得此二人是父皇陛下重用的内臣，在陛下病危时出手会惊扰陛下，未同意。张皇后觉得太子心软，不能共谋大事，便找来了越王係。越王係与张皇后一拍即合。于是，张皇后便"令内谒者监段恒俊与越王谋，召中官有武勇者二百余人，授甲于长生殿。是月乙丑，皇后矫诏召太子，程元振伺知之，告辅国"③。事情至此，已经有

---

① 刘昫等：《旧唐书》，中华书局1975年版，第130—131页。
② 刘昫等：《旧唐书》，中华书局1975年版，第263页。
③ 刘昫等：《旧唐书》，中华书局1975年版，第3383页。

点像宫廷政变了，很难揣摩"皇后矫诏召太子"的用意。幸亏程元振和李辅国有所准备，阻止太子入内，并将越王係、段恒俊等百余人逮捕，将张皇后禁于别殿。当天，李辅国便将皇后和越王係害死。

关于这一事件，有多种文献记录，细节或有参差，内容大致相同。如《资治通鉴》卷二二二记当天夜里事曰："是夜，辅国、元振勒兵三殿，收捕越王係、段恒俊及知内侍省事朱光辉等百余人，系之。以太子之命遣后于别殿。时上在长生殿，使者逼后下殿，并左右数十人幽于后宫，宦官、宫人皆惊骇逃散。丁卯，上崩。辅国等杀后并係及兖王僴。"①

总之，这是一段迷案，真相如何，今人已无从揭示。我们知道的是，肃宗驾崩之后，大明宫的长生殿便不再用作寝殿，而是用作皇家的内道场，即转为皇帝灌顶、祈福的密教道场了。

2. 密教道场

据《大宋僧史略》卷二：

> 代宗初喜祠祀，未重释氏。而宰臣元载、杜鸿渐、王缙，皆归向佛僧（王缙造宝应寺）。代宗尝问福业报应事，元载因而启奏，由是信之过甚。常令僧百余人于宫中，陈佛像、经，教念诵，谓之"内道场"，供养甚贵，出入乘厩马，度支具廪给。②

代宗朝最早出入长生殿内道场的是密宗大德不空三藏（即不空金刚）。他被称为"长生殿内道场三朝传法灌顶三藏和上"，又称"代宗朝赠司空大辨正广智三藏和上"，作为玄、肃、代三朝国

---

① 司马光编集：《资治通鉴》，中华书局1956年版，第7124页。
② 赞宁：《大宋僧史略》，《大正藏》第54册，台北新文丰出版公司1983年版，第247页。

师，又是中国佛教密宗的二祖（实际创始人）。代宗时的长生殿内道场有一批常住僧人，专门负责日常念经，被称为"长生殿道场念诵沙门"，有觉超、元皎、惠海等知名大德，均为不空三藏的弟子。

不空三藏的弟子惠果也受到代宗赏识。据无名氏的《大唐青龙寺三朝供奉大德行状》，大历六年（771），代宗皇帝曾请惠果到长生殿问话。皇帝观看了惠果演示的成就，大喜。大历九年，不空三藏圆寂，惠果更受到代宗的尊崇。大历十年，皇帝特地在青龙寺侧赐东塔院一所，准予设置毗卢遮那灌顶道场。大历十一年，代宗病，经惠果加持，皇帝应时痊愈。不久，花阳公主病，经惠果加持，三日得愈；后又病，又加持，立愈。皇帝大悦，赐绢一百匹，衣一对。大历十三年（778），代宗请惠果坐国师位。也就是说，此时的惠果成了长生殿内道场灌顶大阿阇梨，主导内道场大曼荼罗灌顶仪式。代宗去世后，惠果在德宗朝依然受到尊崇。据《大唐青龙寺三朝供奉大德行状》："贞元六年四月□日，奉敕令，僧惠果入内，于长生殿为国持念。在内七十余日，放归。每人赐绢三十匹，茶二十串。"[①] 贞元为德宗年号，其六年为公元790年。这说明德宗朝长生殿仍为密教道场，惠果仍为灌顶国师。大明宫长生殿作为内道场，一直持续到文宗时代。据《佛祖统纪校注》卷四十三：

> 文宗大和九年（835）四月，翰林学士李训请罢长生殿内道场，沙汰僧尼伪滥者。是日，除大内灵像。夜大风，含元殿四鸱吻皆震坠，拔殿前树者三，坏金吾仗馆舍内外标观、城门数十所，光化门、西城俱坏，士民震恐。帝以训所请忤

[①] 《大唐青龙寺三朝供奉大德行状》，《大正藏》第50册，台北新文丰出版公司1983年版，第295页。

天意，亟下敕停前沙汰，复立大内仪像，风始息。①

很明显，中宗罢长生殿内道场、沙汰僧尼是会昌法难的先声。到武宗时，法难成真，长生殿内道场自然被关闭，厥后便不复存在了。

---

① 释道法：《佛祖统纪校注》，上海古籍出版社2012年版，第985页。

宗 教 篇

一　晋宋间中印海路佛教交流

弁　言

东晋与刘宋时期是中国历史上的一个特殊时期。这一时期，中国北方有"五胡十六国"之称，实则是中国历史上一场空前的民族大融合。其间，政治上虽时有攻伐，变幻莫测，但思想界却非常活跃。佛教在这场民族大融合中起到了维系中华民族精神纽带的重要作用，启动了其中国化的进程，与中国本土文化相互容受，并在此后不久成为中国文化的一个组成部分。

所以，研究这一时期的丝路交通和中印僧侣的往来，对中国文化史的研究具有重要意义。

（一）中印海上交通简况

这一时期，水陆两条丝绸之路都算通畅，但都充满凶险。水陆相较，海上丝路似稍安全。走水路主要看天气，凶险主要来自风浪，而陆路则不然，不管天气如何，凶险依旧。据《法显传》（《佛国记》）记载，当时从陆路去西域，出敦煌即是"沙河"，即一片大沙漠，"上无飞鸟，下无走兽。遍目极望，欲求度处，则莫知所拟，唯以死人枯骨为标识耳"。再由焉夷（焉耆）至于阗（今和田一带），又是一大片沙漠（今塔克拉玛干沙漠），"路中无居民，沙行艰难，所经之苦，人理莫比"。继而度葱岭①，"冬夏有雪。又有毒龙，若失其意，则吐毒风，雨雪，飞沙砾石。遇此难者，万无一全"。② 据《高僧传》卷三《昙无竭传》，昙无竭（法勇）与法显一样，陆路去印度，海路回中国。与他同行者有25人，过葱岭雪山之后便仅剩13人，进入中印度，又有8人殒命③。其死亡率在80%。当然，这仅是群体西行的个案，但其凶险已可想而知。法显取水路回国，也是一波三折，九死一生。至于水陆两道的盗贼，主要危害商人，少及僧侣。

即便如此凶险，这一时期中印间的交往迄未断绝。下面仅谈海路交往。

1. 中印海上官方交往

中国的史书上缺乏东晋时中印两国政府间交往的记录。倒是在《宋书》卷九七有两条记载。

其一曰："天竺迦毗黎国，元嘉五年（428），国王月爱遣使奉表。"并将表文全文录出。有前辈学者误以为"迦毗黎国"是"中天竺之一国"，即"迦毗罗卫国"，后来有的辞书也沿用此说。其实，迦毗黎国并非国名而是河名，即南印度的卡韦利河（Kavery，又作 Cauwery）。如表文所说："臣之所住，名迦毗河，东际于海。其城四边，悉紫绀石，首罗天护，令国安稳。"④ 从这里可知，所谓迦毗黎国，乃是今印度泰米尔纳德邦一带，当时属于朱罗王朝；卡韦利河由其境东流入海；都城建志补罗（Kancipuram，今康契普拉姆），湿婆（首罗天）是其守护神之一。

其二曰："太宗泰始二年（466），又遣使贡献，以其使主竺

---

① 今帕米尔高原及天山山脉、昆仑山脉、喀喇昆仑山脉、兴都库什山脉等山地和高原的统称。
② 章巽：《法显传校注》，上海古籍出版社1985年版，第7、12、24页。
③ 慧皎：《高僧传》，汤用彤校注，中华书局1992年版，第93—94页。
④ 沈约：《宋书》，中华书局1974年版，第2385页。

扶大、竺阿弥并为建威将军。"① 这次"贡献"离前次38年，其时国王恐已更替。

以上记载说明刘宋时有南印度使者自海路来华，但是否有中国使者赴印，则未见记载。

2. 中印海上经贸

除了上面提到的"贡献"，一种变相的经贸交流外，中印海上经贸在这一时期是非常频繁的。那些来华传道的印度僧和从印度回国的取经僧，都是随商船来到中国的。

从僧传中可知，（1）东晋时的商船已相当多，有时则是一个船队同时航行。如《高僧传》卷二《佛驮跋陀罗传》记载，东晋时交趾（郡治在今越南河内市东）的过往商船很多，有时是"众舶俱发"，也有"天竺五舶"一齐来华的情况②。另据《宋书》卷九七，史臣有段话，提到当时海上贸易和交通的情况是"舟舶继路，商使交属"。③（2）当时来华的到港主要是广州，也有误航至青州（在今山东半岛，当时属后秦疆域）的例子，如法显在今青岛崂山登陆，智严和佛驮跋陀罗则在今莱州登陆。广州已有长住的印度商人。如《高僧传》卷一《昙摩耶舍传》说，昙摩耶舍"有弟子法度，善梵汉之言，常为译语。度本竺婆勒子，勒久停广州，往来求利"④。（3）刘宋时情况大致如东晋。《高僧传》卷三《求那跋摩传》记载，求那跋摩渡海，先至阇婆国（Java，今印尼爪哇岛或苏门答腊岛），"时京师名德沙门慧观、慧聪等，远挹风猷，思欲餐禀。以元嘉元年（424）九月，面启文帝，求迎请跋摩。帝即敕交州刺史，令泛舶延致观。观等又遣沙门法长、道冲、道俊等往彼祈请。并致书于跋摩及阇婆王婆多加等"⑤。可见当时

---

① 沈约：《宋书》，中华书局1974年版，第2386页。
② 慧皎：《高僧传》，汤用彤校注，中华书局1992年版，第72页。
③ 沈约：《宋书》，中华书局1974年版，第2399页。
④ 慧皎：《高僧传》，汤用彤校注，中华书局1992年版，第42页。
⑤ 慧皎：《高僧传》，汤用彤校注，中华书局1992年版，第107页。

交州（州治在今越南河内市东）至南海航行便利，信息畅通，既有外交关系又有商贸关系。(4) 从《法显传》可知，法显在斯里兰卡无畏山寺玉佛像前看到有商人供奉的白绢扇。这是中国丝织品到达斯里兰卡的例证。

（二）中印佛教僧侣的海上往来

南海丝路上，中印佛教僧侣来往较多。以下据《高僧传》各自本传作简单罗列。

1. 主要访印汉僧

于法兰（4世纪人），由海路赴印，至交州象林（今越南岘港以南维川附近）病亡。

于道邃（4世纪人，于法兰弟子），海路赴印，于交州病亡。

以上二人，可以说是东晋时循海路去印度取经的先行者。但可惜的是他们都病死于交州，并没有走出当时的国门。

法显（337—422），由陆路赴印，由海路返回。在外游历驻学达15年，途经29个国家，回国后翻译佛经。

法勇（5世纪人，又名昙无竭），由陆路去，由海路回。曾译佛经。

智严（活动于5世纪），曾二次赴印，首次陆路去海路回，二次海路去，步行至罽宾（今克什米尔一带）圆寂。

以上三人，或海路回，或海路去，唯有智严有陆海全程往返的经历。他们三人都是中国早期成功到印度取经的榜样，是海上丝绸之路的践行者。

2. 主要来华印僧

昙摩耶舍（Dharmayasas，意译法明、法称，约活动于4、5世纪），东晋隆安（397—401）中到达广州传法。义熙（405—418）初到达长安译经，刘宋元嘉（424—453）年间回西域，不知所终。

佛驮跋陀罗（Buddhabhadra，意译觉贤，359—429），在罽宾与智严相遇，二人同行，先走陆路，后循海路，经三年，在青州东莱郡（今莱州）上岸，随即前往长安，于408年到达。三年后，佛驮跋陀罗离开长安，前往庐山，为慧远翻译佛经。此后又去江陵（即宜昌）。约415年，被迎请至建康（今南京），416—418年与法显合作翻译佛经，继而在百余人帮助下开设译经场。

求那跋摩（Gunavarman，意译功德铠，367—431），30岁以后先到师子国（今斯里兰卡），又到阇婆国传教，后随商船到广州，于元嘉八年（431）正月到达建康，传教译经，同年九月病逝。

僧伽跋摩（Samghavarman，约活动于5世纪，又译众铠、僧铠），走陆路经流沙来华，于元嘉十年（433）到建康传教、译经，元嘉十九年（442）随西域商船回国，后不详其终。

求那跋陀罗（Gunabhadra，意译功德贤，394—468），元嘉十二年（435）到达广州，宋文帝遣使迎至建康，翻译佛经。在华34年，译经52部134卷。

以上五人中，有三人终老中国，二人返回外国。他们都亲历了海上丝绸之路，在中印文化交流史上留下了自己的一页。

（三）南方佛教的发展

江南佛教的发展，取决于上下两个方面的因素。首先，必须有帝王的支持，其次是僧侣的努力。这一时期的帝王们基本上都信佛，如严耀中先生所说："确实把佛教作为信仰来尊奉是东晋的皇帝们。""宋、齐两朝，帝室在信佛奉佛的程度上比东晋又更进了一步。首先是奉佛者更多，信仰更深，可以说除了几个年幼的小皇帝因在位不久被废而史无此方面记载外，几乎无帝不信佛。"[①] 中国的取经僧和印度的来华僧，不远万里来到江南，他们

---

① 严耀中：《江南佛教史》，上海人民出版社2000年版，第86、87页。

的首要目的是传播佛教。由此，中国南方的佛教得到发展。

1. 译经事业

取经僧和来华僧直接推动了译经事业的大发展。据《历代三宝记》卷七和《大唐内典录》卷三统计，东晋时南方所译经典数量为263部585卷。其中，佛驮跋陀罗在法显、宝云[①]等人的参与和帮助下，翻译了9部135卷[②]。法显由印度和斯里兰卡得到佛经共11部，他去世前，译出6部63卷[③]。

另据《高僧传》卷一《昙摩耶舍传》，昙摩耶舍曾"译出《差摩经》一卷"，共昙摩掘多译出《舍利弗阿毘昙》22卷。卷三《昙无竭传》，法勇曾译出《观世音受记经》，盛传于京师建康。卷三《智严传》，智严"到元嘉四年，乃共沙门宝云译出《普曜》、《广博严净》、《四天王》等"。他总共翻译的佛经有15部34卷。卷三《求那跋摩传》，求那跋摩曾译出《菩萨善戒》等经10部18卷。卷三《僧伽跋摩传》，僧伽跋摩在慧观、宝云等协助下，翻译佛典5部27卷。卷三《求那跋陀罗传》，求那跋陀罗曾译出《杂阿含经》50卷，此外还有很多。据《历代三宝纪》卷十，其所译佛经达78部161卷。

总之，东晋至刘宋时期，佛经翻译主要仰仗西域人，这些走过海路的印度来华僧和中国取经僧，是当时中国南方佛经翻译的主力。

2. 江南名寺

据僧传记载，这一时期江南地区有一些著名寺院，这些寺院不仅是僧侣们的住处，是传教和译经的所在，是信徒们寄托精神的场所，也是佛教文化的中心。这些佛寺因僧而荣，僧亦因寺而

[①] 宝云（372—449），与法显、智严等同赴印取经，译经家。陆路去陆路回。《高僧传》卷三有传。

[②] 参见任继愈主编《中国佛教史》第二卷，中国社会科学出版社1985年版，第730、731页。

[③] 僧祐：《出三藏记集》，苏晋仁、萧鍊子点校，中华书局1995年版，第55页。

名。以上中印高僧所历寺院众多，今以其事迹考察其中四个。

（1）瓦官寺

瓦官寺在今南京凤台山，为晋代名寺，又作瓦棺寺，尤以"瓦官寺三绝"著称，后世有多个宗派都与它有渊源关系。如，天台宗僧人在追述其止观渊源时曾说："天台止观有四本：一曰圆顿止观，大师于荆州玉泉寺说……二曰渐次止观，在瓦官寺说……三曰不定止观……四曰小止观。"① 再如，律宗祖师道宣在追溯古代戒坛时曾说："东晋法汰，道安法师之同学也。生知天授，先于杨都瓦官寺立坛。"② "杨都"即"扬都"，指当时的东晋首都建康，其时兼扬州州治。

《求那跋陀罗传》提道："时又有沙门宝意，梵言阿那摩低，本姓康，康居人，世居天竺。以宋孝建中（455）来止京师瓦官禅房。"③ 此"瓦官禅房"即瓦官寺。《求那跋陀罗传》中只说求那跋陀罗元嘉十二年到广州，后被迎至京师，"初住祇洹寺"，未说曾住瓦官寺，但经录中却有明文记载。《历代三宝纪》卷十，"《杂阿含经》五十卷于瓦官寺译，法显赍来"。④ 说明求那跋陀罗在瓦官寺译经的时间不短。

（2）长干寺

长干寺在今南京中华门外，据说是在三国东吴时建初寺旧址上建立的⑤，为江南最古老的寺院，今以大报恩寺闻名，更以数年前出土佛顶骨舍利闻名。

---

① 元照：《修习止观坐禅法要·序》，《大正藏》第46册，台北新文丰出版公司1983年版，第462页。

② 道宣：《关中创立戒坛图经》，《大正藏》第45册，台北新文丰出版公司1983年版，第813页。

③ 慧皎：《高僧传》，汤用彤校注，中华书局1992年版，第134页。

④ 费长房：《历代三宝记》，《大正藏》第49册，台北新文丰出版公司1983年版，第91页。

⑤ 此说甚为流行，参见任宝根等编著《中国宗教名胜》，四川人民出版社1989年版，第117页，及"百度百科·大报恩寺"条。但此说仍有疑点，姑不论。

今存《十诵比丘尼波罗提木叉戒本》一卷，标有"宋长干寺沙门释法显集出"字样①，若非后世伪托，则可证法显回国后曾在长干寺译经。

据《出三藏记集》卷二，僧伽跋摩所译经中有"《杂阿毘昙心》十四卷（宋元嘉十年于长干寺出，宝云传译，其年九月讫）"②。《历代三宝纪》卷十则记有"《杂阿毘昙毘婆沙》十四卷（元嘉十年于长干寺第二重译，与前本大同小异）"③。《众经目录》卷五又记"《三归及优婆塞》二十二戒一卷（重翻阙本），宋元嘉年，僧伽跋摩共宝云于长干寺译"④。

从这些记载看，长干寺也一度为佛经翻译中心。

（3）定林寺

今南京有两个定林寺，一曰上定林寺，一曰下定林寺。有辞书说上定林寺"建于刘宋元嘉年间，由名僧昙摩密多主持。原名开善寺，北宋时改名定林庵，又名定林寺，为钟山名胜之一。南宋时因在方山又建定林寺，故此寺称上定林寺，方山寺名下定林寺"⑤。稍微阅读史料，便知此叙述不准。有三点：第一，定林寺的创建和命名均不始于赵宋，而是始于刘宋。第二，并非先有上寺后有下寺，而是先有下寺后有上寺。第三，下寺也在钟山，和后来建于南宋的下定林寺关系不大。据史书记载，下定林寺又称定林下寺。《高僧传》卷三《求那跋摩传》说，求那跋陀于元嘉八年（431）正月到达刘宋首都建康，文帝"敕住祇洹寺，供给

---

① 《十诵比丘尼波罗提木叉戒本》，《大正藏》第23册，台北新文丰出版公司1983年版，第479页。

② 僧祐：《出三藏记集》，苏晋仁、萧錬子点校，中华书局1995年版，第58页。

③ 费长房：《历代三宝记》，《大正藏》第49册，台北新文丰出版公司1983年版，第91页。

④ 隋翻经沙门等：《众经目录》，《大正藏》第55册，台北新文丰出版公司1983年版，第177页。

⑤ 任宝根等编著：《中国宗教名胜》，四川人民出版社1989年版，第121页。

隆厚",开讲《法华》与《十地》二经,并开始翻译①。当年夏天便在定林下寺坐夏,同年九月迁化。这说明在元嘉八年之前早已有了定林下寺。又据同卷《昙摩密多传》记载,昙摩密多于元嘉十年住进钟山定林下寺,元嘉十二年由昙摩密多主持开始营建上寺②。也就是说先有下寺,后有上寺,而且二寺同在钟山。

(4) 辛寺

江陵辛寺在晋宋间盛极一时,可以说是长江中游地区最负盛名的佛学中心。但何时兴建,何时衰败或被更名,史书缺乏记载。从僧传记载看,最早到辛寺的名僧应是印度高僧、译经家是卑摩罗叉(Vimalaksa,337—413),据《高僧传》卷二本传,卑摩罗叉本罽宾人,于弘始八年涉流沙到关中,鸠摩罗什以师礼敬之。鸠摩罗什去世后,他前往寿春(安徽寿县)石涧寺,又转而到辛寺,在那里夏坐并开讲《十诵律》③。

继卑摩罗叉至辛寺的印度高僧是水路来华的昙摩耶舍。他于后秦弘始十六年(415)与昙摩掘多(Dharmagupta)合作翻译出《舍利弗阿毗昙》二十二卷后,便"南游江陵,止于辛寺,大弘禅法","至宋元嘉中辞还西域。不知所终"。④ 问题是,其《传》中说,他在晋隆安中(399年前后)到达广州时已经85岁,到弘始十六年(415)应已百岁左右,再到宋元嘉(424—453)中,则至少110岁了,还要"辞还西域",未免不可思议。

另一位印度高僧佛驮跋陀罗也可能到过辛寺。后秦姚兴在位时(394—415),他"在长安大弘禅业",后与弟子慧观等东下,先到庐山慧远处译经,一年多后,又"西适江陵",在江陵一段时间后才去建康。他在江陵的这段时间,即使不住在辛寺,也必定

---

① 慧皎:《高僧传》,汤用彤校注,中华书局1992年版,第108页。
② 慧皎:《高僧传》,汤用彤校注,中华书局1992年版,第122页。
③ 慧皎:《高僧传》,汤用彤校注,中华书局1992年版,第63页。
④ 慧皎:《高僧传》,汤用彤校注,中华书局1992年版,第42页。

到过辛寺，只是具体时间难以确定。

然而，与辛寺有缘的最著名的高僧是法显。据《高僧传》卷三本传，法显不知为何，也不知何时，离开京师来到辛寺，并最后在辛寺圆寂。法显带回国的佛经并未翻译完，显然，法显选择去辛寺是有原因的。莫非，他以辛寺为最理想的归宿？

最后一位与辛寺有缘的印度高僧是求那跋陀罗。他到京师后，住在祇洹寺。后南谯王刘义宣镇荆州，请与俱行，安止辛寺，直至孝建初（454）才离开。据《宋书》卷五《文帝本纪》，元嘉二十一年（444）八月，南谯王刘义宣为车骑将军、荆州刺史。即是说，求那跋陀罗在辛寺一住就是十年。据《开元录》卷五，他在那里翻译的佛经有《央崛魔罗经》四卷、《过去现在因果经》四卷、《无忧王经》一卷和《第一义五相略集》一卷等①。

3. 戒律与禅法

（1）戒律

《佛国记》开首就说，"法显昔在长安，慨律藏残缺，于是遂以弘始二年，岁在己亥"② 去西域取经。所以他在印度得到《摩诃僧祇律》后，回国第一件事就是与佛驮跋陀罗合作将它译出。但是，他从师子国带回的《弥沙塞律》（《五分律》）却没有来得及翻译。显然，先译《摩诃僧祇律》是因为它属于大众部戒律，与大乘佛教相一致，而《弥沙塞律》属上座部戒律，故未急于翻译。而由后人（佛驮什和竺道生）把它翻译出来。

除了法显和佛驮跋陀罗，其他由水路来华的几位印度僧人，如求那跋摩译、僧伽跋摩，也翻译了不少戒本。应当说，这个时期中国南北方所翻译的戒律已经相当多，相当齐全了，法显取经的目的已经达到，心愿基本实现。

---

① 智升：《开元释教录》，《大正藏》第55册，台北新文丰出版公司1983年版，第528—529页。

② 章巽：《法显传校注》，上海古籍出版社1983年版，第2页。

有了戒规，接下来便是执行的问题。在实践方面，上述僧人不仅恪守戒律，也往往是倡导者、推行者。

例如，昙摩耶舍自己"该览经律，明悟出群"，他的弟子法度也从他那里学到执行戒规的风范，他强调："专学小乘，禁读方等；唯礼释迦，无十方佛；食用铜钵，无别应器。"对于比丘尼，他也有一套执行戒规之法，"令诸尼相捉而行，悔罪之日，但伏地相向。唯宋故丹阳尹颜瑗女法弘尼、交州刺史张牧女普明尼，初受其法。今都下宣业、弘光诸尼，习其遗风。东土尼众亦时传其法。"① 可见昙摩耶舍传的是小乘戒法。

再如，求那跋摩"深达律品"，"时影福寺尼慧果、净音等，共请跋摩云：'去六年，有师子国八尼至京，云宋地先未经有尼，那得二众受戒？恐戒品不全。'跋摩云：'戒法本在大僧众发，设不本事，无妨得戒，如爱道②之缘'。"③ 求那跋摩执行大乘戒规，严格的同时也因地制宜。

又如《僧伽跋摩传》说，"初，三藏法师④明于戒品，将为影福寺尼慧果等重受具戒。是时，二众未备，而三藏迁化。俄而，师子国比丘尼铁萨罗等至都，众乃共请跋摩为师，继轨三藏"。⑤

以上三条材料，后两条直接相关。三条的共同特点是都涉及比丘尼的戒律仪轨，可以说在当时是开风气之先。

（2）禅法

中国禅宗以菩提达摩为初祖，那是后话。而禅法的东传，以这一时期为盛。关于江南禅法，汤用彤先生曾指出："道安法师提倡禅法，而其弟子慧远亦因江东阙禅法，使弟子往西域求之。晋

---

① 慧皎：《高僧传》，汤用彤校注，中华书局1992年版，第43页。
② 爱道，即释迦牟尼姨母大爱道。
③ 慧皎：《高僧传》，汤用彤校注，中华书局1992年版，第109页。
④ 三藏法师，指求那跋摩。
⑤ 慧皎：《高僧传》，汤用彤校注，中华书局1992年版，第118页。

末西行求法者群起,颇得禅法以归。且因佛陀跋多罗之南来,佛大先之禅法乃流行江左焉。"① 佛陀跋多罗即佛驮跋陀罗的另写。据《佛驮跋陀罗传》,他"少以禅律驰名","童龀出家,已通解经论。少受业于大禅师佛大先"。② 据《智严传》,智严西行至罽宾,正好遇见佛大先(又写作佛驮先)和佛驮跋陀罗,"从佛驮先比丘咨受禅法,渐深三年,功踰十载。佛驮先见其禅思有绪,特深器异"。③ 智严趁机将佛驮跋陀罗动员来华。

江南禅法兴盛,不仅佛驮跋陀罗和智严有功,昙摩耶舍也曾在辛寺大弘禅法,其与求那跋摩等坐禅入定的奇迹,俱见各自的本传。

(四) 中印文化交流的促进

从两汉之交到元代,即从世纪之初到大约13世纪,中印两大民族的文化交流基本上是由佛教带动的,或者说,这漫长的1300年间,中印文化交流的主流是佛教的交流。正是佛教的交流,带动了古代科技交流、思想交流、文学艺术交流和民俗交流等,甚至佛教的交流还促进了政府间的往来与经贸交流。东晋至刘宋这一时期,中印文化交流的状况正是如此。仅据前面提到的几位僧人的相关资料,就可以中印文化交流为题写出一篇内容充实的长文。这里仅略谈一二。

1. 思想交流

东晋之时,玄谈之风大盛。名士与名僧走得很近,佛学在士大夫间颇为流行,成为一时之尚。孙绰在《道贤论》中将两晋七位名僧比作魏晋时期的"竹林七贤",其中就有于法兰(比阮籍)和于道邃(比阮咸)。《高僧传》卷四《于法兰传》提到此

---

① 汤用彤:《汉魏两晋南北朝佛教史》,中华书局1983年版,第254页。
② 慧皎:《高僧传》,汤用彤校注,中华书局1992年版,第70页。
③ 慧皎:《高僧传》,汤用彤校注,中华书局1992年版,第98页。

事，引孙绰"《论》曰：兰公遗身，高尚妙迹，殆至人之流"。高僧支遁在于法兰逝世后为他立像，并赞曰："于氏超世，综体玄旨。"① 又据同卷《于道邃传》，于道邃去世时年仅31岁，"郗超图写其形。支遁著铭。赞曰：英英上人，识通理清，朗质玉莹，德音兰馨"。② 可知，他们学识渊厚，言谈儒雅，品行高尚，为时人推重。

如前文所说，于法兰和于道邃都因西行求法而卒于途中，年纪都很轻，但他们却在中国思想史上留下一笔。

2. 其他交流

据《高僧传》卷三《求那跋摩传》，求那跋摩懂得医术。他在阇婆国的时候，"王遇流矢伤脚，跋摩为咒水洗之，信宿平复"。国王"后为跋摩立精舍，躬自引材，伤王脚指。跋摩又为咒治，有顷平复"。求那跋摩不仅懂得医术，而且擅长绘画。来华以后，在山寺的宝月殿，"跋摩于殿北壁，手自画作罗汉像及定光儒童布发之形。像成之后，每夕放光，久之乃歇"。其去世后，"即于南林戒坛前，依外国法阇毗（火化）之"。③ 从求那跋摩的这几件事看，涉及医学、绘画和民俗的交流。

《僧伽跋摩传》说："跋摩共（慧）观加塔三层。"④ 这是建筑方面的例子。《求那跋陀罗传》说求那跋陀罗是"中天竺人，以大乘学故，世号'摩诃衍'。本婆罗门种，幼学五明诸论。天文、书算、医方、咒术，靡不该博。"⑤ 他通晓印度古代的各门学问，有可能传给中国弟子。

至于他们翻译的佛经，其中包含的知识更是丰富。仅以佛驮跋陀罗与法显合译的《摩诃僧祇律》为例，其部头庞大，有40卷

---

① 慧皎：《高僧传》，汤用彤校注，中华书局1992年版，第166页。
② 慧皎：《高僧传》，汤用彤校注，中华书局1992年版，第170页。
③ 慧皎：《高僧传》，汤用彤校注，中华书局1992年版，第105—109页。
④ 慧皎：《高僧传》，汤用彤校注，中华书局1992年版，第118页。
⑤ 慧皎：《高僧传》，汤用彤校注，中华书局1992年版，第130页。

之巨，内容也绝不仅限于佛教戒律。其中有天文学、植物学、医药学、文学、民俗学等各方面内容，几乎包罗万象。限于篇幅，这里只是点到为止，不举例也不分析。

二 少林禅学与中印文化交流

（一）少林寺与"少林学"

1. 少林寺

古代，自公元前后至 13 世纪初，佛教交流一直是中印文化交流的主轴。这一点，有大量的文献资料为证，无可辩驳。这期间，佛寺作为僧人的居住地和修行场所，不仅有中印等国的佛僧在这里谈禅论道、翻译佛经，还有许多中国在家弟子，包括社会名流，到这里礼佛敬僧、集会参学，这就使一些较大的寺院成为佛教文化的中心和中印文化交流的中心。少林寺就是这样的中心，不仅名僧代出，而且学术精深，不仅有学术体系可寻，而且与印度关系密切，在中印文化交流史上占有重要地位。

2. "少林学"

随着中国改革开放的到来，少林寺也迎来了香火兴旺的新时期，"少林文化"的概念也被顺理成章地提了出来。的确，无论从中国佛教史的角度看还是从少林寺所拥有的资源的角度看，也无论从民间影响的角度看还是从学术研究的角度看，少林寺都担当得起"少林文化"这几个字。至于"少林学"三字，也是一样。正如少林寺住持释永信法师所说："'少林学'概念，最初是由饶宗颐先生、季羡林先生等热情倡议的。我认为，这也符合少林文化历史发展逻辑。'少林学'学术体系的建设，体现了我们对当代社会的担当、对历史的担当、对未来的担当；体现了我们的责任和使命;也体现了少林文化对当代社会的创造性回应。"①

3. "少林三学"

一般来说,所谓"少林学",是指与少林寺紧密相关的几门学问。笔者以为,"少林学"中最突出、影响最广大最深远的是三门学问,可以称为"少林三学",即少林禅学、少林武学和少林养生学。这"三学"是少林学的主要内容,而"三学"之间又有着不可分割的内在关联,可以称之为"三位一体"。其中,禅学无疑是最重要、最核心、最精华的学问,起着统摄和纲领其他二学的作用。不仅如此,少林禅学又在很大程度上是中国佛教禅学的代表。

"少林三学"都涉及中印文化交流的问题,而少林禅学与中印文化交流的关系尤为显著,本文要讨论的正是这个问题。

(二) 印度佛教禅学

少林禅学的形成有一个复杂而漫长的过程,追溯其来源,首先要想到印度佛教禅学,并进而想到印度瑜伽。在少林寺建立(5世纪末)之前,印度佛教禅学已经传入中国。胡适先生是中国现代最早关注并研究禅学入华的学者之一。他于1927年即在上海开讲《中国禅宗小史》课程,次年作《禅学古史考》一文,又于1934年在北平举行《中国禅学之发展》讲座②。《中国禅学之发展》分四讲,第一讲即《印度禅》。他说得很清楚:"在禅宗未起以前,印度便有'瑜伽',梵文为 yoga……在印度未有佛教以前,即 2500 年前,已有许多人做这种'瑜伽'。"③ 所以,我们下面要先谈谈印度瑜伽。

1. 印度瑜伽

瑜伽作为一种修行方式,很久很久以前就在印度出现。在印

---

① 释永信主编:《少林学论文集·序》,宗教文化出版社 2015 年版,"序"第 1 页。
② 潘平等编:《胡适说禅》,东方出版社 1993 年版,第 94、166 页。
③ 潘平等编:《胡适说禅》,东方出版社 1993 年版,第 169 页。

度河文明的摩亨佐·达罗遗址中，就曾发现有数枚坐禅图案的图章，有学者把这种图案上的人物解释为"兽主"（湿婆），其时间在公元前3000年[1]。这说明，远古的印度人已经开始了瑜伽修行的实践。正如黄心川先生所说，"在雅利安人没有进入印度次大陆以前，印度已有类似瑜伽术的活动，后来在雅利安人入侵印度河流域并与当地的土著结合以后，印度的婆罗门教中曾吸收了瑜伽作为他们实践的补充"[2]。

　　印度瑜伽理论的源头一般要追溯到吠陀时代的奥义书。根据黄宝生先生的说法，一般公认的属于吠陀时代的奥义书只有13种，而这13种奥义书又可以按产生年限分早中晚三组：其中第一组产生于公元前8世纪至公元前5世纪间，第二组产生于公元前5世纪至公元前1世纪间[3]。也就是说，释迦牟尼通过禅思悟道成佛并创立佛教之时，正当奥义书早中二期之间。这说明，那个时期的瑜伽修行在印度民间非常流行，佛教的禅法理论与印度瑜伽理论的形成时期具有一定的同步性。其原因在于，奥义书是其源头，如巫白慧先生所说，"奥义书以后的宗教哲学流派，包括印度佛教在内，几乎都是在继承奥义书禅理基础上发展、建立各自的禅的理论模式和实践方法。"[4] 在早期的《歌者奥义书》中，已经出现"禅"（梵文 dhyana）的概念，徐梵澄先生将它译为"静虑"，并给出注解曰"佛氏曰'禅定'"[5]；黄宝生先生则将它译为"沉思"，并给出注解曰"或译为禅、禅定"[6]。

2. 佛教禅学

　　佛教禅学来自古老的印度瑜伽，这应该是没有问题的。因为

---

[1] 王镛：《印度美术》，中国人民大学出版社2004年版，第9页。
[2] 黄心川：《印度哲学史》，商务印书馆1989年版，第309页。
[3] 黄宝生译：《奥义书》，商务印书馆2010年版，"前言"第4、5页。
[4] 巫白慧：《印度早期禅法初探——奥义书的禅理》，《世界宗教研究》1996年第4期。又见释永信主编：《少林学论文集》，宗教文化出版社2015年版。
[5] 徐梵澄译：《五十奥义书》，中国社会科学出版社1984年版，第221页。
[6] 黄宝生译：《奥义书》，商务印书馆2010年版，第205页。

释迦牟尼最初的苦行即是一种瑜伽，其导师都是婆罗门教的苦行僧和瑜伽师。只不过他修的那些苦行并未使他获得精神上的解脱，成为他失败的修炼。但他在菩提树下坐禅悟道，则是成功的，这也是印度佛教禅学的直接源头。

关于释迦牟尼菩提树下的禅修，佛经中有多种描述。早期介绍到中国的佛经，如后汉竺大力共康孟祥译的《修行本起经》卷下写道：

> 于是，菩萨安坐入定，弃苦乐意，无忧喜想；心不依善，亦不附恶，正在其中。如人沐浴净洁覆以白氎，中外俱净，表里无垢。喘息自灭，寂然无变，成四禅行，以得定意，不舍大悲，智慧方便，究畅要妙。[①]

有了佛祖这成功的禅修的实践，又有其数代弟子们的禅修实践，印度佛教禅修的理论才逐步发展起来：先是小乘禅，后是大乘禅，最后是密教禅（又称金刚禅）。它们都曾先后传入中国，对中国禅学发生过深远影响。

3. 佛教禅法入华

少林寺建立之前，已有很多有关佛教禅法的经典被译为中文。最早的译作出现于后汉时期。也就是说，几乎与佛教传入中国同时，佛教禅法的典籍也传入中国。如，后汉安世高就曾翻译过多种，依据《出三藏记集》卷二，有《安般守意经》一卷、《大道地经》二卷、《大十二门经》一卷、《小十二门经》一卷、《大安般经》一卷、《思惟经》一卷、《禅行法想经》一卷等（后世经录又有相似而又不同的记载，不录）。几乎同时，竺佛朔、支娄迦谶也译出过《道行经》等有关禅修的典籍。三国时的支谦、西晋时

[①] 《修行本起经》，《大正藏》第 3 册，台北新文丰出版公司 1983 年版，第 470 页。

的竺法护、道安、东晋时的鸠摩罗什等,均对禅经翻译有很大贡献。至此,印度禅学向中国传播的翻译介绍阶段已经完成,理论基础已经打下,接下来的重点就是修行实践的问题了。于是,从东晋开始,中国中原地区的僧人才有以修禅闻名者。不过,日本学者忽滑谷快天先生曾经指出,"达磨渡来之前,正传之禅道未兴。仅修习小乘之禅观而已"。[①] 他所说的"正传",应指菩提达摩从印度直接传来的禅法,属于大乘禅法。当然,他的说法也存在某些争议,因为小乘禅和大乘禅之间很难划出一条清晰的界线。

(三) 少林寺与印度佛教禅学

少林寺的建立即与印度佛教禅学有关,具体说,与印度禅师佛陀跋陀有关,而中国佛教禅宗也可以追溯到印度高僧菩提达摩。两位祖师都是印度人,正是他们把印度佛教禅学传入中国,后世又在其基础上得到发扬光大。可见,少林寺既是中印文化交流的产物,又是这一交流的见证。

1. 开山之祖佛陀跋陀

佛陀跋陀(Buddhabhadra,5 世纪人),北魏时期来华的印度传法僧人,少林寺的开山之祖。或简称佛陀、跋陀,或尊称佛陀禅师、跋陀禅师。

据《续高僧传》卷十六和《全唐文》卷二七九裴漼《少林寺碑》等记载,佛陀跋陀为印度人,自幼具有禀赋,慧性天成,且为学勤苦,遂能洞悟佛法,深具道行。因他一向有志于游方,随处弘化,于是在道友的劝说下,他便动身前往中国传教,度化弟子。在游历诸国后,他于北魏太和年间(477—499)到达国都平城(在今山西大同东北)。魏孝文帝对他礼遇甚隆,除了为他专设禅林外,还命人雕凿石龛作为他的居所。后又有城中富户为他另

[①] [日]忽滑谷快天:《中国禅学思想史》,朱谦之译,上海古籍出版社 1994 年版,第 1 页。

造别院。太和十七年（493），孝文帝迁都洛阳，他随同前往。由于性好幽栖林谷，屡往嵩山静居，孝文帝便下敕就少室山为之立寺，供他息心安居。寺院处于少室山的林莽之中，故称"少林"，少林寺由此得名。由于跋陀名声很大，故"四海息心之俦闻风响会者，众恒数百，笃课出要，成济极焉"。[1] 此后，跋陀度化了沙门慧光，又让弟子道房度化沙门僧稠，教其定业。慧光以明律见长，弟子众多；僧稠则发扬禅学，不仅增光少林，也弘扬了佛教禅法。

我们注意到，《续高僧传》中《佛陀跋陀传》本身就很短，而记载他所传禅法的文字就更短，我们只能根据这少量的文字去推测他修炼和传授的禅法。一般人认为，他传来的是小乘禅。

2. 立宗之祖菩提达摩

菩提达磨（Bodhidharma，？—528 或 536）又译菩提达摩，或简称达摩、达磨，意译道法。传统上被认为是中国佛教禅宗之祖。

菩提达磨是一位颇有传奇色彩的外来高僧。关于他的记载很多，说法纷纭，很难考证清楚。据《续高僧传》卷十六、《景德传灯录》卷三等，菩提达磨为南印度人，属婆罗门种姓[2]，自幼聪明异常，耳闻之后便可领悟。后皈依大乘佛教，决心阐扬。他尤其对禅定之学有独到认识。南朝刘宋（420—479）末自印度泛海来到广州，后又渐次北上，进入北魏境内。所到之地，皆悉心传授禅定法门。他在嵩山少林寺独自修习禅定，面壁九年，人称"壁观婆罗门"。当时人们很少见到如此坐禅修炼的，难免有人讥笑，但道育和慧可两位沙门却志向高远，领会到精神，对菩提达磨格外敬重。四五年间，他们用心服侍供养，一丝不苟。达磨为他们的诚心感动，便将自己多年的心法倾囊相授，还将《楞伽经》

---

[1] 道宣：《续高僧传》，郭绍林点校，中华书局2014年版，第564页。
[2] 一说为"波斯国胡人"，"年一百五十岁"，不足信。见杨衒之原著，范祥雍校注《洛阳伽蓝记校注》，上海古籍出版社1978年版，第5页。

传与慧可。他认为，此经最适合中国人学习和遵行。达磨的晚年事迹有各种传说，未有定论。

中国佛教禅宗以达磨为初祖。至于他在印度的师承，实际上已无可考。后人曾努力上推他的师承，直至释迦牟尼座前大迦叶和阿难，有二十七代之多（见《六祖坛经·付嘱第十》等），其实并不可靠。在中国的传承基本可考，其最初六代，依唐代禅僧的观点，为达摩、慧可、僧璨、道信、弘忍和慧能。

达磨的禅法，以教外别传、不立文字，致使后世有各种揣测。但一般都认为他"以壁观教人安心"（唐语）[1]，以究明佛心为参禅的最后目的。他传与慧可的《楞伽经》也被认为是"心法"，在前四代传承中被遵为圭臬。但在五祖弘忍时，也许因为庞杂难学，改为简便了许多的《金刚经》，这一变更或许也与唐代的政治有关。从六祖开始又重提《楞伽经》，《金刚经》也受到重视。

（四）少林寺与中国禅学

少林学中最精湛、最流行且影响最大的学问是禅学。如前所述，少林禅学来自两位印度祖师的亲传。也就是说，印度佛教禅学是少林禅学的最初来源，自两位印度祖师在少林寺传播禅学之后，中国佛教禅学得到迅速发展，而且逐渐发展出中国佛教特有的以禅命名的宗派——禅宗。

在少林寺两位印度祖师之后，中国汉地的僧人努力学习和发展佛教禅法，使印度佛教禅法在中国中原地区发扬光大。

1. 僧稠的传承

据《续高僧传》卷十六，僧稠俗姓孙，自幼勤学，博通经史，二十八岁方出家。最初从道房禅师学习"止观"修行，而道房即佛陀跋陀的弟子。后修炼有成，前往少林寺拜见跋陀祖师，并呈

---

[1] 宗密：《禅源诸诠集都序》，《大正藏》第48册，台北新文丰出版公司1983年版，第402页。

报自己的修炼成果。祖师曰："自葱岭已东，禅学之最，汝其人矣。"于是，"乃更授深要，即住嵩岳寺"。①僧稠晚年居云门寺，乾明元年（560）圆寂，春秋八十有一，有《止观法》两卷行世。从这些记载看，僧稠是佛陀跋陀的禅学传承人，可以肯定。而其所传止观禅法主要来自佛陀跋陀及其弟子道房，亦可以肯定。

据其本传，僧稠的众弟子当中，最著名的当然是北齐文宣帝高洋。天保二年（551），文宣帝下诏征僧稠入邺京（在今河北临漳县境内），帝亲自到郊外迎接。僧稠为帝"广说四念处法。帝闻之，毛竖汗流，即受禅道，学周不久，便证深定。"高洋身为皇帝而修习禅定，这种例子在皇帝中相当罕见。

僧稠的另一个较有影响的弟子为僧人昙询，其传记亦在《续高僧传》卷十六。昙询（520—599），俗姓杨，22岁出家，23岁受具足戒。曾住云门寺从僧稠修禅，多有灵异。开皇十九年卒。有弟子静休、道愿、慧方等。

《宋高僧传》卷十《圆寂传》中说，圆寂久居山林，"稠禅师往迹无不遍寻"；卷十一《自在传》还提到王屋山有"稠禅师解虎斗处"②。这说明，至少到中唐元和年间（806—820），僧稠一直在禅学界留有影响。

关于僧稠的著作，如董群先生所说，"僧稠主张止观双修，这是得自道房，但僧稠也有自己的发挥，他专门为黄门侍郎李奖等人撰有《止观法门》一书，讲述禅法要义。一般认为，南北朝佛教的大势是南方重义理之慧而北方重禅学之定，由天台智顗加以统一，而有止观双修。实际上佛陀一系的禅法已经注意到这个问题了，在僧稠这里，这个观点已非常明确了"。③

---

① 道宣：《续高僧传》，郭绍林点校，中华书局2014年版，第574页。
② 赞宁：《宋高僧传》，范祥雍点校，中华书局1987年版，第234、245页。
③ 董群：《少林禅法中的佛陀系统》，载释永信编《少林学论文选》，少林书局2006年版，第160页；又载释永信主编《少林学论文集》，宗教文化出版社2015年版，第229页。

笔者要强调的是，尽管我们不知道僧稠《止观法》的具体内容，但其后不久智𫖮定慧双修的止观禅法也一定受到僧稠的影响。也就是说，智者大师所创立的天台宗，至少在其止观禅法上与少林寺有一定的渊源关系。

2. 慧可的传承

据《续高僧传》卷十六《僧可传》，慧可（487—593），又名僧可，俗姓姬氏，虎牢（今河南荥阳市西北汜水镇）人，青年时"外览坟素，内通藏典"，年四十时遇到天竺沙门菩提达磨，从学六载，得到达磨的真传。而且，达磨曾将四卷《楞伽经》亲自授予慧可，并说："我观汉地，唯有此经。仁者依行，自得度世。"后来慧可被贼人砍掉手臂，但他"以法御心，不觉痛苦，火烧斫处，血断帛裹，乞食如故，曾不告人"①。并因此结识了林法师，二人在周武灭法时共同保护经像。慧可在世时广说佛法，广结因缘，与当时一些僧俗名流交往，在京城（邺）、河洛以及相州（今河南安阳一带）等地很有影响。其弟子那禅师、慧满等也总是将四卷《楞伽经》携带身边，四处宣讲。僧璨（又作粲，？—606）作为慧可弟子、禅宗三祖，《续高僧传》中未有传，倒是在较晚的文献中略有记载。

另据《景德传灯录》卷三《慧可传》和《菩提达磨传》，慧可原名姬光，自幼志气不群，博涉诗书，尤精玄理，后依宝静禅师出家并受具足戒，遍学大小乘经典后，又自改法名为神光。他听说菩提达磨在嵩山少林寺，便去探访。当时，菩提达磨于嵩山少林寺面壁而坐，终日默然，僧神光得不到达磨大师的教诲，便下决心在那里站立等待。农历十二月初九日，夜里下大雪，神光站立不动，天亮时积雪过膝。达磨大师出于怜悯而和他说话，他得到教诲，却突然取刀自断左臂以示诚心。此举感动了达磨，给

---

① 道宣：《续高僧传》，郭绍林点校，中华书局2014年版，第568—569页。

他更名为慧可,收为弟子。数年后,达磨认为诸弟子中唯有慧可得到了他的禅法的精髓,并说:"当初如来把正法眼藏托付给大迦叶,后来展转嘱托而至于我。我今天要托付给你,你要好好护持。"同时,他还把袈裟作为信物传给慧可,说:"内传法印,以契证心。外付袈裟,以定宗旨。"① 最后,将《楞伽经》四卷传给慧可。

关于达磨传给慧可四卷《楞伽经》的问题,历来也很受学界重视。令人疑惑的是,达磨传给慧可的是汉文本还是梵文本?达磨来华后可能即学习了汉语,这样才好与弟子们交流。但他随身带的《楞伽经》则未必是汉译本,也就是说,他托付给慧可的很可能是梵文本,慧可不学梵文的话,也是读不懂的。所以,笔者以为,慧可当年是听达磨口头讲解过《楞伽经》的,现存的几种汉译《楞伽经》都不是达磨的原本,其原本可能在四祖或五祖时已经失传,所以五祖时只讲《金刚经》,不讲《楞伽经》。这只是一点推测,仅供参考。

慧可的生平也带有很强的传奇色彩,数百年后,其故事在传说中有所变异也难免。《景德传灯录》作于宋代,有些东西显然是后世追记的,甚至是附会的,其真实程度值得怀疑。而《续高僧传》作于唐初,离慧可所处的时代不算太久,故更为真实。但不管怎样,慧可作为禅宗二祖的历史地位已经确立。他在传承达磨带来的印度佛教禅法方面,在传承《楞伽经》的心要方面,做出的历史性贡献是不可磨灭的。

---

① 杨亿:《景德传灯录》,《大正藏》第51册,台北新文丰出版公司1983年版,第219页。

三　一代大师达摩笈多

日前，韩金科先生说，大兴善寺方丈宽旭法师请中华书局出版一套达摩笈多译著集，已请方广锠先生选目，邀我写序。我想，达摩笈多既是著名佛教译经家，又是中印文化交流史上的伟人，为他的译著出版新书是一大善举，无论是对于伟人的纪念，还是对当前的中印交往，都意义重大。于是我愉快地接受邀约，从学习的角度，作文代序。

以下议论四题，或有不当，请方家赐教。

（一）大兴善寺的荣耀

2015年5月14日上午，大兴善寺迎来了一位国际友人，印度总理莫迪。这是他就任总理以来第一次访华，他访华的第一站就是西安，第一个参观点就是大兴善寺。在方丈宽旭法师的陪同下，他悉心观摩，并留下了一大段深有感触、充满期盼的题词。莫迪的来访，无疑为大兴善寺增添了光彩，也是大兴善寺在新世纪再创辉煌的一个标志。

大兴善寺，这座始建于晋代的古刹，不仅在今日成为中印友好和文化交流的闪光点，在古代，尤其是隋唐时代，大兴善寺也有过难以企及的辉煌。

据《历代三宝纪》卷十二，开皇元年（581）冬，有沙门智周等赍西域梵经260部来长安，文帝下敕翻译。二年春，开始翻译。季夏，皇帝下诏，名国都长安为大兴城，并将原陟岵寺更名为大兴善寺。随即，大兴善寺成为全国译经中心，一时间大德汇聚，文士济济，王公宰辅，冠盖相望。当年，大兴善寺不仅汇聚有来自印度的高僧，有寓居华夏的印侨，也有自印度取经归来的汉僧，以及学过梵文的僧人、学士等。其中，来自天竺的主要有：达摩般若（法智）及其二弟昙皮，他们属第二代印侨，其父是元魏时在华的著名译经家瞿昙流支。三藏法师毗尼多流支和那连提黎耶舍（又作那连提耶舍）均来自北天竺乌场国（今巴基斯坦斯瓦特河谷）。而三藏法师阇那崛多则来自北天竺揵达国（即犍陀罗国，今巴基斯坦白沙瓦和拉瓦尔品第及周边地区）。当时，从西域取经归来的高僧则有宝暹、道邃、智周、僧威、法宝、僧昙、智照、僧律等十一人。此外尚有内地大德僧就、法上、灵裕、信行、法经、宝贵、僧粲、僧琨、彦琮、慧影等，以及官员和学士郭谊、侯白、徐同卿、刘冯、费长房等。他们作为大兴善寺的首批翻译家，翻译出隋代前期的第一批佛教典籍，使大兴善寺成为当时佛教传播的中心，也是中印文化交流的一个中心。开皇十年，达摩笈多由印度来华，加入到大兴善寺的译经行列，于是，大兴善寺便有了"开皇三大士"的说法。三大士和其他名士宛如群星闪耀，开创了隋代译经事业最初的辉煌。

唐初，来自中印度的僧人波颇密多罗住大兴善寺，并主持佛经的翻译，成为承前启后的译经大师。在玄奘和义净之后的开元年间，号称"开元三大士"的善无畏、金刚智、不空金刚再度掀起中国译经史的一个高潮。特别是长期住锡于大兴善寺的不空三藏，不仅是中国译经史上的四大译经家之一，而且是中国佛教密宗的实际创始人。他的业绩与声誉，使大兴善寺空前荣耀辉煌。从此，大兴善寺作为密宗祖庭而享誉海内外，又作为中印文化交流的一个集合点而永垂史册。

达摩笈多是大兴善寺译经的耀眼群星之一，他的事迹既富于

三 一代大师达摩笈多 251

传奇色彩,深具感人魅力,又彰显中印友好传统,蕴含现实意义。

(二) 达摩笈多的来华行程

据《历代三宝纪》卷十二、《大唐内典录》卷五、《法苑珠林》卷一百等记载,释彦琮撰有《达摩笈多传》四卷,惜不得见。彦琮与达摩笈多知识共事,年久弥笃,其所撰传记必翔实可靠,细致入微。如存,则可与后世彦悰慧立撰《慈恩传》相得益彰,而达摩笈多的事迹则得以与玄奘对偶呼应,一者东来,一者西去,双星辉耀,为中印交往之千古佳话。

目前所存达摩笈多传记,以《续高僧传》卷二、《开元释教录》卷七和《贞元新定释教目录》卷十为详。且文字大同,大抵道宣以彦琮所撰为据,后二者又取则道宣。

达摩笈多,梵文 Dharmagupta,可意译为法密、法藏、法护。其里籍,《续高僧传》卷二曰:"本南贤豆罗啰国人也。"贤豆,Sindhu 或 Hindu,即印度之别译。罗啰,Lara,乃古吉拉特之别称,《西域记》作瞿折罗,《宋史·天竺传》作啰啰。《大唐内典录》卷六以达摩笈多为北天竺乌场国人,误。《开元释教录》卷七辩证道:"《内典录》及《翻经图》并云北天竺乌场国人者,非也。"(按:《内典录》为道宣撰集,四不应自相矛盾,《翻经图》则未有是语)印度总理莫迪引以为同乡,良有以也。

达摩笈多来华,一波三折。但履次清晰,具历名邦,且博闻强记,陈述详备,故彦琮可据以写出《大隋西国传》(又题《西域传》《西域玄志》等)一部十篇。今考其行程,与玄奘所行路线对照,既可证6、7世纪间丝路商旅活动之频繁,又可见僧人往来之艰辛。

达摩笈多二十三岁到中印度鞬挐究拨阇城(Kanyakubja,《西域记》作羯若鞠阇,又称曲女城),即今印度北方邦卡瑙季。至二十五岁受具足戒,仍住三年。后随师普照去咃迦国(Takka,《西域记》作磔迦国），在今印度旁遮普邦和巴基斯坦旁遮普省地区，住五年。从商人处得知大支那国（Mahacina，中国），未作来心。西北行至迦臂施国（Kapisa 或 Kapisi，《西域记》作迦毕试国），即今阿富汗首都喀布尔一带，王城遗址在今喀布尔以北 62 公里处。于城中停留二年，备游诸寺。以其在雪山北阴，商旅咸凑其境，又闻支那大国三宝兴盛，便属意来华。度过雪山（兴都库什山脉）西北行，经薄佉罗（Baktra，古大夏国都城，《西域记》作缚喝国），即今阿富汗北部之巴尔赫（Balkh）。又东行，到波多叉挐国（Badakhshan，《西域记》作钵铎创那国），即今阿富汗东北境之巴达赫尚省一带。继而东行至达摩悉鬓（一作须，或为鬓之误）多（Termistat 或 Dharmasthita，《西域记》作达摩悉铁帝），即今阿富汗与中国相连接的瓦罕走廊。在此三国未久住，又至渴罗盘陀国（Tashqurgan，《西域记》作竭盘陀），今新疆之塔什库尔干。留停一年，北至沙勒国（Kashgar，《西域记》作佉沙国），即新疆疏勒一带。住两载。自沙勒东行，至龟兹国（Kuci，《西域记》作屈支国），今新疆库车。又住二年。东行至乌耆（Agni 或 Karashahr，《西域记》作阿耆尼），即新疆焉耆。经二载，渐至高昌，即今新疆吐鲁番一带。其地僧侣多学汉言。停二年，又至伊吾，即今新疆哈密一带。停一载，进入荒碛，无水，四顾茫然，迷失道路，踟蹰进退，终于到达瓜州。同行者或留或殁，独自来到东土。

自达摩笈多二十五岁在曲女城受戒起，至到达瓜州，走走停停，至少花费 20 年时间。到隋文帝于开皇十年（590）冬十月延入京城，其年龄至少在四十五岁。但《传》中似仅计留年，未计行期。若加计行期，其年龄当在五十岁左右。笈多至武德二年（619）去世，在内地 29 年。其去世时年龄当在七十四至七十九岁之间。今取一中间值，笈多生年当在 542 年前后。

达摩笈多来华路线，前半（自曲女城到疏勒）与玄奘归国路线大体一致，后半与玄奘西行路线（从长安到龟兹）约略相当。笈多顾影独闯水草俱乏的纯砂碛，玄奘只身横渡八百里莫贺延碛，二人之经历、感受又何其相似。而二人对途中诸国人文、社会、地理、民俗的关注，亦颇相似。故道宣盛赞彦琮据笈多见闻撰成的《大隋西国传》为"五天之良史，亦乃三圣之宏图。"然而，所不幸者，彦琮《达摩笈多传》四卷、《大隋西国传》一部十篇已不存；所大幸者，玄奘《大唐西域记》与彦悰慧立《慈恩传》尚在。即便如此，道宣所记，文字虽简，内涵颇丰。僧人履迹，商旅贸迁，宛然斯在。其于丝路文明交流史，于佛教史，于中西交通史之研究，意义伟巨。

（三）达摩笈多的人品与译著

达摩笈多的学问人品，道宣更赞扬有加，曰："移住兴善，执本对译，允正实繁。所诵大小乘论，并是深要。至于宣解，大弘微旨。此方旧学，频遭积疑，然而慈恕立身，柔和成性，心非道外，行在言前，戒地夷而静，智水幽而洁。经洞字源，论穷声意，加以威容详正，勤节高猛，诵响继晨宵，法言通内外。"至于人格操守，则曰："又性好端居，简绝情务。寡薄嗜欲，息杜希求。无倦诲人，有踰利已。曾不忤颜于贱品，轻心于微类，遂使未觌者倾风，暂谒者钦敬。"一位高僧大德的伟岸形象，跃然于字里行间。

达摩笈多的译著，道宣于《续高僧传》中记曰："始于开皇中岁，终于大业末年，二十八载，所翻经论七部，合三十二卷。即《起世》、《缘生》、《药师本愿》、《摄大乘》、《菩提资粮》等是也。"其所编《大唐内典录》卷五亦申是说："东都沙门达摩笈多（七部三十二卷）。"但同卷又列出笈多所译经论8部46卷："《缘生经》二卷、《药师如来本愿经》、《摄大乘论释》十卷、《菩提资粮论》六卷、《金刚般若论》二卷、《缘生论》、《大方等善住意天子所问经》四卷、《大方等大集菩萨念佛三昧经》十卷。"自相矛盾。然而，更矛盾者，卷六、卷七又分类列出12部78卷，除上述经论外，尚有"《大法炬威德陀罗尼经》（二十卷三百纸）""《妙法莲华经》（八卷一百五十五纸，移《嘱累品》在末，加《药草品》五纸，咒文异）""《无所有菩萨经》（四卷六十纸）""《金刚波若论》（二卷二十八纸，僧佉菩萨造）"。此外，道宣在《达摩笈多传》中尚提道，"初，笈多翻《普乐经》一十五卷，未及练覆，值伪郑沦废，不暇重修，今卷部在京，多明八相等事"。《开元释教录》卷七则说，"初，笈多翻《金刚断割般若波罗蜜经》一卷及《普乐经》一十五卷"。

据《开元释教录》卷七，达摩笈多所译经论为9部46卷。其卷十一、十二、十三、十七等列为：

（1）《大方等善住意天子问经》四卷（《大宝积经》第三十六会）

（2）《大方等大集菩萨念佛三昧经》十卷（一帙）

（3）《缘生初胜分法本经》二卷

（4）《药师如来本愿经》一卷

（5）《金刚般若论》二卷（无著菩萨造）

（6）《菩提资粮论》六卷（圣者龙树本，比丘自在释）

（7）《摄大乘论释论》十卷（世亲菩萨释，一帙）

（8）《缘生论》一卷（圣者郁楞伽造）

（9）《起世经》十卷（一帙）

《古今译经图纪》卷四则曰：达摩笈多"从开皇十年至大业末岁。译经一十八部，合八十一卷。并文义清素，华质显正。沙门彦琮、行矩等笔受"。并将笈多所译按时间地点分列。开皇、仁寿间于长安大兴善寺译经8部：

（1）《无所有菩萨经》四卷

（2）《护国菩萨经》二卷

（3）《佛华严入如来不思议境界经》二卷

（4）《大集譬喻王经》二卷

（5）《东方最胜灯王如来经》一卷

（6）《移识经》二卷

（7）《大乘三聚忏悔经》一卷

（8）《大方等大云请雨经》一卷

大业间于洛阳上林园译经馆译经论 10 部：

（1）《法炬陀罗尼经》二十卷

（2）《起世经》十卷

（3）《大方等大集菩萨念佛三昧经》十卷

（4）《缘生经》二卷

（5）《菩提资粮论》六卷

（6）《金刚般若经论》二卷

（7）《缘生论》一卷

（8）《大方等善住意天子所问经》四卷

（9）《药师如来本愿功德经》一卷

（10）《摄大乘论》十卷

《古今译经图纪》所列，又与《历代三宝纪》相出入。如，《三宝纪》卷十二将《法炬陀罗尼经》二十卷归于阇那崛多名下，并说"开皇十三年四月起手，十六年六月讫。沙门道邃等笔受"。又说"《移识经》二卷（开皇十一年十月翻，十二月讫。学士费长房笔受）"。"《譬喻王经》二卷（开皇十五年五月翻，六月讫。沙门道邃等笔受）"。照理，费长房为亲历者，靖迈为后来者，《译经图》有错，《三宝纪》应不致错，但事情又非如此简单。当事人在世而事成谜团，古今皆有。

另据《众经目录》卷一、卷二，笈多下列译著（9 部 56 卷）均系"隋大业年达摩笈多于东京上林园译"：

（1）《法炬陀罗尼经》二十卷（三百纸）

(2)《菩提资粮论》六卷（龙树菩萨造六十七纸）

　　(3)《金刚般若论》二卷（僧佉菩萨造二十八纸）

　　(4)《缘生论》一卷（十纸）

　　(5)《起世经》十卷（一百六十五纸）

　　(6)《大方等善住意天子所问经》四卷（六十八纸）

　　(7)《缘生经》二卷（二十二纸）

　　(8)《药师如来本愿经》一卷（十三纸）

　　(9)《摄大乘论》十卷（一百七十纸）

此外，《众经目录》尚列有若干种，均系"隋开皇年阇那崛多及笈多等于兴善寺"：

　　(1)《大威德陀罗尼经》二十卷（二百六十五纸）

　　(2)《五千五百佛名经》八卷（一百二十六纸）

　　(3)《大集贤护菩萨经》五卷（或六卷九十三纸）

　　(4)《无所有菩萨经》四卷（六十纸）

　　(5)《观察诸法经》四卷（六十纸）

　　(6)《护国菩萨经》二卷（四十三纸）

　　(7)《佛华严入如来不思议境界经》一卷（二十八纸）

　　(8)《大集譬喻王经》二卷（三十二纸）

　　(9)《发觉净心经》二卷（二十七纸）

　　(10)《移识经》二卷（三十三纸）

　　(11)《诸法最上王经》一卷（二十二纸）

　　(12)《出生菩萨心经》一卷（十一纸）

　　(13)《商主天子经》一卷（十六纸）

可见，各经录主张不一，参差抵牾，或因署名而起，独译合译相混，孰是孰非难定。道宣之"七部三十二卷"说显然有缺，后自行修正为四十六卷，而《开元录》之"九部四十六卷"说，应是笈多独译而无争议者。

(四) 达摩笈多与大兴善寺

达摩笈多于开皇十年来到长安，算是较晚进入大兴善寺的印度高僧。但他来到后便立即投入翻译工作，成为阇那崛多的得力副手。据记载，他同阇那崛多合作翻译的《移识经》，于开皇十一年十月着手，十二月完毕。此后，他与阇那崛多合作译出的佛典达十余部50余卷。这为他在佛经翻译史上地位的确立奠定了基础，成为阇那崛多之后主导隋代译坛的主匠。除了译经之外，他还宣讲经文。道宣在记叙他的学识时，特别强调他对大小乘经论的讲解能够"大弘微旨"，而在记叙他的人格魅力时，又特别强调他诲人不倦的精神。也正因为这两方面的突出成就，他才能够和先他而来的那连提黎耶舍、阇那崛多并称为"开皇三大士"。

大兴善寺被称为中国佛教密宗的祖庭也是恰当的。这不仅因为密宗的实际开创者不空金刚曾在大兴善寺住锡，译经传法。也因为它在隋代前期曾为密教的传播地。从阇那崛多所译经录可知，一些陀罗尼密教和持明密教的重要经典，是在大兴善寺被翻译出来而流行后世的。如他主译的《虚空孕菩萨经》二卷、《如来方便善巧咒经》一卷、《不空胃索观世音心咒》一卷、《十二佛名神咒除障灭罪经》一卷、《金刚场陀罗尼经》一卷、《东方最胜灯王经》一卷、《大法炬陀罗尼经》二十卷、《大威德陀罗尼经》二十卷、《一向出生菩萨经》一卷等。其中，最后三部经合41卷，是有达摩笈多参与翻译的，这是有据可查的，说明达摩笈多在大兴善寺从事过密典的翻译。尽管他的主要业绩完成于大业年间，完成于洛阳上林园，但他在大兴善寺做出的贡献也非常重要，不可忽视。

达摩笈多去世至今1396年，他的事迹，在中国被载于史册，他的译著，在中国流传下来。他对中印文化交流的贡献，值得中印两国人民永远怀念。

四 《西域记》的密教信息

目前学界一般以《大日经》和《金刚顶经》的出现为印度佛教真言乘和金刚乘形成的标志。从《西域记》及《慈恩传》的记载可知，玄奘到印度后，曾在当时的学术中心那烂陀驻学五年，并周游五印度，凡是著名的高僧大德、学术泰斗，都曾慕名拜访并从之受业。可以说，玄奘周游完五印度之后，已经处于印度佛学界的前沿。但从《西域记》和《慈恩传》提供的信息看，当时印度佛教中的真言乘和金刚乘虽然都没有形成，但已经呼之欲出了。由于印度密教的修行是秘密进行的，所以，民间密教如暗潮涌动，而《西域记》和《慈恩传》所反映的则主要是佛教与"外道"、大乘与小乘之争。这既是当时印度佛教的真实情况，也是玄奘当年的关注要点。对于密教，玄奘虽然并不认可，但也有一些记录。这些记录证明，当时印度民间的怛特罗教已经流行，其主要表现为：一、陀罗尼真言在一些地区盛行；二、一些佛教和印度教神明正处于密教化阶段；三、有的密教派别已经在民间出现。下面就来讨论这三个问题。

（一）陀罗尼的流行

咒语在印度的流行，至少可以追溯至吠陀时代。《西域记》卷二讲到印度教育时，两次提到印度医学中使用"禁咒"，也就是说，"禁咒"在印度古代医学中占有很大比重。但禁咒更在民间盛行，尤其盛行于秘密修行，成为一种神通或获得神通的手段。这便无可避免地浸润到佛教当中。

佛教中，咒语的使用也很早，至少可以追溯到部派佛教时期。此后，陀罗尼密教时期和持明密教时期便相继到来。到玄奘访问印度时，则发现有多地流行禁咒。

例如，《西域记》卷三讲到乌仗那国（今巴基斯坦斯瓦特河谷一带），玄奘说当地人"人性怯懦，俗情诡谲，好学而不功，禁咒为艺业"①。这里，玄奘说的不是佛教徒，也不是所谓"外道"，而是普遍的民情现象。使用禁咒是弱者实现愿望的自我安慰，而"人性怯懦"正是对禁咒盛行根源的说明。"俗情诡谲"，则描述了一种神秘主义的氛围。

再如，卷四讲到秣底补罗国，玄奘认为当地人"风俗淳质，崇尚学艺，深闲咒术。信邪正者，其徒相半"。这里说的也是普遍民情。"邪"指"外道"，"正"指佛教。也就是说，当地大体有一半人信佛，一半人信其他宗教，他们的共同特点是都精通咒术。但从下文的记载看，"伽蓝十余所，僧徒八百余人……天祠五十余所，异道杂居。"又似异教徒多于佛教徒。

后来，乌仗那国发展为密教的一个中心地区，流行禁咒真言是其基础。而秣底补罗国地处恒河上游一带②，已属于"中印度"③的西北。这一地区也是后来密教的流行地。

此外，《西域记》各卷还有多处提到"神咒""禁咒""咒术""陀罗尼"等，不一一列举。

---

① 本文《西域记》引文均依季羡林等《大唐西域记校注》一书（1985年中华书局版），不另注。

② 参见季羡林等《大唐西域记校注》，中华书局1985年版，第397页"秣底补罗国"注。

③ 《西域记》中，玄奘通过实地考察，对所谓"五印度"（五天竺）的实际区域给出了界定。

（二）密教化的神明

据《西域记》和《慈恩传》的记载，在玄奘访印的十多年间，印度的一些神明正在密教化的演变当中，或者有些神明甚至已经完成了这一演变。这些神明可以分为两大类，一类属于佛教的神明，另一类是婆罗门教神明。

1. 佛教神明

《西域记》提到的佛教神明、人物很多，这里主要列举下列四位。

（1）毗沙门天

《西域记》卷一，记缚喝国①都城外有佛教寺院，被称为"纳缚（新）僧伽蓝"，"此伽蓝素有毗沙门天像，灵鉴可恃，冥加守卫"。卷十二记瞿萨旦那国（古于阗国，今新疆和田地区）曰："王甚骁武，敬重佛法，自云'毗沙门天之祚胤也。'昔者此国虚旷无人，毗沙门天于此栖止。"《慈恩传》卷五有相似记载。

毗沙门天为佛教四天天王之一，北方的守护神。以上两处记载讲述的都是关于毗沙门天的故事。故事的发生地虽不在"五印度"境内，但都在印度的北方，被当地人看作自己的保护神。后来出现了密教典籍《毗沙门天王经》《毗沙门仪轨》等，毗沙门天成为典型的密教神明，并在唐代民间产生了广泛影响。在元代，毗沙门天进入中国的戏剧创作，变成了中国神。到明代，毗沙门天进一步中国化，在神魔小说中变成了托塔李天王。

（2）执金刚

执金刚又译为持金刚、金刚持、金刚手等。作为护法神，在佛教典籍中出现较早，又称金刚力士、密迹金刚等，但到了密教金刚乘阶段，执金刚便演变成主神之一。

---

① 缚喝国，故大夏国首都，在今阿富汗北部、阿姆河南侧的马扎里·沙里夫一带。

《西域记》卷三曰，"释迦如来大悲御世，愍此国人独遭斯难，降神至此，欲化暴龙。执金刚神杵击山崖，龙王震惧，乃出归依"。这里讲述的是发生在乌仗那国的故事。故事中，似乎是如来手执金刚神杵击打山崖，又似乎是如来差遣执金刚击打山崖。

卷六曰："大悲世尊随机利见，化功已毕，入寂灭乐，于双树间北首而卧。执金刚神、密迹力士见佛灭度，悲恸唱言：'如来舍我入大涅槃，无归依，无覆护。'毒箭深入，愁火炽盛，舍金刚杵，闷绝躃地。久而又起，悲哀恋慕。互相谓曰：'生死大海，谁作舟楫？无明长夜，谁为灯炬？'"这里所记执金刚神和密迹力士是两个神，叙述的是佛涅槃后他们的悲痛心情。

卷十又提及执金刚，观自在菩萨对清辩论师说："若然者，宜往驮那羯磔迦国城南山岩执金刚神所，至诚诵持《执金刚陀罗尼》者，当遂此愿。"这里的执金刚神掌握着进入阿素洛宫密室的"秘方"，后文还将论及。

从以上三则故事可知，佛在世时，执金刚是为佛驱遣的护法，又是佛的信徒。后世，到清辩时期（约490—570年），执金刚已经被密教化了。

（3）观音菩萨

《西域记》中提到观自在的地方很多。

例如，《西域记》卷九："正中精舍有观自在菩萨像，躯量虽小，威神感肃，手执莲花，顶戴佛像。常有数人，断食要心，求见菩萨。七日、二七日，乃至一月，其有感者，见观自在菩萨妙相庄严，威光赫奕，从像中出，慰喻其人。"卷十："复有精舍。中作观自在菩萨像。神鉴无隐，灵应有征。远近之人，绝粒祈请。"

观音是佛教特有的神明，在《法华经》成书以后便逐渐成为佛教的主要神明，而且，由于他可以化现为不同身份不同性别的形象，又成为宣扬和推广佛教的最得力人物。观音崇拜在玄奘时已经非常普遍，在印度如此，在中国也是如此。玄奘自己在旅途中遇到困境时，如过八百里莫贺延碛，也每每念诵观音，祈求救助（见《慈恩传》卷一）。

《西域记》卷十还提到布呾落迦山，即普陀山："秣剌耶山①东有布呾洛迦山，山径危险，岩谷敧倾。山顶有池，其水澄镜，流出大河，周流绕山二十匝入南海。池侧有石天宫，观自在菩萨往来游舍。其有愿见菩萨者，不顾身命，厉水登山，忘其艰险。能达之者，盖亦寡矣。"紧接着又说："而山下居人，祈心请见，或作自在天形，或为涂灰外道，慰喻其人，果遂其愿。"这与《法华经·普门品》中说的观音能变现各种身份为大众说法相一致，即"应以自在天身得度者，即现自在天身而为说法；应以大自在天身得度者，即现大自在天身而为说法"②。不同的是，玄奘还提到"涂灰外道"，说明观音崇拜在当时已经与婆罗门教的湿婆崇拜相混合。

80卷本《华严经》卷十六说善财童子去普陀山见观音："渐次前行，至于彼山，处处求觅此大菩萨。见其西面岩谷之中，泉流萦映，树林蓊郁，香草柔软，右旋布地，种种名华，周遍严饰。观自在菩萨于清净金刚宝叶石上，结跏趺坐。无量菩萨皆坐宝石，恭敬围绕。"③ 这里关于普陀山的描写是极尽其美，而玄奘的记述则是极尽其险。关键是《华严经》同卷后面有一段偈颂：

我是勇猛观自在，起深清净大慈悲。普放云网妙光明，广博如空极清净。

我垂无垢佣圆臂，百福妙相具庄严。摩汝深信善财顶，为汝演说菩提法。

---

① 秣剌耶山，Malaya，又译摩罗耶山，指印度半岛南部的西高止山南段。
② 《法华经》，《大正藏》第9册，台北新文丰出版公司1983年版，第57页。
③ 《华严经》，《大正藏》第10册，台北新文丰出版公司1983年版，第733页。

佛子应知我所得，一相一味解脱门。名为诸佛大悲云，秘密智慧庄严藏。

　　我为精勤常救护，起诸弘誓摄众生。怜愍一切如己身，常以普门随顺转。

　　我于无数众苦厄，常能救护诸群生。心念礼敬若称名，一切应时皆解脱。①

这里，突出了观音救苦救难的功能，与《法华经·普门品》的内容相一致，而且其"秘密智慧"也与密教拉上关系。

（4）龙树菩萨

《西域记》卷八提到龙树（玄奘译为龙猛）及其弟子提婆的故事。而卷十又提到龙树自刎的故事，说："龙猛菩萨善闲药术，飡饵养生，寿年数百，志貌不衰。引正王既得妙药，寿亦数百。"还说，引正王为龙树建五层楼阁的伽蓝，"龙猛菩萨以神妙药滴诸大石，并变为金"。寿命达数百岁，显然只是一个传说，而点石成金，则是密教的成就法之一。

先说龙树与引正王的关系。其实，所谓引正王（Satavahana）并非一个国王的名字，而是南印度一个王朝的名字，即萨塔瓦哈纳王朝。据印度史学家的说法，"在当时的碑文记载中，这个王朝的国王都是千篇一律地称作萨塔瓦哈纳族"，"约在公元三世纪，该王朝结束"。② 从玄奘所记龙树与引正王的关系可知，龙树是萨塔瓦哈纳王朝时期的人。现在学界一般认为，龙树是2、3世纪人，显然不是很确切。引正王为龙树凿山修建伽蓝，据考古资料，应该是在2世纪。因为1世纪时，北方的贵霜王朝很强大，塞种人也不断入侵，直到2世纪初，国王乔达米普特拉·萨塔卡尔尼

---

① 《华严经》，《大正藏》第10册，台北新文丰出版公司1983年版，第733页。
② ［印］R.C.马宗达等：《高级印度史》，张澍霖等译，商务印书馆1986年版，第124—125页。

（Gautamiputra Satakarni，约106—130年在位）时期，萨塔瓦哈纳王朝才逐渐称霸南印度。他的儿子瓦西什提普特拉·普卢马伊（Vasisthiputra Pulumayi，约130—156年在位）时再度衰落，王朝中心迁移至克里希纳河流域，之后，在克里希纳河下游南岸开凿了两处规模巨大的石窟，即著名的阿马拉瓦蒂（Amaravati）石窟和龙树山（Nagarjunakonda）石窟。为龙树修建伽蓝的，应该是雅吉纳·萨塔卡尔尼（约165—194年在位）[①]。

说龙树"善闲药术，飡饵养生，寿年数百，志貌不衰"。这就与我国《隋书》卷三十四所记《龙树菩萨药方》《龙树菩萨和香法》《龙树菩萨养性方》，以及唐代流传的《龙树眼论》等有一定关联。很大的可能是在大乘中观派大师龙树之后数百年，又出现了一个医药养生学家龙树。把这两个龙树弄混之后，便出现了后世密教传承中以龙树为祖师的一派。

此外，《西域记》还提到一些佛教神明，在后来真言乘和金刚乘曼荼罗中都有自己的位置，如慈氏菩萨、文殊菩萨、鬼子母、龙、药叉等。

2. 婆罗门教神明

《西域记》和《慈恩传》中提到的婆罗门教神明也很多。如大自在天、那罗延天、梵天、日天、多罗女神、突伽女神、毗摩天女、阿修罗，等等，下面仅讨论其中的三个。

（1）大自在天

《西域记》中关于大自在天的记载很多，可以说五印度从南到北，从东到西，到处都分布有大自在天祠。大自在天，佛教典籍中又音译为摩醯首罗天（Mahesvara），即婆罗门教三大主神之一湿婆。玄奘称其信徒为"涂灰外道"。如《西域记》卷二："山下有大自在天祠，涂灰外道，式修祠祀。"卷四："天祠三所，外道

[①] 王镛：《印度美术》，中国人民大学出版社2004年，第138页。

五百余人，并涂灰之侣也。""天祠九所，异道三百余人，事自在天，涂灰之侣也。"

玄奘认为，从信度国（约当今印度信德邦和巴基斯坦信德省）开始为西印度，而西印度的外道明显增多，更有较多国家的天祠都是"涂灰外道"所居，这说明当时湿婆派的影响很大，远远胜过毗湿奴派。

应当说明的是，在玄奘时期，所谓婆罗门教，实际上很庞杂，包括了许多民间宗教的流派。湿婆派也是一样，下属的支派很多，只要承认湿婆是主神就算是湿婆派，所以玄奘常常一言以蔽之，"异道杂居"。而且，这个时期的性力派也已发展起来，其崇拜的对象虽然是女神，但往往是湿婆妻子的诸多化身，因而也往往与湿婆派有着难解难分的因缘。具体可见下文。

（2）多罗女神

《西域记》卷八："中精舍佛立像高三丈，左多罗菩萨像，右观自在菩萨像。凡斯三像，鍮石铸成，威神肃然，冥鉴远矣。"卷九："满胄王铜佛像北二三里，砖精舍中有多罗菩萨像，其量既高，其灵甚察。"这里所说的多罗菩萨，与观音菩萨对举，所以有一种解释：多罗（Tara）是眼、眼瞳的意思，是观音的一个化身；观自在具有定慧二德，其一个化身为毗俱胝，主慧德，作男身；多罗主定德，作女身[1]。但这只是佛教方面的一种解释。实际上，观音纯属佛教的神明，而多罗则有其印度教的渊源。

《火神往世书》中有则神话：大梵天有一个儿子叫阿多利（Atri），阿多利生的儿子叫苏摩（Soma，即月神）。月神光鲜俊美，举世无双。他举行了王祭，赢得了三界的恩惠。有九个女神，其中甚至包括吉祥天，为了满足欲望，一睹月神的风采，前去为他服务，为他唱诵赞歌。月神也把她们当作自己的妻子，与她们

---

[1] 季羡林等：《大唐西域记校注》，中华书局1985年版，第651页。

优游嬉戏。他虽然行为不端,但并未遭到诅咒,因为他的王祭和修行使他享有各界之主的权利。于是,他的头脑开始失去理智。他竟然掠走了诸神的师父——木星大师的妻子多罗。为此,月神曾与星宿们作战。大梵天为了排解纠纷,出面决定把多罗交给仙人盎吉罗斯(梵天之子)。当时月神已经使多罗怀孕,木星大师表示放弃。多罗生下孩子,名叫水星。水星后来生下洪呼王。洪呼王与天女优哩婆湿结婚,繁衍出月亮族系。这个月亮族系的后代中,就发展出《摩诃婆罗多》大战的两个主要家族,俱卢族和般度族。

关于多罗,此处不烦多言。

(3) 毗摩天女

《西域记》卷二:"跋虏沙城(今巴基斯坦白沙瓦市东北65公里)东北五十余里至崇山,山有青石大自在天妇像,毗摩天女也。闻诸土俗曰:此天像者自然有也。灵异既多,祈祷亦众。印度诸国,求福请愿,贵贱毕萃,远近咸会。其有愿见天神形者,至诚无贰,绝食七日,或有得见,求愿多遂。"这里说得清楚,毗摩(Bhima)天女即大自在天妇。大自在天即婆罗门教三大神之一湿婆。据婆罗门教传说,湿婆的妻子是雪山神女(Parvati),又名优摩(Uma),而雪山神女有诸多化身,如难近母(杜尔伽,Durga)、大天母(Mahadevi)、时母(Kali)、准提(Candi)等。

据《慈恩传》卷三,玄奘一行人在恒河上遇到了群贼,群贼信奉突伽天神(即杜尔伽,难近母)。玄奘险些被当作牺牲献祭难近母。可见,印度民间当时流行难近母崇拜,而且要实行血祭。至今,在印度东部地区的一些村落仍然能看见很多难近母庙,但已经不实行血祭了。

女神崇拜一方面促成了婆罗门教性力派的形成和发展,另一方面则促进了密教的形成和发展。而这一时期密教已发展到"持明密教"阶段,正如中国学者吕建福先生所说,"女性神(天女)

为持明密教中新出现且十分突出的神祇"。"女性神在佛部中有佛眼佛母，菩萨部中有多罗菩萨，诸天中有功德、吉祥、摩利支天女"①。在婆罗门教性力派不断发展的同时，密教中女神的地位不断提高，以致后来出现了易行乘。

（三）怛特罗教的流行

一般认为，怛特罗教（Tantrism）不完全等于通常所谓密教。它原本是印度民间信仰，后来被各大宗教吸收，因此在婆罗门教、耆那教与佛教中都存在。玄奘则把它统归在"外道"之中。

1. 有标识的派别

（1）髑髅外道

《西域记》卷一，玄奘记迦毕试国，有"伽蓝百余所，僧徒六千余人，并多习学大乘教法。窣堵波、僧伽蓝，崇高弘敞，广博严净。天祠数十所，异道千余人，或露形，或涂灰，连络髑髅以为冠鬘"。这里说的"连络髑髅以为冠鬘"指的是"异道"中的"髑髅外道"。他们的外在特征是把髑髅穿成串挂在脖子上，或戴在头上。卷二在讲述印度服饰时又提到外道中有"饰髑髅璎珞"的一派，以髑髅为装饰，是他们的外在标识。

玄奘的记载说明，当时"髑髅外道"这个派系早已在印度形成，已经不是个别现象。隋代阇那崛多译《佛本行集经》卷二十九《魔怖菩萨品下》中描写各种魔的恐怖形象，其中"或复头上戴髑髅鬘；或一头上发杂灰色，青、黄、赤、白，烟熏之色，髑髅为冠。如是形状，云集而来"②。《佛本行集经》中如此铺张的细节描写，在西晋竺法护译的八卷本《普曜经》中是没有的，更

---

① 吕建福：《中国密教史》（修订版），中国社会科学出版社2011年版，第46、48页。

② 《佛本行集经》，《大正藏》第3册，台北新文丰出版公司1983年版，第787页。

不要说三国吴支谦译的二卷本《瑞应本起经》了。由其关于髑髅鬘和髑髅冠的描写可推知，隋代之前，印度已经有了髏鬘外道。

这一派在怛特罗教中又被称为迦波梨迦派（kapalika），其信徒往往被称为迦波梨或迦波厘（kapali）。《慈恩传》卷四说到戒日王经乌荼国，小乘人讽刺他给那烂陀修建精舍说：

"闻王于那烂陀侧作鍮石精舍，功甚壮伟，何不于迦波厘外道寺造，而独于彼也？"王曰："斯言何甚？"答曰："那烂陀寺空花外道，与迦波厘不殊故也。"①

此处，"空花外道"是小乘人对大乘佛教的贬称，而"迦波厘"一词则由髑髅（kapala）一词变来，应即髏鬘外道，即迦波梨迦派。

《慈恩传》卷四，玄奘在批判顺世外道时，提到"髏鬘外道"："髏鬘之类，以髅骨为鬘，庄头挂颈，陷枯块磊，若塚侧之药叉。"② 这使我们想到，密教中的大黑天神（摩诃迦罗，Mahakala）正是这一形象，而他正是所谓"塚间之神"。塚间，印度称为"寒林"（shmashana），《西域记》卷九和《慈恩传》卷三都提到寒林，说的是同一回事。《西域记》卷九解释说："寒林者，弃尸之所，俗谓不祥之地，人绝游往之迹。"大黑天被认为是塚间之神，寒林间神，恐怖之神，是湿婆的一个化身。关于大黑天，笔者另有考论。

（2）林伽耶特派

在婆罗门教中，湿婆又有诸多形象，林伽相是其中之一。《西域记》提到过"天根"，即湿婆林伽。在现在通行的《西域记》本子中没有这个记载，但《释迦方志》和《法苑珠林》中留有佚文。

《西域记》卷四："劫比他国……伽蓝四所，僧徒千余人，并

---

① 慧立、彦悰：《大慈恩寺三藏法师传》，中华书局1983年版，第98页。
② 慧立、彦悰：《大慈恩寺三藏法师传》，中华书局1983年版，第99页。

学小乘正量部法。天祠十所，异道杂居，同共遵事大自在天。"据《释迦方志》卷上、《法苑珠林》卷三十八，此后尚有二十七字："皆作天像，其状人根，形甚长伟。俗人不以为恶，谓诸众生从天根生也。"①《西域记》卷七记婆罗痆斯国："天祠百余所，外道万余人，并多宗事大自在天……大城中天祠二十所，层台祠宇，雕石文木。茂林相荫，清流交带。鍮石天像，量减百尺，威严肃然，懔懔如在。"《释迦方志》卷上则记："天祠百余，外道万余，多事大自在天根也。大城中天祠二十所，天根高百余尺。"②

由湿婆林伽崇拜，印度民间形成了林伽耶特派。该派的标识是将一个小小的湿婆林伽（或木制或铜制）挂于胸前。该派的理念即"诸众生从天根生也"，认为湿婆林伽是强大生命力的本源，为宇宙万物之本。该派虽被归于湿婆派，但与密教也有着千丝万缕的联系。

(3) 穿耳派

"穿耳"又称"裂耳"，即用小刀在耳垂上刺洞，用来戴耳饰。耳饰多为环形，有金属制的，木制的，也有陶制的。

《西域记》卷二讲到印度服饰时说："人多徒跣，少有所履。染其牙齿，或赤或黑，齐发穿耳，修鼻大眼，斯其貌也。"也就是说，剪短头发，佩戴耳饰，是印度普通男子的习俗。但这一习俗也与宗教有关。如《西域记》卷七讲到战主国有"不穿耳伽蓝"：

> 时此国王出游近郊，见诸客僧，怪而问曰："何方乞士，何所因来？耳既不穿，衣又垢弊。"沙门对曰："我睹货逻国人也。恭承遗教，高蹈俗尘，率其同好，观礼圣迹。慨以薄福，众所同弃。印度沙门，莫顾羁旅，欲还本土，巡礼未周，虽迫勤苦，心遂后已。"王闻其说，用增悲感。即斯胜地，建

---

① 道宣：《释迦方志》，中华书局1983年版，第38页。
② 道宣：《释迦方志》，中华书局1983年版，第47页。

立伽蓝。白氎题书，为之制曰："我惟尊居世上，贵极人中，斯皆三宝之灵佑也。既为人王，受佛付嘱，凡厥染衣，吾当惠济。建此伽蓝，式招羁旅，自今已来，诸穿耳僧，我此伽蓝不得止舍。"因其事迹故以名焉。

由此可知，当时印度本土的僧人是穿耳的，而外来的僧人是不穿耳的，不穿耳的外来僧人经常受到歧视。

在印度中世纪的怛特罗教中，有的派别即以穿耳戴耳环为标识之一，如迦波梨迦派等。

2. 金刚乘的征兆

从《西域记》中已经可以看到某些金刚乘的迹象或征兆，下面据两条材料谈几个问题。

（1）关于金刚乘的蛛丝马迹

《西域记》卷十讲述了清辩论师的故事：

论师既还本土，静而思曰："非慈氏成佛，谁决我疑？"于观自在菩萨像前诵《随心陀罗尼》。绝粒饮水，时历三岁，观自在菩萨乃现妙色身。谓论师曰："何所志乎？"对曰："愿留此身，待见慈氏。"观自在菩萨曰："人命危脆，世间浮幻，宜修胜善。愿生睹史多天，于斯礼觐，尚速待见。"论师曰："志不可夺，心不可贰。"菩萨曰："若然者，宜往驮那羯磔迦国城南山岩执金刚神所。至诚诵持《执金刚陀罗尼》者，当遂此愿。"论师于是往而诵焉。三岁之后，神乃谓曰："伊何所愿，若此勤励？"论师曰："愿留此身，待见慈氏。观自在菩萨指遣来请，成我愿者，其在神乎？"神乃授秘方，而谓之曰："此岩石内有阿素洛宫，如法行请石壁常开。开即入中，可以待见。"论师曰："幽居无觌，讵知佛兴？"执金刚曰："慈氏出世，我当相报。"论师受命，专精诵持。复历三岁，初无异想。呪芥子以击石，岩壁谿而洞开。是时，百千万众观睹忘返。论师跨其户而告众曰："吾久祈请，待见慈氏。圣灵警佑，大愿斯遂。宜可入此，同见佛兴。"闻者怖骇，莫敢履户。谓是毒蛇之窟，恐丧身命。再三告语，唯有六人从入。论师顾谢时众，从容而入。入之既已，石壁还合。

对于这段记载与金刚乘的关系，中外学者均有推测。

据《金刚顶经大瑜伽秘密心地法门义诀》，传说《金刚顶经》原藏于南印度铁塔中，一大德念诵真言，以白芥子七粒打开塔门得之。中国学者吕建福先生指出，这个传说"大致说明《金刚顶经》编纂于南印度，而其具体地点可能与铁塔有关。""一般认为此南天铁塔即著名的驮那羯磔迦国大塔。""关于《金刚顶经》形成的时间，玄奘在《西域记》透露了一个很重要的信息：在他游历该地时，金刚乘正在酝酿之中。玄奘记载驮那羯磔迦国城南山岩为执金刚神之所，清辩受执金刚之秘方，至诚持诵《执金刚陀罗尼》，经三年才打开山岩。这就是说7世纪30年代当地流行金刚手的信仰，南山岩即是当地崇拜金刚手的密教中心，所谓金刚神之所。"①

（2）关于长生的成就法

《西域记》卷七有一则"烈士池"传说，节录于下：

数百年前有一隐士，于此池侧结庐屏迹，博习伎术，究极神理。能使瓦砾为宝，人畜易形。但未能驭风云，陪仙驾。阅图考古，更求仙术，其方曰："夫神仙者，长生之术也。将欲求学，先定其志，筑建坛场，周一丈余，命一烈士，信勇昭著，执长刀立坛隅，屏息绝言，自昏达旦。求仙者中坛而

---

① 吕建福：《中国密教史》（修订版），中国社会科学出版社2011年版，第57—58页。

坐，手按长刀，口诵神咒，收视反听，迟明登仙。所执铦刀，变为宝剑。凌虚履空，王诸仙侣。执剑指麾，所欲皆从。无衰无老，不病不死。"是人既得仙方，行访烈士……烈士屡求效命，以报知已。隐士曰："我求烈士，弥历岁时，幸而会遇，奇貌应图，非有他故，愿一夕不声耳。"烈士曰："死尚不辞，岂徒屏息！"于是设坛场，受仙法，依方行事，坐持日曛。曛暮之后，各司其务。隐士诵神咒，烈士按铦刀。殆将晓矣，忽发声叫。是时空中火下，烟焰云蒸，隐士疾引此人入池避难。已而问曰："诫子无声，何以惊叫？"烈士曰："受命后，至夜分，昏然苦梦，变异更起。见昔事主，躬来慰谢。感荷厚恩，忍不报语。彼人震怒，遂见杀害。受中阴身，顾尸叹惜。犹愿历世不言，以报厚德。遂见托生南印度大婆罗门家，乃至受胎出胎，备经苦厄。荷恩荷德，尝不出声。洎乎受业，冠婚、丧亲、生子。每念前恩，忍而不语。宗亲戚属，咸见怪异。年过六十有五，我妻谓曰：'汝可言矣，若不语者，当杀汝子。'我时惟念：已隔生世，自顾衰老，唯此稚子。因止其妻，令无杀害，遂发此声耳。"隐士曰："我之过也，此魔娆耳。"烈士感恩，悲事不成，愤恚而死。

这则故事作为一条比较文学的资料，自唐代段成式的《酉阳杂组》起，到明代李诩的《戒庵老人漫笔》，再到现代钱锺书先生的《管锥编》，千百年来受到人们的一再关注、引用。可见其价值之高。但作为一条与怛特罗教关系密切的资料，似乎至今研究不够。下面谈四点意见。

首先，笔者以为，此故事表现的是印度民间宗教，即怛特罗教成就法的修行。它说明，到玄奘访印时，怛特罗教已经流行于印度民间。怛特罗渗透入佛教后应称为佛教密宗，但习惯上则笼统地称为密教。故事中的"隐士""神咒""坛场""术力"，可以分别对应密教中的瑜伽行者（yogi）、真言（mantra）或陀罗尼（dharani）、曼荼罗（mandala）和悉地（siddhi）。可以说，从密教的角度看，故事至少表现了金刚乘成立前夕持明密教在印度流行的情况。

其次，故事中的"无衰无老，不病不死"，也是密教的一个追求目标。玄奘在印度的时期，正是印度晚期持明密教阶段。属于这一时期的持明秘典，如《苏悉地羯罗经》《苏婆呼童子请问经》中就讲述了多种成就法（悉地法）。《苏悉地羯罗经》中将成就法分为三部（等）九级，其中"乘空而进，此为最上。藏形隐迹，为中成就。世间诸事，为下悉地"。"持明仙乘空，成就五通"为上，"入修罗宫，得长寿药"。为中①。文中的"修罗宫"即《西域记》中多次提到的"阿素洛宫"。《苏婆呼童子请问经》又曰，成就法有八种："真言法、成金水法、成长年法、出伏藏法、入修罗宫法、合成金法、土成金法、成无价宝法，是名八法。于中有三：成真言法、入修罗宫法、得长年法，是三种法，是名上上悉地法。"②《西域记》中的记载明显与此二经的一些内容相一致。

第三，这则故事中的"长生之术"与古印度的顺世外道有关。顺世外道即顺世论，为印度古代的一个无神论派别，音译"卢迦溢多"（Lokayata）。长寿也是顺世外道的一个追求目标。据《旧唐书·天竺传》记载，唐高宗时有印度人卢迦溢多来华制造"长年药"，同书《郝处俊传》《册府元龟》卷四十六等亦有记载。《西域记》卷四："瞿毗霜那国……风俗淳质勤学好福。多信外道，求现在乐。"说明印度当时已经有人受顺世论影响，只管今生快乐，不相信有来生。

---

① 《苏悉地羯罗经》，《大正藏》第18册，台北新文丰出版公司1983年版，第614页。

② 《苏婆呼童子请问经》，《大正藏》第18册，台北新文丰出版公司1983年版，第732页。

第四，故事中的"仙方""仙术"显然与道教相合，一方面，固然与玄奘使用的词汇有关，另一方面，不能排除其受道教影响的可能。玄奘之所以使用道教词汇，是因为玄奘站在佛教的立场上视道教为外道，而其隐士亦属外道，其所修习的方术与道教相似。至于中国道教对印度密教的影响，中外学者也多有研究，有影响是肯定的，但以此故事为佐证，尚须讨论。

五　金襕袈裟小考

据报道，2013年初，北宋泾州龙兴寺地宫出土一陶棺，"在陶棺尾部，立正方形铭文砖一方，边长33厘米、厚5厘米，共425字……铭文记曰：'维大宋大中祥符六年，岁次癸丑五月辛卯朔十二日壬寅，泾州龙兴寺曼殊院念法华经僧云江、智明，同收诸佛舍利约二千余粒并佛牙佛骨，于本院文殊菩萨殿内葬之。'"[①]这段铭文记载有埋藏佛舍利的确切日期，为后人留下了宝贵的文字资料。在陶棺中还出土有"国内罕见的金丝线标本和丝织物遗存"[②]。这"金丝线标本和丝织物遗存"使人联想到唐宋时期备受重视、元明时期仍有影响的"金襕袈裟"。笔者无法考证"金丝线标本和丝织物遗存"与金襕袈裟是否有关，只能借题发挥，提供一些有关金襕袈裟的资料和几个观点，仅供参考和批评。

"金襕袈裟"，指金线缝制的袈裟，又叫"金缕织成衣""金缕袈裟""金襕衣"等。佛教传说，这是释迦牟尼的姨母大爱道为他缝制的僧服。在中国古代，深受佛教界推崇。下面按时段分若干小题，分别予以考察。

---

① 杨树：《泾川大云寺遗址出土佛教文物》，《泾川文化》2015年创刊号。
② 常舒清：《盛世重光——揭秘泾川大云寺佛祖舍利千古之谜》，《泾川文化》2015年创刊号。

（一）佛经中有关记载

佛经中有关金襕袈裟的记载很多，今仅举数例。

《杂宝藏经》卷四《大爱道施佛金缕织成衣并穿珠师缘》：

> 昔佛在世，大爱道为佛作金缕织成衣。赍来上佛，佛即语言："用施众僧。"大爱道言："我以乳餔长养世尊，自作此衣，故来奉佛。必望如来为我受之。"①

《中阿含经》卷十三：

> 尔时，尊者阿难执拂侍佛。于是，世尊回顾告曰："阿难，汝取金缕织成衣来。我今欲与弥勒比丘。"尔时，尊者阿难受世尊教，即取金缕织成衣来，授与世尊。于是，世尊从尊者阿难受此金缕织成衣已，告曰："弥勒，汝从如来取此金缕织成之衣，施佛、法、众。所以者何？弥勒，诸如来无所著，等正觉为世间护，求义及饶益，求安隐快乐。"于是，尊者弥勒从如来取金缕织成衣已，施佛、法、众。②

《出曜经》卷十五：

> 昔佛在世，大爱道瞿昙弥亲佛姨母，以金缕织成衣奉献如来。佛告大爱道："夫欲施者，当诣大众。何为独向我耶？吾亦是大众之一数，亦有微分。可持此金缕织成衣往施圣众。"③

---

① 《杂宝藏经》，《大正藏》第4册，台北新文丰出版公司1983年版，第470页。
② 《中阿含经》，《大正藏》第1册，台北新文丰出版公司1983年版，第511页。
③ 《出曜经》，《大正藏》第4册，台北新文丰出版公司1983年版，第691页。

《佛说宝网经》卷一：

于是，童子宝网，闻佛所宣真谛之义，心怀悦豫。以金缕织成衣，其价无数，奉上如来。如来应时即如其像三昧正受。①

《菩萨璎珞经》卷一：

过去诸佛法服云何？进趣行来斯用何法？虚空神天叉手白言："过去诸佛，皆着织成金缕袈裟，亦如今日诸天所献。"菩萨即受八万四千织成金缕袈裟。以道神力，而合为一袈裟着体。②

《五佛顶三昧陀罗尼经》卷二：

已次，观坛大界中，想香水海浴释迦牟尼真报身佛。又当一时，想浴一切佛身，及佛种族菩萨咒神并咒神。想总浴已，又想种种栴檀涂香，一时涂饰一切佛身，及佛种族咒神等。又想种种奇妙缯绮、金缕袈裟、头冠璎珞，及诸衣服。一时披串一切佛身，及佛种族菩萨呪神。③

以上五条材料说明：（1）最初，金襕袈裟叫"金缕织成衣"，为释迦牟尼姨母大爱道专为释迦牟尼所织。（2）世尊如来在行将

---

① 《佛说宝网经》，《大正藏》第14册，台北新文丰出版公司1983年版，第85页。
② 《菩萨璎珞经》，《大正藏》第16册，台北新文丰出版公司1983年版，第7页。
③ 《五佛顶三昧陀罗尼经》，《大正藏》第19册，台北新文丰出版公司1983年版，第271页。

涅槃之际，将金襕袈裟传给阿难（一说迦叶），再由阿难传递给未来佛弥勒，弥勒传送给佛、法、僧。（3）其他弟子亦可以金襕袈裟奉佛。（4）金襕袈裟后来被附会为诸佛如来所著衣。（5）密教中仍重视金襕袈裟。其中，前三条在中国的影响很大。

（二）唐代相关记载

唐代有关金襕袈裟的记载，仅取其四。

《大唐西域记》卷六：

> 其侧不远有窣堵波，是如来于大树下东面而坐，受姨母金缕袈裟。次此窣堵波，是如来于此度八王子及五百释种。①

《大唐西域记》卷九：

> 如来化缘斯毕，垂将涅槃，告迦叶波曰："我于旷劫勤修苦行，为诸众生求无上法。昔所愿期，今已果满。我今将欲入大涅槃，以诸法藏，嘱累于汝。住持宣布，勿有失坠。姨母所献金缕袈裟，慈氏成佛，留以传付。"②

《释迦方志》卷下：

> 初，佛以姨母织成金缕袈裟，传付慈氏佛，令度遗法四部弟子。迦叶承旨，佛涅槃后第二十年，捧衣入山，以待慈氏。③

---

① 玄奘、辩机：《大唐西域记》，《大正藏》第51册，台北新文丰出版公司1983年版，第902页。

② 玄奘、辩机：《大唐西域记》，《大正藏》第51册，台北新文丰出版公司1983年版，第919页。

③ 道宣：《释迦方志》，中华书局1983年版，第70页。

《法苑珠林》卷三十五：

> 《西域志》云：娑罗双树林边别有一床，是释迦佛素像在上。右胁而卧，身长二丈二尺四寸。以金色袈裟覆上，今犹现在，数放神光。又，王舍城东北，是耆阇崛山，有佛袈裟石。佛在世时，将就池浴脱衣于此，有鹫鸟衔袈裟升飞。既而坠地，化成此石。纵横叶文，今现分明。其南有佛观田，命弟子难陀制造袈裟处，并数有瑞光现。大唐使人王玄策等，前后三回往彼，见者非一。①

根据上述材料可知：第一，唐代旅行家赴印巡礼圣迹，往往遇到金襕袈裟传说。第二，玄奘记金襕袈裟事二条：一是释迦牟尼姨母织而奉佛，二是释迦牟尼传金襕袈裟给迦叶，由迦叶交付慈氏弥勒。第三，王玄策见佛像上覆盖金色袈裟，是后人的礼佛行为。这一行为影响到中国北宋求法僧人。

(三) 两宋的相关记载

两宋时期，金襕袈裟受到佛教界特殊重视，相关记载很多，今取数条。

《佛祖历代通载》卷十八：

> 杭州慧日永明智觉禅师示寂。讳延寿，余杭人，姓王氏。……开宝七年（974）入天台山。度戒万余人。常与七众受菩萨戒。夜施鬼神食，朝放诸生类。六时散花，行道余力。念《法花经》一万三千部，着《宗镜录》一百卷，诗偈赋咏

---

① 道世：《法苑珠林》，《大正藏》第53册，台北新文丰出版公司1983年版，第559页。

凡千万言。高丽国王览师言教，遣使赍书叙弟子礼。奉金缕袈裟、紫晶数珠、金澡灌等，彼国僧三十六人，亲承印记归国，各化一方。开宝八年乙亥十二月二十六日（976）辰时，焚香告众，跏趺而逝。①

《佛祖统纪》卷四三：

（太平兴国）八年（983）六月……沙门法遇自西天来。献佛顶舍利、贝叶梵经。法遇化众造龙宝盖、金襕袈裟，将再往中天竺金刚座所供养。乞给所经诸国书，诏赐三佛齐、葛古罗、柯兰诸国敕书以遣之。②

《佛祖统纪》卷四四：

（景德）四年（1007），诏遣使送金襕袈裟，往惠州罗浮山中阁寺奉释迦瑞像，仍为国建祈福道场，感五色祥禽集于斋所。此像高八尺，来自西天。隋开皇中，释慧喜安龙华寺。会昌废毁像，灵不可坏，道士藏于都虚观。咸通中，海南节度使韦宙迎至中阁寺。③

《佛祖统纪》卷五一：

徽宗（1101—1125年在位）。沙门惟白进续灯录，敕入大藏。赐佛国禅师金襕衣。④

---

① 《历代佛祖通载》，《大正藏》第49册，台北新文丰出版公司1983年版，第658页。
② 《佛祖统纪》，《大正藏》第49册，台北新文丰出版公司1983年版，第398页。
③ 《佛祖统纪》，《大正藏》第49册，台北新文丰出版公司1983年版，第403页。
④ 《佛祖统纪》，《大正藏》第49册，台北新文丰出版公司1983年版，第455页。

《大明高僧传》卷五《庆元育王山沙门释端裕传》：

> 释端裕，号佛智，吴越钱王之裔也。……皇太后幸韦王第，召裕演法，赐金襕袈裟，乞归西华旧隐。绍兴戊辰1148秋，赴育王之命。①

《真歇清了禅师塔铭》：

> （绍兴）二十一年（1151）勅建崇先显孝禅院成，诏师主席。六月入院，暑行疾作。九月壬子，慈宁太后诣寺，师力疾开堂。垂箔听法，问答提唱，一席光耀。赐金襕袈裟、银、绢等物。②

《佛祖统纪》卷四八：

> 嘉禧元年（1237），太后王氏薨，诏径山师范禅师，入对修政殿，赐金襕袈裟。……
>
> 绍定二年（1229），有旨……赐赉甚渥。诏法昭法师住下天竺，寻迁上天竺，补右街鉴义。赐佛光法师进录左街，赐金襕袈裟，召见倚桂阁，对御称旨。时集庆寺新成，有旨命法照开山，力辞，举白莲观主南峯诚法师以代。明年，诚公入寂，诏佛光兼住持，转左右街都僧录，御书"晦岩"二大字赐之。又于天基节召见延和殿讲《华严经》，大书"灵山

---

① 《大明高僧传》，《大正藏》第50册，台北新文丰出版公司1983年版，第916—917页。
② 《真歇清了禅师塔铭》，《大正续藏》第71册，台北新文丰出版公司1983年版，第777—779页。

堂"以赐。东宫成，引见复古殿，讲《般若经》，并赐紫金襕衣，斋于明华殿。①

从以上材料可知：（1）北宋初期，朝鲜王室曾向中国高僧赠送金襕袈裟；有中国高僧西行印度，并向金刚座奉献金襕袈裟；亦有向印度传来佛像奉献金襕袈裟的例子。但尚未发现皇帝赐中国高僧金襕袈裟的资料。也许当时人们认为只有佛才配享用金襕袈裟。（2）北宋末年，才有皇帝赐外国高僧金襕袈裟的例子。（3）南宋时期，皇帝赐高僧金襕袈裟的例子渐多。说明金襕袈裟的价值有所贬低。

（四）元明的相关记载

元明时期，皇帝赐高僧金襕袈裟的例子很多。仅举数例。
《庐山莲宗宝鉴》卷一：

> 元贞二年（1296）正月，又钦奉圣旨，赐通慧大师白莲宗主，仍赐金襕袈裟于大德五年（1301）十月。②

《昙芳守忠禅师语录》卷二：

> 上遣使，函香至蒋山，谢宝公兼劳师。师先一夕，梦神人惠以一印。早作，而使者至，赐金绮袈裟，授师佛海普印大禅师。……（至顺）二年辛未（1331）正旦，朝大明殿，赐金襕袈裟。勅学士虞集，撰《重兴蒋山寺记》，及大书

---

① 《佛祖统纪》，《大正藏》第49册，台北新文丰出版公司1983年版，第432页。
② 《庐山莲宗宝鉴》，《大正藏》第47册，台北新文丰出版公司1983年版，第303—304页。

"广慈庵"。①

《海印昭如禅师塔铭》：

  师杨姓，昭如名，海印其自号。世居临江之新淦，生宋淳佑丙午（1246）十二月二十日。以莲社家儿，能言即随母邹氏作梵呗声。七岁，出家学佛……
  元贞丙申（1296），赐号普照大禅师，给金襕袈裟。②

《续传灯录》卷三六：

  杭州径山元叟禅师（1255—1341），讳行端，族临海何氏……至治壬戌（1322）径山虚席，宣政行院请师补其处。师至是凡三被金襕袈裟之赐。③

元代获御赐金襕袈裟的高僧还有多人，兹不余列。明代获赐金襕袈裟者已稀，仅举一例。

《补续高僧传》卷二五《德琮传》：

  德琮，姓杜氏，唐拾遗子美之后也。出家崇山，自食其力。水耕火种，两股皆有日炙痕。博通内外典，素不出山教化，人罕知之。成祖使中官至汴，廉得其名，还奏于朝。适西番进一僧至，言三教九流，无不通彻，堪为中国王者师。上不悦曰："堂堂天朝，岂无一人可当之？"诏征德琮至，赐

---

① 《昙芳守忠禅师语录》，《大正续藏》第71册，台北新文丰出版公司1983年版，第177—178页。
② 《海印昭如禅师塔铭》，《大正续藏》第70册，台北新文丰出版公司1983年版，第654页。
③ 《续传灯录》，《大正藏》第51册，台北新文丰出版公司1983年版，第712页。

金襕袈裟、银钵盂。明旦，普召众僧，各坐高几，辩对其僧，谈吐出入九经，滔滔如注水。琮讷于应对，众初疑之。有顷，忽问西僧："谛字何义？"西信应稍迟，琮乃大声训解。鸠大藏，探儒书，历示以字学之义，曰："此而不知，焉用称学？"西僧羞恚，顶礼叹服辞去。上喜，召入赐坐。即日授左善世，为作室鸡鸣山，以为修藏之所。①

从以上例子可知，（1）元代虽短，但皇帝赐金襕袈裟的例子却很多，说明其时皇帝虽尊藏传佛教，亦笼络内地高僧，不吝赏赐。（2）明代皇帝很少赏赐金襕袈裟，也许以为没有必要铺张。

（五）禅宗对金襕袈裟的特别重视

从上面的例子可以看出，元代皇帝所推重的内地高僧，多为禅宗一脉的禅师。这大概说明三个问题：（1）禅宗重视金襕袈裟，故多记载。（2）禅宗还特别重视传承，禅宗传承的著作颇多，如《禅林僧宝传》《景德传灯录》《传法正宗记》《续传灯录》《五灯会元》《指月录》《续指月录》等等，记载故多。（3）禅宗还特别强调自己一派为法脉正宗。（4）元代皇帝大约知道禅宗高僧重视金襕袈裟，故投其所好，频繁赏赐。

那么，禅宗人士为何特别重视金襕袈裟呢？试看下面两条材料。

《历代法宝记》卷一：

所以释迦如来传金襕袈裟，令摩诃迦叶在鸡足山，待弥勒世尊下生分付。今恶世时，学禅者众。我达摩祖师遂传袈

---

① 《补续高僧传》，《大正续藏》第77册，台北新文丰出版公司1983年版，第531页。

裟表其法正，令后学者有其禀承也。①

《弘戒法仪》卷一：

> 世尊以金襴袈裟付大迦叶，而禅、法、律并传。名之曰祖印者，盖以实相无相、涅槃妙心为三宗之的旨也。②

我们知道，在唐代，禅宗五祖、六祖的传承中出现了激烈竞争，以至于后来出现了南北两个大的派系，各自标榜自己一派为正宗。那么，以什么来证明自己是正宗呢？这就要看"衣钵"在谁的手里。这个"衣"，就是袈裟。而当时所传袈裟尚不是金襴袈裟。到了宋代，禅宗进一步发展，各个小的宗派遍布全国，也影响到海外。在这种情况下，一方面需要更加强调传承，要将自己的派系追溯至佛祖释迦牟尼，所以出现了不少记载传承的著作；另一方面也需要注重当世，看谁更受到皇家的认可，因此就更加看重皇帝所赐金襴袈裟。而金襴袈裟又有佛经的依据，所以格外受到重视。

（六）对明代神魔小说的影响

日前读明代小说，也发现了金襴袈裟的踪影。

例如，《西游记》第八回说，如来佛让观音到东土寻找取经人，拿出五件宝贝准备给取经人，其中之一是"锦襴袈裟"（即金襴袈裟的误写）。第十二回说观音和木叉到长安城寻找取经人，拿出"锦襴袈裟"叫卖，并有大段的赞辞，夸饰袈裟的神异功能。

---

① 《历代法宝记》，《大正藏》第 51 册，台北新文丰出版公司 1983 年版，第 183 页。

② 《弘戒法仪》，《大正续藏》第 60 册，台北新文丰出版公司 1983 年版，第 576 页。

第十六、第十七两回，则围绕"锦襕袈裟"被盗展开了一场神魔之争，黑熊精盗走袈裟，观音收服黑熊。第三十七回，"锦襕袈裟"再次引起故事，孙悟空借此袈裟大做文章。

此外，《南游记》卷四《华光三下酆都》中也提到太乙救苦天尊身穿"金銮袈裟"（也是"金襕袈裟"的误写）。

既然金襕袈裟在元明两朝那么著名，出现于明代神魔小说就不足为怪了。

文化交流篇

一　晋宋间中斯文化交流

中国与斯里兰卡文化交流的历史，至少可以追溯到汉武帝时期（前140—前87），因为《汉书·地理志》记载了当时的一条从中国南海到印度洋的航线，其中提到此航线的彼端为"已程不国"，多数学者以为此国名即师子洲的音译，即今斯里兰卡[①]。

然而，中斯文化交流的第一个高潮是在两晋及刘宋时期形成的。

（一）两晋时期的交流

1. 私诃条国

到两晋时期（265—420），中国人已经明确地称斯里兰卡为师子国了。但是，我们还注意到，此时斯里兰卡还有一个异称，叫作"私诃条"（或私诃调、私呵调）。

据《太平御览》：

> 支僧载《外国事》曰：私诃条国在大海中，地方二万里，大山名三漫屈。有石井，井中生千叶白莲花，数种井边。石上有四佛足迹。每月六斋日，弥勒菩萨常以诸天神礼佛迹，

---

① 参见周运中《中国南洋古代交通史》，厦门大学出版社2015年版，第98、99页。

毕便飞去。国王长者常作金树银花，银树金花，以供奉佛。（卷七九七）

《外国事》曰：私呵调国王供养道人，日银三两。（卷八一二）

支僧载《外国事》曰：私诃调国金道辽山有毗呵罗寺。寺中有石瓮，至有神灵。众僧饮食欲尽，寺奴辄向石瓮作礼，于是食具。（卷九三二）

支僧载的生平事迹无从查找，其所作《外国事》一书也早已亡佚。因此，关于他的生平也只能根据一些蛛丝马迹予以推测。《外国事》记载了不少印度佛教圣地的情况，各地间的里程也记得清楚，说明他很可能亲历过印度，但不一定去过斯里兰卡。他关于"私诃条"国的记载，虽然我们一时不能确定其所提到的两座山名（"三漫屈"和"金道辽"）的来源，但却基本可以断定私诃条即斯里兰卡。根据伯希和的观点，私诃条的梵文为 Simhadvipa[①]。与此相近的另一种译法为私诃叠，见于支娄迦谶译的《杂譬喻经》："海中有一国，名私诃叠。中多出珍宝，唯无石蜜。"[②]

支娄迦谶约活动于 2 世纪，为后汉时人。显然，私诃叠、私诃条等都是同一个国名的音译，意思是狮子岛或狮子洲。到两晋时期，已经不大使用私诃叠和私诃条这样的古老译名了，甚至也不大使用狮子洲这一译名（唐代义净使用较多）了。

至于支僧载的生活年代，学界一般认为他西行印度在法显之前，如果再考虑到私诃条国这一译名的古老，则大体可以认为他活跃于西晋（265—316）前后。他对私诃条国的介绍，使中国人对斯里兰卡有了进一步的了解。

[①] 参见费琅《叶调斯调与爪哇》和伯希和《叶调斯调私诃条黎轩大秦》，分别载于冯承钧《西域南海史地考证译丛》第一卷和第二卷，商务印书馆 1995 年影印版。

[②] 《杂譬喻经》，《大正藏》第 40 册，台北新文丰出版公司 1983 年版，第 500 页。

2. 师子国人来华及奉献

（1）昙摩

《高僧传》卷十三《慧力传》记曰：慧力于晋永和年间（345—356）到京师建康（今南京），兴宁（363—365）中营建瓦官寺。后，寺内安置有戴安道（戴逵，326—396）雕塑的五尊佛像，及戴顒（戴逵次子，378—441）所铸"丈六金像"，"又有师子国四尺二寸玉像，并皆在焉。昔师子国王闻晋孝武精于奉法，故遣沙门昙摩抑远献此佛。在道十余年，至义熙中乃达晋"。[①] 其中，昙摩抑，可还原为梵文 Dharmaditya（法日）或 Dharmajit（法胜）。这是斯里兰卡僧人来华的最早记录。所赠玉像则开启了斯里兰卡向中国赠送佛像之先河，也是中国人初次领略到斯里兰卡的造像艺术。

《梁书·诸夷传》亦记晋义熙初（约405）师子国遣使献玉像事。这是中斯间政府往来的最早记录。昙摩也因此在中国史籍中留下名字。而这里的昙摩（梵文 Dharma，巴利文 Dhamma，常译为达摩或达磨）应即昙摩抑的省译。

昙摩带来的这尊师子国玉佛非常著名，加上顾恺之（字长康，348—409）所绘维摩诘像，和戴逵的塑像，被称为"瓦官寺三绝"，后世常被提起，是中国美术史上的一段佳话。

隋代费长房《历代三宝纪》卷三记曰："义熙元二年，师子国遣沙门昙摩来献白玉像，高四尺二寸，此像今来在兴善寺。"[②] 也就是说，这尊师子国使者沙门昙摩送来的玉像，到隋代已经移送至长安大兴善寺了。但是，还有另外一个说法。据《佛祖统纪》卷三六："瓦官寺有师子国玉像，戴安道手制佛像五躯，顾长康维摩画图，世谓之三绝。东昏侯取玉像，为潘贵妃毁作钏钗。都人

[①] 慧皎：《高僧传》，汤用彤校注，中华书局1992年版，第481页。
[②] 费长房：《历代三宝记》，《大正藏》第49册，台北新文丰出版公司1983年版，第40页。

为之叹恨。"① 这也是可能的。

唐人沈佺期有《红楼院应制》七律，也提及昙摩：

红楼一见白毫光，寺逼宸居福盛唐。支遁爱山情谩切，昙摩泛海路空长。

经声夜息闻天语，炉气晨飘接御香。谁谓此中难可到，自怜深院得徊翔。②

总之，这是中国和斯里兰卡间的一次佛教交流，又是一次艺术交流。

(2) 师子国婆罗门

《高僧传》卷六《道融传》记载了一位师子国婆罗门的故事：

师子国有一婆罗门，聪辩多学，西土俗书罕不披诵，为彼国外道之宗。闻什在关大行佛法，乃谓其徒曰："宁可使释氏之风独传震旦，而吾等正化不洽东国？"遂乘驼负书来入长安。姚兴见其口眼便僻，颇亦惑之。婆罗门乃启兴曰："至道无方，各尊其事。今请与秦僧角其辩力，随有优者，即传其化。"兴即许焉。时关中僧众相视缺然，莫敢当者。什谓融曰："此外道聪明殊人，角言必胜。使无上大道在吾徒而屈，良可悲矣！若使外道得志，则法轮摧轴，岂可然乎？如吾所观，在君一人。"融自顾才力不减，而外道经书未尽披读。乃密令人写婆罗门所读经目，一披即诵。后克日论义，姚兴自出，公卿皆会阙下。关中僧众，四远必集。融与婆罗门拟相酬抗。锋辩飞玄，彼所不及。婆罗门自知辞理已屈，犹以广读为夸。融乃列其所读书，并秦地经史名目卷部，三倍多之。

---

① 《佛祖统纪》，《大正藏》第49册，台北新文丰出版公司1983年版，第347页。
② 《全唐诗》卷九十六，中华书局1960年版，第1042页。

什因嘲之曰："君不闻大秦广学，那忽轻尔远来？"婆罗门心愧悔伏，顶礼融足。数日之中无何而去。①

这里说的是一位师子国的"外道"（通常指婆罗门教信徒）婆罗门听说鸠摩罗什（约343—约413）在关中（指长安一带）弘扬佛教，便骑着骆驼驮着经书来到长安，要与鸠摩罗什等辩论。鸠摩罗什指定弟子道融与之辩论，结果婆罗门辩论失败。值得注意的是，这位师子国婆罗门大约不是从海上来，而是从西域（很可能是印度）来，所以会骑着骆驼入长安。其来华时间为后秦姚兴（394—415年在位）之时，因鸠摩罗什卒年有多种说法，此次辩论的具体时间很难考证，也许在406年鸠摩罗什译出《妙法莲华经》后不久。

这场辩论是有意义的。主要意义在于，通过婆罗门教与佛教（甚至包括儒家学说）的交锋，进一步巩固了佛教在中国文化史上的地位。

3. 中国僧人访问兰卡

这一时期去斯里兰卡访问的中国人应不止法显（337—422）一人。但有确凿记载的仅法显而已。这里不谈法显的出身及旅印的经历，而仅谈其在斯里兰卡的大致经历。

据《法显传》，当年法显沿恒河东行，来到多摩梨帝（Tamalitti又译耽摩栗底，巴利文，在今印度西孟加拉邦塔姆卢克，Tamluk）国。这是个以港口为中心的国家，当时那里有24座佛寺住有僧人。法显住此二年，写经及画像。然后于409年入冬之际乘坐商人大舶泛海，西南行，得冬初信风，经十四昼夜到达师子国。

法显详细地记载了他在师子国的经历和见闻。他先讲述了斯

---

① 慧皎：《高僧传》，汤用彤校注，中华书局1992年版，第241页。按：《历代三宝纪》卷八、《大唐内典录》卷三、《佛祖统纪》卷三六等记载了同一件事。

里兰卡的地理和物产，空前准确而详细：

> 其国本在洲上，东西五十由延，南北三十由延。左右小洲乃有百数。其间相去或十里二十里，或二百里，皆统属大洲。多出珍宝、珠玑。有出摩尼珠地方可十里，王使人守护，若有采者十分取三。

又讲述那里古代居民的传说及贸易之盛："其国本无人民，正有鬼神及龙居之。诸国商人共市易。市易时，鬼神不自现身，但出宝物题其价直。商人则依价雇直取物。因商人来往住，故诸国人闻其土乐，悉亦复来。于是遂成大国。"介绍了那里的气候："其国和适，无冬夏之异。草木常茂，田种随人，无有时节。"

又介绍了佛足迹和无畏山寺的佛教情况：

> 佛至其国，欲化恶龙，以神足力，一足蹑王城北，一足蹑山顶。两迹相去十五由延。王于城北迹上起大塔，高四十丈，金银庄挍，众宝合成。塔边复起一僧伽蓝，名无畏，山有五千僧。起一佛殿，金银刻镂悉以众宝。中有一青玉像，高三丈许，通身七宝焰光，威相严显，非言所载。右掌中有一无价宝珠。

法显离开汉地多年，接触的都是外国人，看到的山川草木也都是异域风光。同行的伙伴们要么死掉，要么离开了他。现在只剩他一个人，未免感到孤独和伤感。然而就在这青玉佛像旁边，他见到有商人以一白绢扇供养佛。不觉凄然泪下，老泪纵横。他思念故国的情怀由此可见。

然后，法显依次介绍了佛殿旁的贝多树、树下精舍。又记录了佛牙精舍、市内屋宇、街道和佛牙游行的详细情况。

佛齿常以三月中出之。未出前十日，王庄挍大象，使一辩说人着王衣服骑象上击鼓唱言："菩萨从三阿僧祇劫作行不惜身命，以国、城、妻子及挑眼与人，割肉贸鸽，截头布施，投身饿虎，不悋髓脑。如是种种苦行，为众生故成佛。在世四十五年说法教化，令不安者安，不度者度。众生缘尽，乃般泥洹。泥洹已来一千四百九十七岁，世间眼灭，众生长悲。却后十日，佛齿当出至无畏山精舍。国内道俗欲殖福者，各各平治道路，严饰巷陌。办众华香供养之具。"如是唱已，王便夹道两边作菩萨五百身已来种种变现，或作须大拏，或作睒变，或作象王，或作鹿马。如是形像，皆彩画庄挍，状若生人。然后佛齿乃出，中道而行。随路供养，到无畏精舍佛堂上。道俗云集，烧香然灯，种种法事，昼夜不息。满九十日乃还城内精舍。

继而又记支提精舍、大寺。法显还目睹了大寺高僧的火化仪式，并予以详细记录。介绍了当时的国王笃信佛法的情况。

法显在师子国还遇到一位天竺高僧，聆听他讲经说法。对他讲述佛钵在各地流转的情况记忆犹深。说佛钵本在毗舍离（又译吠舍离，在今印度比哈尔邦北部），今在揵陀卫（又译犍陀罗，在今巴基斯坦北部），若干百年当复至西月氏国（当指今阿富汗一带），若干百年当至于阗国（今中国新疆和田一带），若干百年当至屈茨国（今中国新疆库车一带），若干百年当复至师子国，若干百年当复来到汉地，若干百年当还中天竺已。

法显住此国二年。更求得《弥沙塞律》藏本，得《长阿含》《杂阿含》，复得一部《杂藏》，此悉汉土所无者。①

---

① 以上关于法显的引文均见《法显传》，《大正藏》第51册，台北新文丰出版公司1983年版，第864—865页。

4. 自兰卡输华的佛经

（1）法显自兰卡带回的佛经

法显由印度和斯里兰卡得到佛经共 11 部，他去世前，译出 6 部 63 卷[1]。但其中并无他自斯里兰卡带回的三部佛经。而只有《杂藏经》一卷，据说即《法显传》中所说的《杂藏》[2]。

其中，《弥沙塞律》又称《五分律》，是南传佛教的戒律。当年法显没来得及翻译而去世。正当建康的高僧们为此而惋惜遗憾之际，精通南传佛教戒律的罽宾（今克什米尔地区）僧人佛驮什（Buddhjiva，约活动于 5 世纪）于刘宋景平元年（423）来到建康。应道生等人之请，佛驮什于当年十一月开始翻译，沙门智胜传译，道生和慧严笔受，于次年四月译出 34 卷（现存本仅 30 卷）。

《长阿含经》，在后秦弘始十五年（413）即法显回国之际，有佛陀耶舍（Buddhayasas，月活动于 4、5 世纪）和竺佛念共同译出。说明法显出国期间国内已有此经。

《杂阿含经》五十卷，《历代三宝纪》卷十：此是法显带回的梵本，由天竺三藏求那跋陀罗（Gunabhadra，394—468）大约于 436 年于瓦官寺译出，一说于祇洹寺译出。

（2）提婆著作的汉译

提婆（Deva），约生活于 3 世纪，约当中国的三国时期或西晋前期。他是印度大乘佛教中观派的代表人物之一，龙树（Nagarjuna，约生活于 2、3 世纪）的弟子，又名圣天（Aryadeva）。《提婆菩萨传》说他生于南印度，而玄奘《大唐西域记》卷八则说他来自师子国。据玄奘记载，当时北印度波吒釐子城（Pataliputra，即华氏城，今比哈尔邦巴特那）印度教兴盛，佛道式微，每有论辩，

---

[1] 僧祐：《出三藏记集》，苏晋仁、萧錬子点校，中华书局 1995 年版，第 55 页。
[2] 参见王邦维《杂藏考》，《国学研究》第二卷，北京大学出版社 1994 年版，第 561 页。

佛僧必败。提婆前往与外道辩论，大获全胜。后被外道弟子谋杀。提婆继承了龙树的大乘空宗思想，有很多著述，流传下来并被译为汉文和藏文的有：（1）《百论》二卷，曾有两译，译者皆为鸠摩罗什。（2）《四百论》，十六品四百颂，有藏文全译，汉文仅有玄奘节译的《广百论本》，内容为本论的后八品二百颂。（3）《百字论》一卷，北魏菩提流支（Boddhiruci，约生活于5、6世纪）汉译。亦有藏译。

这里，我们把提婆视为斯里兰卡人。他的著作虽然未必在斯里兰卡写成，但其汉藏译文在中国影响很大，历代有不少研究论文。故仍可认为这是中斯文化交流的一项内容。

（3）《难提密多罗说法住记》的汉译

玄奘译《大阿罗汉难提蜜多罗所说法住记》云：

> 如是传闻，佛薄伽梵般涅盘后八百年中，执师子国胜军王都，有阿罗汉名难提蜜多罗（唐言庆友）。具八解脱、三明、六通、无诤愿智、边际定等。无量功德，皆悉具足。有大威神，名称高远。以愿智力能知此界一切有情种种心行，复能随顺作诸饶益。[①]

《法苑珠林》卷三十有同样记载。

这里要说的是，此"胜军王"很可能即斯里兰卡历史上的著名国王摩诃先那（274—301），梵文为 Mahasena，意思是大军王。南传佛教以为，前544或前543年佛陀涅槃，所谓此"后八百年中"，则与摩诃先那的时间正相吻合，略当中国的西晋时期。而难提密多罗，玄奘意译为庆友，梵文为 Nandimitra。我们不知道庆友说法的这卷记录出自何人手笔，也不知道它如何传入中国，但既

[①] 《大阿罗汉难提密多罗所说法住记》，《大正藏》第49册，台北新文丰出版公司1983年版，第12页。

然玄奘选择了它，并将它译出，则说明它对中国佛教是有意义的。

（二）刘宋时期的交流

刘宋时期（420—479）虽然仅有短短的 59 年，但这一时期的中斯文化交流还是很活跃的。原因很可能是斯里兰卡方面正处于一位伟大君王达都舍那（Dhatusena）在位期间（455—473）。这期间，中斯间不仅有政府间的交往，有物质交流，也有佛教交流。

1. 师子国"献方物"

（1）文献记载

据《宋书》卷九十七记载，师子国国王刹利摩诃南于元嘉五年（428）派使者来华，奉表曰：

> 谨白大宋明主，虽山海殊隔，而音信时通。伏承皇帝道德高远，覆载同于天地，明照齐乎日月。四海之外，无往不伏，方国诸王，莫不遣信奉献，以表归德之诚。或泛海三年，陆行千日，畏威怀德，无远不至。我先王以来，唯以修德为正，不严而治，奉事三宝，道济天下，欣人为善，庆若在己，欲与天子共弘正法，以度难化。故托四道人遣二白衣送牙台像以为信誓，信还，愿垂音告。①

这是见于中国文献记载的第三次由斯里兰卡向中国赠送佛像。"牙台像"应指象牙底座的佛像。值得注意的是，表中说"音信时通"，说明当时的往来不少，只是没留下记载而已。晋代，斯里兰卡使者来华要十年时间，而此时则仅需五年左右，说明交通比以前便利了许多。但"四道人"和"二白衣"均未留下姓名。

《宋书》卷五："元嘉七年（430）秋七月甲寅，师子国遣使

---

① 沈约：《宋书》，中华书局 1974 年版，第 2385 页。

献方物。""元嘉十二年（435）六月，师子国遣使献方物。"记得很笼统。

《太平御览》卷七八七又记："《宋元嘉起居注》曰：师子国遣使奉献。诏曰：此小乘经甚少，彼国所有，皆可悉为写送之。闻彼邻多有师子，此所未睹，可悉致之。"

从宋文帝的诏令看，当时人们虽然知道斯里兰卡信仰小乘佛教，但对师子国还是望文生义，误以为那里出产狮子。皇帝出于好奇，也出于贪婪，要"悉致之"。

（2）"火浣布"的传奇

火浣布，《三国志·魏书·三少帝纪》说："景初三年二月，西域重译献火浣布，诏大将军、太尉临试以示百僚。"这里，仅言西域，并未指明为南亚某国。《晋书》卷一一三《符坚传》说"天竺献火浣布。"关于火浣布，不少书都有记载，除了《后汉书·西域传》中提到大秦国出火浣布外，还有一些杂著，如《异物志》《博物志》《列子》《傅子》《搜神记》《神异经》等，都曾提到它；后来《梁书·诸夷传》也曾提到南海一"自然大洲"产火浣布，一直到唐宋类书《艺文类聚》《太平御览》等。有的说是树皮织成，有的说是鼠毛织成。西到大秦，东至南海，似乎都是它的产地。其中，《异物志》说出斯调国，与《洛阳伽蓝记》卷四所记同。

《洛阳伽蓝记》卷四：

> 斯调国出火浣布。以树皮为之，其树入火不燃。凡南方诸国，皆因城廓而居。多饶珍丽，民俗淳善，质直好义。亦与西国大秦、安息、身毒诸国交通往来，或三方四方。浮浪乘风，百日便至。率奉佛教，好生恶杀。[①]

[①] 杨衒之：《洛阳伽蓝记》，《大正藏》第51册，台北新文丰出版公司1983年版，第1017页。

这里在说火浣布的同时，还描写了斯调国与西国的单边和多边贸易。前文说过，不排除朱应、康泰因得之传闻而将斯调国与师子国相混淆，所以这里还是要提及此事。

按照我们今天的知识，那神奇的火浣布大约既不是树皮织成，也不是火鼠毛织成的，而应是石棉织成的。

2. 佛教交流

（1）求那跋摩和师子国八比丘尼

据《高僧传》卷三和《出三藏记集》卷十四，罽宾国（约当今克什米尔地区）僧人求那跋摩（Gunavarman，意译功德铠，367—431）自幼聪敏，14岁便显示出慧根，20岁出家受具足戒，精通佛典。30岁以后先到师子国（今斯里兰卡），成道后又到阇婆国（今印尼爪哇或苏门答腊）传教，与斯里兰卡有缘。后随商船到广州，于元嘉八年（431，一说元嘉七年）正月到达建康，传教译经，同年九月病逝。求那跋摩"深达律品"。其在世时有景福寺比丘尼慧果、净音等，一起请教求那跋摩，说元嘉六年（429）有师子国八名比丘尼至京城建康，问起比丘尼在中国如何受戒之事。求那跋摩予以解答，认为可以随缘，不必拘泥于是否有现成的规定，并举出佛祖为姨母大爱道授戒的例子加以证明。如此，求那跋摩为中国佛教比丘尼受戒提出了理论依据。而这正是由师子国八比丘尼的到来所促成的。

（2）师子国比丘尼铁萨罗等

据《比丘尼传》卷二《僧果传》记载：

> 及元嘉六年，有外国舶主难提，从师子国载比丘尼来。至宋都，住景福寺。后少时问果曰："此国先来已曾有外国尼未？"答曰："未有。"又问："先诸尼受戒那得二僧？"答："但从大僧受。得本事者，乃是发起受戒。人心令生殷重，是

方便耳。故如大爱道,八敬得戒,五百释女以爱道为和上。此其高例。"果虽答,然心有疑。具咨三藏,三藏同其解也。又咨曰:"重受得不。"答曰:"戒定慧品从微至着,更受益佳。"到十年,舶主难提复将师子国铁萨罗等十一尼至。先达诸尼已通宋语,请僧伽跋摩于南林寺坛界,次第重受三百余人。①

根据这段记载,"外国舶主难提"于元嘉六年和元嘉十年(433)两次分别带师子国比丘尼8人和11人到南京。文中虽未明确这位难提(Nandi)是哪一国人,却不能排除其为师子国人的可能。在短短的四年间他便来华两次,并带来师子国比丘尼19人,说明当时中国通往斯里兰卡的航线畅通,而斯里兰卡的佛教界也对中国佛教状况有相当的了解。文中的"三藏"即求那跋摩。师子国八尼本要求在中国重新受戒,但求那跋摩不幸去世,此事搁浅。文中的僧伽跋摩(Samghavarman,意译僧铠或众铠,约活动于四五世纪)为印度人,元嘉十年自西域陆行至南京。此时也正好有铁萨罗等11人到达,僧伽跋摩便应慧果等人的请求,为中斯比丘尼重新授戒。从此,中国佛教有了比丘尼受戒的戒法。

铁萨罗(Tissara)是19名师子国比丘尼中唯一留下名字的人,也是中斯文化交流史上的一位代表人物。

(3) 邪奢遗多和浮陀难提

据《魏书·释老志》:"太安初,有师子国胡沙门邪奢遗多、浮陀难提②等五人,奉佛像三,到京都。皆云,备历西域诸国,见佛影迹及肉髻。外国诸王相承,咸遣工匠,摹写其容,莫能及难提所造者,去十余步,视之炳然,转近转微。"此太安为北魏文成

---

① 《比丘尼传》,《大正藏》第50册,台北新文丰出版公司1983年版,第939页。
② 邪奢遗多、浮陀难提,可分别还原成梵文 Yashaditya(荣日)和 Buddhanandi(佛喜)。

帝拓跋濬年号，即公元455—459年，因此，"太安初"应在455年或456年。这是斯里兰卡僧人来华的另一早期记录。他们一行五人，应是从西域来华，走的是旱路而非水路。他们带来的三尊佛像，应当是浮陀难提在西域观摩过"佛影迹"后所造，属艺术珍品。这既是一次佛教交流又是一次艺术交流。

（三）结语

如《汉书·地理志》所记，中国与斯里兰卡的最早接触是海上贸易，属于物质文化交流。但随着商贸往来，佛教交流和政府使者的往来也渐次展开。可以说，是经济交流带动了佛教交流和政府间的交往。从现存文献的记载看，三国时中国对斯里兰卡的了解是模糊的，很可能是得之传闻。到两晋和刘宋时期，中斯两国僧人往来剧增，也有了政府使者往来的记载，这也间接证明了两国间交通的顺畅和商业往来的频密。与此同时，斯里兰卡也多次向中国赠送佛像，成为中斯佛教交流和艺术交流的一大重要事项。

二 天府之国与中印文化交流

中印文化交流曾经是丝绸之路上文化交流的主要内容。而天府之国作为西南丝绸之路的起点，与中印文化交流关系十分密切。其内容之丰富，不是一两篇文章能说清楚的，写一部大书也不为过。这里仅谈如下八点。

（一）最早的文字记载

我们这个会议的主题是"天府之国与丝绸之路"。需要说明的是，丝绸之路从中国有文字记载的那一天起，就与天府之国紧密相关，也与中印文化交流紧密相关。这个记载就是大家熟知的《史记·大宛列传》和《西南夷列传》中的那段故事：张骞出使西域，在大夏国（约当今伊朗东部和阿富汗北部地区）看到了蜀布和邛竹杖。张骞是汉中城固人，当时巴、蜀、汉中几乎是三位一体，而且城固地处成都通往长安的要道上。所以，张骞对天府之国的物产蜀布和邛竹杖很熟悉。当他在被匈奴人羁押十年后，到大夏国见到了蜀布和邛竹杖的时候，就感到特别亲切，就要问清楚来历。一问方知，这些物产是从天府之国经云南和印度转口贸易到大夏国的。原来，从天府之国到西域还有一条久已存在的丝绸之路——西南道，又称牂牁道、滇缅道等。这条道上的民间贸易很发达。蜀布，过去或解释为苎麻布，稍偏狭，当包括蜀地的丝绸，就是这条道上最主要的货品。

到公元 1 世纪，希腊人写的《爱利脱利亚海周航记》中提到，中国丝和丝织品以印度为转运站，经大夏销往西方①。这就证明，在张骞以后，这条西南丝路还在正常运作当中。

（二）"支那"与丝

张骞的故事发生在公元前 2 世纪。但印度人很早，至少在公元前 4 世纪就知道中国。他们把中国叫作"支那"（梵文 cina）。这也与天府之国有关。中外学者讨论"支那"一词已经 360 多年了，多数人认为是"秦"的对音②，这里不细说。印度人是从哪里知道"秦"的？无非是三个渠道，即西域道、西南道和南海道。笔者倾向于西南道。因为，据《史记》的《秦本纪》和《始皇本纪》记载，秦将司马错于前 316 年伐蜀，灭掉蜀国。又于前 301 年平定蜀侯之乱。嬴政即秦王位时，"秦地已并巴、蜀"。所以，印度人很有可能是从中国西南方得知秦国，并开始称中国为"秦"（支那）的。这个时间与印度方面的文献记载也对得上。

印度有好多古书都提到"支那"，其中有一部《政事论》，约作于前 4 世纪。它不仅提到"支那"，还说到"中国丝成捆的丝"（cinapatta），而且他们还知道，丝是"虫子生的"（kitaja）③。有趣的是，在此后几个世纪，当罗马人以穿丝绸衣服为时尚时，他们还以为丝是从树上长出来的。相比之下，印度人对丝的了解显然更准确。

---

① 季羡林：《中印文化关系史论文集》，三联书店 1982 年版，第 86 页。
② 参见方豪《中西交通史》，岳麓书社 1987 年版，第 64—69 页；伯希和：《支那名称之起源》，载冯承钧译《西域南海史地考证译丛》第一卷第一编，商务印书馆 1995 年版，第 43 页；季羡林《中印文化交流史》，新华出版社 1991 年版，第 13 页；饶宗颐《蜀布与 Cinapatta——论早期中印缅之交通》，饶宗颐《梵学集》，上海古籍出版社 1993 年版，第 233 页。
③ 季羡林：《中国蚕丝输入印度问题的初步研究》，季羡林：《中印文化关系史论文集》，三联书店 1982 年版。

（三）蜀丝与蜀锦

至于蜀地养蚕缫丝的历史，则非常悠久，用李白的话说："蚕丛及鱼凫，开国何茫然，尔来四万八千岁，不与秦塞通人烟。"这虽然是个传说，"四万八千岁"也未免夸张。但四五千年总是可能的。多年来，学界据《华阳国志》《文选》《艺文类聚》等，对蚕丛做过多方考证，公认他为中国养蚕缫丝的先祖。另外，据《史记·五帝本纪》，黄帝正妃嫘祖也教民养蚕，所生二子皆落户四川。又据《淮南子》等书，蜀、蚕二字同义，则蜀国即蚕乡。

养蚕缫丝的目的是纺绸织锦。蜀地既以养蚕缫丝为业，蜀锦则随之名满天下。成都被称为"锦官城"，或简称"锦城"，锦江也因蜀锦而得名。这些都是常识，不必多说。

最近读过一些关于蜀锦在丝绸之路上传播的文章，在谈到蜀锦传入中亚、日本等地时，有考古资料为佐证，是有说服力的。但谈到蜀锦传到南亚次大陆的情况时，往往只有张骞在大夏见到蜀布的例子，显得很单薄。所以，这里要补充几条早期的相关资料。

据《后汉书·班超传》记载，建初九年（公元84年），班超派使者"多赍锦帛遗月氏王"。当时月氏人已经建立了贵霜帝国，统治着印度西北部的大片土地。而当时作为国礼的锦和帛，则是蜀地的特产。尤其是蜀锦，其他地方尚不能生产。

据《魏书·世祖纪上》，太延元年（435）曾遣使二十辈使西域，二年，又遣使六辈使西域。又据《魏书·西域列传》，太延（435—440）中，"遣散骑侍郎董琬、高明等多赍锦帛，出鄯善，招抚九国，厚赐之"。这说明太延年间大魏使者曾频繁去西域，所携礼品主要是锦和帛。董琬、高明没有到印度，但确有大魏使者到过印度，有石刻为证[①]。

[①] 马雍：《巴基斯坦北部所见"大魏"使者的岩刻题记》，《南亚研究》1984年第4期。

《洛阳伽蓝记》载，北魏神龟元年（518），皇家派惠生、宋云去印度取经，"惠生初发京师之日，皇太后敕付五色百尺幡千口、锦香袋五百枚，王公卿士幡二千口。惠生从于阗至乾陀，所有佛事处悉皆流布"。① 这里的"乾陀"即通常所说的犍陀罗国，在今巴基斯坦境内。这里的幡是丝绸所制，已不用说。其锦香袋，当为蜀锦所为。

以上是东汉至北朝的例子。到唐代，例子就更多了，这里仅列两条：（1）据《册府元龟》卷九七四，开元八年（720），唐玄宗赐南天竺使者以锦袍。（2）据《大慈恩寺三藏法师传》卷二，玄奘在那揭罗喝国（今阿富汗贾拉拉巴德一带，玄奘时属于西北印度）"施金钱五十，银钱一千，绮幡四口，锦两端，法服二具"。②

在很长一个时期，中国高僧著文，常以蜀锦比喻华美贵重的事物，并时常将蜀锦与"燕缇"或"吴绫"合称③。

（四）三星堆的海贝

除了我国最早的文字记载外，还有考古资料。这要比文字记载早得多。

三星堆遗址的发掘是20世纪80年代天府之国最重大的考古成就，震撼了世界考古界。人们看到了一种与中原文化既相联系又有区别的不同文化。这个文化与海外也有不少关联。当时四川文管会曾对三星堆一号祭祀坑和二号祭祀坑写出两份发掘简报④，

---

① 范祥雍：《洛阳伽蓝记校注》，上海古籍出版社1958年版，第329页。
② 慧立、彦悰：《大慈恩寺三藏法师传》，孙毓棠、谢方点校，中华书局1983年版，第37页。
③ 见《辩证论》卷四、《法苑珠林》卷一百《兴福部第五》、《古尊宿语录》卷二六等。
④ 参见四川省文物管理委员会等《广汉三星堆遗址一号祭祀坑发掘简报》，《文物》1987年第10期；《广汉三星堆遗址二号祭祀坑发掘简报》，《文物》1989年第5期。

其中说到这两个坑里都发现了大量海贝。有考古学者指出，三星堆一号祭祀坑的年代在殷墟一期和二期之间，即3400年前[①]。

我们知道，四川并不临海，这些海贝是从哪里来的？是从中国东部沿海来的还是别的地方？另外，这些海贝是做什么用的？是用作装饰、观赏还是用作货币？其中有一种虎斑贝，经生物学家鉴定，这种海贝仅产于印度洋阿拉伯海和孟加拉湾一带[②]。而关于这些海贝的用途，有人持不同看法，以为当时还没有货币经济，这些海贝只是装饰品、观赏品。但这恐怕站不住脚，如果拿同一时期的殷墟作比较，甲骨文的"贝"和"朋"都已出现，其作为产品交换等价物的作用已经明显，是最初的货币。三星堆的海贝是大量的，其用途应该是相同的。

（五）最早的印度侨民

《华阳国志·南中志》说永昌郡有"身毒之民"。又说："武帝使张骞至大夏国，见邛竹、蜀布，问所从来，曰：'吾贾人从身毒国得之。'身毒国，蜀之西国，今永昌徼外是也。"身毒即印度古译。永昌今属云南省，汉代为蜀地边陲。其时，永昌西通缅、印，北接巴蜀，为西南丝路的重要节点和货品集散市场。有身毒国商人长期在那里居住，与蜀商接洽贸易，并将蜀布、邛竹杖等货物转运印度及大夏等地，完全是情理中事。

《华阳国志·南中志》还记载永昌郡"土地沃腴，宜五谷。出铜、锡、黄金、光珠、虎魄、翡翠、孔雀、犀、象、蚕、桑、绵、绢、采帛、纹绣。""有梧桐木，其华柔如丝，民绩以为布，幅广五尺以还，洁白不受污，俗名曰'桐华布'。""有阑干细布，阑干，獠言纻也。织成，文如绫锦。又有罽、旄、帛、水精、琉

[①] 参见陈旭《夏商考古》，文物出版社2001年版，第239页。
[②] 参见邓廷良《丝路文化：西南卷》，浙江人民出版社1995年版，第27页。

璃、轲虫、蚌珠。"① 显然，这些物产并不完全是当地特产，而是四方商品的汇集。

（六）中国取经僧

佛教在丝路精神文明交流中占主导地位达千余年之久。而这正是中印文化交流的最大项目。天府之国也曾在这千余年间为中印佛教交流做出过巨大贡献。

最早西行求法而又与天府之国相关的僧人是智猛，据《高僧传》卷三：

> 戊辰之岁（404），招结同志沙门十有五人，发迹长安。……从于阗西南行二千里。始登葱岭，而九人退还。猛与余伴进行千七百里，同侣竺道嵩又复无常。……与余四人共度雪山渡辛头河（印度河）至罽宾国（今克什米尔地区）。……复西南行千三百里至迦维罗卫国（又作释智猛，雍州京兆新丰人。……以伪秦弘始六年甲辰之岁迦毗罗卫，在今印度与尼泊尔交界处）。……后至华氏国（今印度比哈尔邦巴特那一带）阿育王旧都。……得《大泥洹》梵本一部，又得《僧祇律》一部及余经梵本，誓愿流通，于是便反。以甲子岁（424）发天竺，同行三伴于路无常。唯猛与昙纂俱还于凉州，出《泥洹》本，得二十卷。以元嘉十四年（437）入蜀，十六年七月造《传》，记所游历。元嘉末卒于成都。②

智猛取经经历九死一生，15名同伴有9人退缩，4人逝世途中。他在成都期间曾写出一本书《释智猛传》，与《法显传》大约相仿，可惜未得流传。

---

① 任乃强：《华阳国志校补图注》，上海古籍出版社1987年版，第285、286页。
② 慧皎：《高僧传》，汤用彤校注，中华书局1992年版，第125—126页。

二 天府之国与中印文化交流

《释迦方志》卷二:

> 宋元嘉（424—453）中，冀州沙门慧叡，游蜀之西界，至南天竺。晓方俗、音义，为还庐山。又入关，又返江南。①

关于慧叡，《高僧传》卷七有传，文字略多于此。只知他在蜀之西界被劫掠，被迫牧羊，后被赎，周游诸国，至南天竺。但不知他去南天竺走的是哪条道，似乎并非西南道。照理说，川滇离印度更近，求法者可以选择西南道。据《大唐西域求法高僧传》卷上，义净法师在印度听到一个传闻：

> 那烂陀寺东四十驿许，寻殑伽河（即恒河）而下至蜜栗伽悉他钵娜寺（意译鹿园寺），去此寺不远有一故寺，但有砖基，厥号"支那寺"。古老相传云，是昔室利笈多大王为支那国僧所造，于时有唐僧二十许人，从蜀川牂牁道而出，向莫诃菩提（即大菩提寺，意译大觉寺）礼拜。王见敬重，遂施此地，以充停息，给大村封二十四所。于后唐僧亡没，村乃割属余人。现有三村，入鹿园寺矣。准量支那寺，至今可五百余年矣，现今地属东印度王。②

这段文字中提到"蜀川牂牁道"，似乎有人通过此道去印度瞻礼游学。但字里行间有多重疑问。首先，支那寺的位置殊难确定。沿恒河东下四十驿（一驿约三十里）许，已过千里，又如何礼拜离那烂陀不远的大菩提寺？支那寺若离大菩提寺近，如何又"地属东印度王"？其次，支那寺建成的时间，若距义净撰成《大唐西

---

① 道宣：《释迦方志》，范祥雍点校，中华书局1983年版，第98页。
② 义净：《大唐西域求法高僧传》，《大正藏》第51册，台北新文丰出版公司1983年版，第5页。

域求法高僧传》时（691）五百余年，则至少在191年，即东汉晚期，其时印度并未有室利笈多王。"五百"或为三百之误？又如何有"唐僧"二十许人西去？若"五百"为五十之误，则可能有"唐僧"前往，而其时玄奘正在印度，《西域记》与《慈恩传》为何只字未提？总之，义净的这段记载中疑点很多，也许有义净的笔误？或者有刊刻之误？

大名鼎鼎的玄奘是中印文化交流史上的第一伟人。他的事迹不仅在中国广为人知，在印度也家喻户晓。他在洛阳净土寺出家为沙弥，后到长安求学，但因当时大唐初立，长安法师不兴，他便与二兄长捷法师一起来到成都，并在成都空慧寺受具足戒，正式成为法师。这是他与成都的一段因缘。

《大唐西域求法高僧传》卷上记载了4名益州僧人西行求法的事迹[①]：

明远法师，益州清城人，由海路经交趾（今属越南）、诃陵国（约在今加里曼丹岛西部），到师子国，受国王敬重，但因盗取佛牙被捉，受凌辱，去南印度，后不知所终。

义朗律师与弟弟义玄，成都人，从广西由海路经扶南（今柬埔寨）到师子国，敬礼佛牙后去印度，之后便无消息。

会宁律师，成都人，由海路前往印度，中途在诃陵国停留，并与当地高僧合作翻译出佛经《大般涅槃经后分》二卷，命小僧回国报送朝廷，故此经现存。而会宁本人后来去了天竺，不知所终。

以上四人均为益州人，又都循南海道去印度。他们之所以不取西南川滇缅道，一是因为他们要在国内周游访学，二是因为当时的西南通道仍然有诸多凶险。

宋代初年，朝廷出面组织一大批僧人西行求法，为中国佛教

---

① 王邦维：《大唐西域求法高僧传校注》，中华书局1988年版，第67—77页。

求法运动的空前壮举。据《佛祖统纪》卷四十三，乾德四年（966），太祖下诏往西天求法，应诏者157人。《宋史·外国传六》记载稍异："僧行勤等一百五十七人诣阙上言，愿至西域求佛书，许之。"① 范成大《吴船录》所记又有异："继业三藏姓王氏，耀州人，隶东京天寿院。乾德二年，诏沙门三百人入天竺，求舍利及贝多叶书。业预遣中。"② 三处记载各有不同。也许《佛祖统纪》的记载是正确的。范成大《吴船录》记载他于淳熙四年（1177）游历成都、登峨眉山、访牛心寺的一段传奇经历。在牛心寺，他不仅观赏到罗汉图，还发现寺中所藏《涅槃经》，僧人继业在经的背面记载了求法行程。范成大把这段记载抄录下来，使后人得知继业三藏的大体经历。继业回国后赶往京城时，宋太祖已过世，太宗即位（976），也就是说，继业西行回国已经历时十来年。他向朝廷献上西天取回的梵夹和舍利后，皇帝下诏可选择名山修行，继业便选择了峨眉山北边的一处地方，先建庵舍，后建牛心寺。继业留下的西域行程记录对研究中印古代交通很有价值。

与继业同批西行的僧人中还有成都沙门光远。据《佛祖统纪》卷四十三，光远于太平兴国七年十二月（983）到京，向朝廷进献西天竺王子的表文，以及佛顶印、贝多叶、菩提树叶。皇帝命施护三藏译出表文：

> 伏闻支那国有大天子，至圣至神，富贵自在。自惭福薄，无由朝谒。远蒙皇恩，赐金刚座释迦如来袈裟一领，即已披挂供养。伏愿支那皇帝福慧圆满，寿命延长。一切有情，度诸沈溺。谨以释迦舍利附沙门光远以进。③

---

① 脱脱等：《宋史》，中华书局1977年版，第14104页。
② 范成大：《范成大笔记六种》，中华书局2002年版，第204页。
③ 释道法：《佛祖统纪校注》，上海古籍出版社2012年版，第1032页。

光远为中印文化交流增添了一段佳话。

（七）印度来华僧

唐代，有两位印度高僧与蜀地有关，这二人的故事都很神奇，带有民间传说的性质，不妨以中印文学交流视之。

一位是天竺无名僧。据《宋高僧传》卷十九，他在韦皋出生后三日来到韦家，说此子乃诸葛亮转世，将为蜀帅，做剑南节度使二十年，官位极其显贵，会做到中书令太尉。后韦皋于贞元元年（785）出任成都府尹，有功，封南康郡王。顺宗即位时晋升太尉。天竺无名僧的预言一一应验。

另一位是梵僧难陀，事极诡异，今据《宋高僧传》卷二十全录于下：

> 释难陀者，华言喜也，未详种姓何国人乎。其为人也，诡异不伦、恭慢无定。当建中年（780—783）中，无何至于岷蜀。时张魏公延赏之任成都。喜自言："我得如幻三昧，尝入水不濡，投火无灼，能变金石，化现无穷。"初入蜀，与三少尼俱行。或大醉狂歌，或聚众说法。戍将深恶之，亟令擒捉。喜被捉随至，乃曰："贫道寄迹僧门，别有药术。"因指三尼曰："此皆妙于歌舞。"戍将乃重之，遂留连为置酒肉，夜宴与之饮唱。乃假襦袴巾栉，三尼各洞粉黛，并皆列坐，含睇调笑，逸态绝世。饮欲半酣，喜谓尼曰："可为押衙蹋舞乎。"因徐进对舞，曳练回雪，迅起摩跌，伎又绝伦。良久曲终，而舞不已。喜乃咄曰："妇女风邪！"喜忽起，取戍将刀。众谓酒狂，坐者悉皆惊走。遂斫三尼头，皆踣于地，血及数丈。戍将大惊，呼左右缚喜。喜笑曰："无草草也。"徐举三尼，乃筇竹杖也。血乃向来所饮之酒耳。喜乃却坐饮宴，别使人断其头，钉两耳柱上，皆无血污。身即坐于席上。酒巡

到，即泻入断处，面色亦赤，而口能歌舞，手复击掌应节。及宴散，其身自起，就柱取头安之，辄无瘢痕。时时言人吉凶事，多是谜语，过后方悟。成都有人供养数日，喜忽不欲住。乃闭关留之，喜即入壁缝中，及牵之，渐入，唯余袈裟角，逡巡不见。来日，见壁画僧影，其状如日色。隔日渐落，经七日，空有墨迹。至八日，墨迹已灭。有人早见喜已在彭州界。后终不知所之。①

梵僧难陀的故事首见于段成式《酉阳杂俎》，《宋传》袭之。其对后世笔记小说、神魔小说的影响亦甚深远。暂不论。

五代时，又有一梵僧来华，亦神奇。据《佛祖统纪》卷四十三：

(贞明) 四年 (918)，西天三藏钵怛罗至蜀。自言从摩伽陀国至益州，途经九万九千三百八十里。时蜀主王建光天元年 (918) 也。三藏自言，已二百七十岁。②

这里，梵僧钵怛罗的年龄和摩伽陀国③至益州的距离都过于夸张。但重要的是，他东来的路线正是西南丝路。

元代，有一位名叫指空的印度僧人来华。他据称是摩揭陀国第三王子，周游过印度和斯里兰卡，约于 1287 年从新疆进入中国，曾于 1291 年至 1294 年到峨眉山，瞻礼普贤像，并坐禅三年。后至云南、贵州、湖南、湖北、江苏等地传教，1335 年受元朝皇帝接见，并被指派至高丽金刚山进香、传教。1329 年回大都，

---

① 赞宁：《宋高僧传》，中华书局 1987 年版，第 512—513 页。
② 释道法：《佛祖统纪校注》，上海古籍出版社 2012 年版，第 1006 页。
③ 摩伽陀国，Magadha，印度古国名，又作摩揭陀等，疆域历来多变，约指今印度比哈尔邦及其周边地区。

1363年去世，享年108岁①。

（八）佛经翻译与刊刻

佛经是印度文化的一座宝库，其内容包罗万象。佛经的汉译与刊刻是中印文化交流史上的一大重要事项。天府之国于此有过重要贡献。

天府之国人杰地灵，曾出现过费长房这样的译经大德，出现过一些辛勤奉献而默默无闻的翻译家，还曾有印度高僧在此译经。下面只介绍两位译经大德。

据《开元释教录》卷七：翻经学士费长房为成都人，原本出家，北周废佛时还俗，隋朝兴佛，未再出家。又据《历代三宝纪》卷十二，开皇元年（581）冬，有沙门智周等赍西域梵经260部来长安，文帝下敕翻译。随即，大兴善寺成为全国译经中心，一时间大德汇聚，文士济济，王公宰辅，冠盖相望。其时，大兴善寺不仅汇聚有来自印度的高僧，有寓居华夏的印侨，也有自印度取经归来的汉僧，以及学过梵文的僧人、学士等。其中，来自天竺的主要是"开皇三大士"：那连提黎耶舍（又作那连提耶舍）、阇那崛多和达摩笈多。从西域取经归来的中国高僧有宝暹、道邃、智周等十一人。此外尚有内地大德十余人，以及官员和学士等。在大兴善寺的首批翻译家中有多人来自成都，费长房是其中之一。他在译场中担任"笔受"，负责记录和整理翻译出的汉文经文。但费长房的主要成就是编纂出《历代三宝纪》（又称《开皇三宝录》）十五卷，于开皇十七年（597）进献。此书虽属经录，但包括不少中国佛教史内容，历来受到学界重视。

据《续高僧传》卷二、《开元释教录》卷七等，三藏法师阇那崛多来自西北印度的犍陀罗国。起初，他与师友共十人一起翻

---

① 段玉明：《指空——最后一位来华的印度高僧》附录《指空年谱》，四川出版集团巴蜀书社2007年版，第194—196页。

越兴都库什山，进入于阗，辗转到达青海时，十人中多半亡殁，只剩四人。560年，阇那崛多等到达长安，受到周明帝的高规格礼遇，为便于他居住和译经，特地建造了四天王寺。他在长安译出佛经多部。谯王宇文俭出镇益州，阇那崛多应邀同行。他在益州住龙渊寺，做僧主三年，并译出《妙法莲华普门重诵偈》《种种杂咒经》和《佛语经》。周武帝灭佛时，他被迫流落甘肃等地，幸好遇见取经僧宝暹、道邃、智周等人，便一起研究佛经。隋朝建立，阇那崛多等来到长安，成为译经场主力。在那连提黎耶舍故后，阇那崛多成为唯一权威，共译出佛经37部（或39部）176卷（或192卷）。

天府之国对汉文大藏经的刊印也曾做出过贡献。

据《佛祖统纪》卷四十三，开宝四年（971），宋太祖"敕高品、张从信往益州雕大藏经板"。太平兴国七年（982），开封太平兴国寺印经院建成。八年，成都的一大批经板雕成，并送至京城开封。随之开印。这就是中国大藏经史上著名的《开宝藏》。据我国学者研究，《开宝藏》自开印起，经多次增补，直至宋徽宗宣和初年（1119年前后）终止。最后，《开宝藏》收经总数约为1565部、6962卷，分为682帙。学界的评价是，"《开宝藏》是中国的第一部刻本大藏经，开中国刻本大藏经之先河。它的问世无疑是中国刻藏史上一件划时代的事件。中国佛教典籍的传播从此有了一个可以成批生产的规模化的定本；而中国佛教大藏经的雕造也因为有了《开宝藏》这个标本而一发不可止"。[①]

[①] 李富华、何梅：《汉文佛教大藏经研究》，宗教文化出版社2003年版，第83—90页。

三　唐代中斯文化交流

（一）隋代概况

早在两汉时期，海上丝绸之路已经开通，中国与斯里兰卡的交往也随之展开。中经东晋和南朝，南海航路进一步成熟，中斯交往也达到一个高潮。隋代自开国到灭亡，仅38年。即便如此，还是在中外文化交流方面做了几件事。文帝杨坚（581—604年在位）曾聚集高僧大德翻译佛经，成就显著。炀帝杨广（605—618年在位）则开展对外联络。向西，曾派遣使者韦节和杜行满从陆路达印度王舍城。向南，曾于大业三年（607）派遣常骏、王君政等自南海郡乘舟出使赤土国。

《隋书·南蛮列传》记载常骏、王君政行程道：

> 其年十月，骏等自南海郡乘舟，昼夜二旬，每值便风。至焦石山而过，东南泊陵伽钵拔多洲，西与林邑相对。……又南行，至师子石，自是岛屿连接。又行二三日，西望见狼牙须国之山，于是南达鸡笼岛，至于赤土之界。其王遣婆罗门鸠摩罗以舶三十艘来迎，吹蠡击鼓，以乐隋使，进金锁以缆骏船。月余，至其都，王遣其子那邪迦请与骏等礼见。①

---

① 魏征等：《隋书》，中华书局1973年版，第1834—1835页。

从这段记载可知，这个赤土国是一个较大的国家，并明显受到印度文化的影响。现在的问题是，这个赤土国到底在哪里？对此，中外学者有许多考证和推导，众说纷纭。早年，冯承钧先生指出："此赤土应在马来半岛之中，旧考谓在暹罗境内误也。"① 近年，青年学者周运中先生通过梳理和分析考证，得出更具体的结论，认为赤土国在今马来西亚北部吉打州一带②。文中的师子石并不是师子国，而是泰国湾中的某个小岛。也就是说，常骏等人只是绕过中南半岛，进入泰国湾，然后直奔赤土国而去，并未穿越马六甲海峡，自然离斯里兰卡有很遥远的距离。但这次南行还是有意义的，可以说是承前启后。

（二）唐代中斯海上交通

到公元7世纪，随着唐朝国力不断增强和海路商贸的繁荣，出现了以玄奘和义净为代表的求法运动高潮。这一运动不仅促进了中印文化交流，也促使中斯间的交往达到了一个新的高潮。同时，这一运动给我们留下了宝贵的文字记录，主要是玄奘的《大唐西域记》十二卷、义净的《大唐西域求法高僧传》二卷和《南海寄归内法传》四卷，使人们对陆路丝绸之路和海上丝绸之路的认识变得愈加清晰。

下面，我们先来看看唐代中斯间的海上交通。

1. 玄奘记师子国位置

斯里兰卡的旧名很多，仅玄奘提到的就有师子国、执师子国、僧伽罗、宝渚和骏迦等5种。其中，师子国即执师子国，为梵文 Simhala 或巴利文 Sihala 的意译；僧伽罗是俗语 Simghala 的音译；宝渚即梵文 Ratnadvipa 的意译；骏迦即楞伽，梵文 Lanka，今译兰卡。

---

① 冯承钧：《中国南洋交通史》，上海世纪出版集团2012年版，第27页。
② 周运中：《中国南洋古代交通史》，厦门大学出版社2015年版，第174—177页。

如何前往师子国，《大唐西域记》卷十末尾有段话："海畔有城，是往南海僧伽罗国路。闻诸土俗曰：从此入海，东南可三千余里，至僧伽罗国。"其中，"海畔有城"的城，有注释说："此城即那伽钵亶那（Nagapattanam，Nagapatam），位于科弗里（Kaveri）河口，与斯里兰卡隔海相望，是南印度与东南亚各地交往的重要港口。"① 如果此城真是指那伽钵亶那，即今印度泰米尔纳德邦东面的海滨城市纳格伯蒂纳姆（Nagappattinam），那么，书中的记载就是不准确的。若将"三千余里"改为"三百余里"便合理了。所以，"千"有可能是"百"之误。

观今日地图，从印度泰米尔纳德邦东南的卡里米尔角到斯里兰卡北端的直线距离约50公里。

总之，如果玄奘记载的是从那伽钵亶那到师子国的路，那么，这就是一条近路，也是当时商贸繁忙的航线，玄奘之后不久，僧人无行就走过此路，详见下文。

2. 义净记载的路线

义净是唐代早期从海路赴印度取经的僧人之一。他的著作记载了南海交通的概况，折射出当时海上丝路的繁荣。义净在多数情况下都称师子国为师子洲，即梵文 Simhaladvipa，或巴利文 Sihaladipa，有时偶尔也称之为师子国和僧诃罗，即梵文 Simhala 的音译。

（1）赴印行程

在《大唐西域求法高僧传》卷下，义净写了自己泛海赴印的大体行程：他于咸亨二年（37岁）初秋到广府（即广州），与波斯船主定下南行的日期。十一月与同伴善行一起乘船出发。将近20天到达室利佛逝（在今印度尼西亚苏门答腊岛东段巨港一带）。住6个月，学习梵语。之后，得到当地国王的赞助和支持，被送

---

① 季羡林等：《大唐西域记校注》，中华书局1985年版，第862页注释（一）。

往末罗瑜国（约在今苏门答腊岛丹戎巴来一带）。又停留两个月，转向羯荼（在今马来西亚西北吉打一带）。至十二月，再乘室利佛逝国王的船向东印度出发。从羯荼北行十日余，到达裸人国（今印度安达曼群岛）。又向西北航行半个月余，到达耽摩立底国（今印度西孟加拉邦塔姆卢克）。

义净直接奔东印度而去，是因为那里离佛祖释迦牟尼传教的主要区域（今印度比哈尔邦和北方邦）很近。

（2）归国行程

义净没有去过斯里兰卡，但他在所译《根本说一切有部百一羯磨》卷五的一处注解中提到从印度回国的路线，也提到有一条通向师子洲的航线：

> 耽摩立底国，寺有五六所，时人殷富，统属东天。此去莫诃菩提及室利那烂陀寺有六十许驿。即是升舶入海归唐之处。从斯两月泛舶，东南到羯荼（茶）国，此属佛逝。舶到之时当正二月。若向师子洲，西南进舶，传有七百驿。停此至冬，泛舶南上，一月许到末罗游洲，今为佛逝多国矣。亦以正二月而达。停至夏半，泛舶北行，可一月余便达广府……①

这里提到，在他去印度时还处于独立状态的末罗游（末罗瑜）、羯荼二国已经都变成了室利佛逝的属地，这是义净在印度期间发生的事情。文中说耽摩立底至那烂陀寺"有六十许驿"，今实测二地的直线距离约530多公里，若按直线距离算，则一驿约合8.8公里。而他听到的传闻是，耽摩立底距师子洲"有七百驿"，若按一驿8.8公里算，七百驿可达6160公里，今实测直线距离约

---

① 《根本说一切有部百一羯磨》，《大正藏》第24册，台北新文丰出版公司1983年版，第477页。

1600 公里，显然，传闻的距离被夸大了许多。

（3）僧人们赴师子洲的路线

义净《大唐西域求法高僧传》还记有多位中国僧人经南海到师子洲去观礼佛牙，其所行路线大抵有二：一是像无行禅师那样，从室利佛逝先至末罗瑜，再至羯荼，再西行至印度东南海岸的那伽钵亶那，然后南下师子洲；另一是像常愍、明远等法师那样，先至诃陵（今马来西亚巴生），再从那里直接西行至师子洲。

无论如何，这说明那伽钵亶那、室利佛逝、末罗瑜、诃陵和羯荼都是当时的重要港口，都有通往师子国的航线。

3. 贾耽记载的路线

在唐朝立国 180 多年后，中国官方对南洋航线给予高度重视。据《旧唐书·贾耽传》：贾耽于贞元十七年（801）撰成《海内华夷图》及《古今郡国县道四夷述》四十卷。

《新唐书·地理志七下》据贾耽的描绘给出一条海上航线：

广州东南海行，二百里至屯门山，乃帆风西行，二日至九州石。又南二日至象石。又西南三日行，至占不劳山，山在环王国东二百里海中。又南二日行至陵山。又一日行，至门毒国。又一日行，至古笪国。又半日行，至奔陀浪洲。又两日行，至军突弄山。又五日行至海硖，蕃人谓之"质"，南北百里，北岸则罗越国，南岸则佛逝国。佛逝国东水行四五日，至诃陵国，南中洲之最大者。又西出硖，三日至葛葛僧祇国，在佛逝西北隅之别岛，国人多钞暴，乘舶者畏惮之。其北岸则个罗国。个罗西则哥谷罗国。又从葛葛僧祇四五日行，至胜邓洲。又西五日行，至婆露国。又六日行，至婆国伽蓝洲。又北四日行，至师子国，其北海岸距南天竺大岸百里。①

法国学者伯希和对这段文字中的地名有考释,冯承钧从之②。周运中经一一考证辨析后明确指出:屯门山在今香港屯门;九州石为今海南之七洲列岛;象石为今万宁的大洲岛;占不牢(劳)即占婆岛(越南);奔陀浪即今越南宁顺省的藩朗;陵山在占婆岛向藩朗的半路,较接近越南归仁;门毒国在归仁;古笪国在今越南芽庄;军突弄山即昆仑岛;罗越国在今泰国南界的沙敦;佛逝国即室利佛逝,其都城在今印尼巨港一带;诃陵国在今马来西亚巴生一带;葛葛僧祇即兰卡威群岛(今属马来西亚);个罗在今马来西亚吉打南部的美保河口;哥谷罗在今泰国拉廊至攀牙一带;胜邓洲即苏门答腊;婆露国在今印尼苏门答腊岛西北角(亚齐);婆国伽蓝洲即今印度尼科巴群岛。③ 今从周说。

这一连串的地名大都是航线上的港口,中国、斯里兰卡、印度、波斯,以及后起之秀阿拉伯人的商船一般要在这些地方停靠,进行贸易和补给。也只有来往的人多了,贾耽才能记载得如此清晰。

4.《道里邦国志》记录的航线

阿拉伯人从7世纪中期崛起以后,阿拉伯商人也开始活跃于海上丝路的沿线。到9世纪,则涌现出一些地理学家。他们记载了世界各地的见闻,也包括海上丝路的航线。下面从两本书(《道里邦国志》和《中国印度见闻录》)的记载来考察9世纪中期至10世纪初期的海上丝路,主要是斯里兰卡到中国航线的情况。

《道里邦国志》的作者伊本·胡尔达兹比赫为伊朗裔阿拉伯

---

① 欧阳修、宋祁:《新唐书》,中华书局1975年版,第1152页。
② [法]伯希和:《郑和下西洋考·交广印度两道考》,冯承钧译,中华书局2003年版,第234页。冯承钧:《中国南洋交通史》,上海世纪出版集团2012年版,第29页。
③ 周运中:《中国南洋古代交通史》,厦门大学出版社2015年版,第180—195页。

人，生于 820 或 825 年，卒于 912 年①。约当中国晚唐至五代初期。他在书中讲到巴士拉到中国的航线，首先要穿过霍尔木兹海峡，来到印度的西海岸，然后到"赛兰迪布"（Sarandib），即师子洲，再从师子洲穿过海峡，进入中国海，最后到达中国当时最大的港口广州。

（1）对斯里兰卡的描述

先来看看他是如何描绘斯里兰卡的。他说，赛兰迪布"岛上有座山，人祖阿丹曾降临于此山上。此山高耸入云，因此，船舶上的人们能于数日路程以外看到此山。印度的敬神者——婆罗门僧众曾提到，此山之上有人祖阿丹的足迹。足迹深嵌于山岩上，长约 70 腕尺。此足迹位于峰巅，宛如一道永存的闪电。阿丹将其另一足踏入海水中，两足间相距 2 日程或 3 日程"。②

这段关于锡兰山顶阿丹足迹的记载，使我们想起西晋支僧载和东晋法显提到的佛足迹。《艺文类聚》卷七十六引支僧载《外国事》："私诃条国在大海之中。地方二万里。国有大山，山上有石井，井生千叶白莲花。井边青石上有四佛足迹，合有八迹。月六斋日，弥勒菩萨与诸天神礼佛迹竟，便飞去。"《法显传》也说："佛至其国，欲化恶龙，以神足力，一足蹑王城北，一足蹑山顶。两迹相去十五由延。王于城北迹上起大塔，高四十丈，金银庄挍，众宝合成。"支僧载和法显都是佛教徒，他们的记载来自佛教传说。斯里兰卡史书《大史》第一章便说佛祖释迦牟尼到楞伽说法，在神山上留下足迹（第 77 颂）。这个传说要比阿拉伯人的传说早数百年。又过了数百年，南宋赵汝适《诸蕃志》记细兰国时则提到"有山名细轮叠，顶有巨人迹，长七尺余，其一在水内，

---

① ［阿拉伯］伊本·胡尔达兹比赫：《道里邦国志》，宋岘译注，译者序，中华书局 1991 年版，第 23 页。

② ［阿拉伯］伊本·胡尔达兹比赫：《道里邦国志》，宋岘译注，中华书局 1991 年版，第 67 页。

去山三百余里"。这里没说是佛足迹，而细轮叠的发音又如阿拉伯人所说的"赛兰迪布"，说明赵汝适的记载来自阿拉伯商人或舟师的说法。元人汪大渊《岛夷志略》记僧加剌国"海滨有石如莲台，上有佛足迹，长二尺有四寸，阔七寸，深五寸许"。显然与支僧载和法显的说法较接近。到明代，马欢《瀛涯胜览》记锡兰则说："有一大山侵云高耸。山顶有人右脚迹一个，入石深二尺许，长八尺余，云是人祖阿聃圣人，即盘古之足迹也。"又与阿拉伯人的说法很接近，自然与马欢通晓阿拉伯文有关。

关于师子国的物产，《道里邦国志》中接着说道：此山顶及其周围生有各色各样的宝石（Yaqut），山谷中有金刚石，山中还产沉香、胡椒、香脂、香麝、麝猫；赛兰迪布产椰子，平原出磨制宝石的金刚砂；河水里有水晶，周围的海水里出产珍珠。这段记载中，多数物产可以认定为斯里兰卡特产。但说斯里兰卡出金刚石、金刚砂，不知是否属实；说那里产香麝和麝猫，恐属误记。麝香是中国特产，不出于斯里兰卡，故《瀛涯胜览》等书有锡兰人"甚喜中国麝香"的记载。

值得注意的是，从汉至唐，中国人虽然对斯里兰卡的宝石都予以特别记载，但都记载得很笼统。唯有阿拉伯人的 Yaqut 一词，成为后来斯里兰卡宝石的通用名称，以至中国元明时期的文献，如陶宗仪《南村辍耕录》、巩珍《西洋番国志》、马欢《瀛涯胜览》等也称之为"亚姑""雅胡""雅鹘""鸦忽"等，并有青、红、黄等颜色的细致分类。

（2）师子国到中国的航线

《道里邦国志》介绍完"赛兰迪布"，又接着介绍"通向中国之路"。从赛兰迪布向左（东）行驶 10 至 15 天，可以到达尼科巴群岛，岛上的人赤裸身体，以香蕉、椰子和鱼为主食。再往前航行 6 日，便到达凯莱赫（Kalah），即个罗。说个罗归印度人的加巴（Jabah）帝国管辖，有铅石（实为锡）矿及竹林。从个罗向左

（东）再行驶2日，便到达巴陆斯（Balus），这个岛上的土人吃人（大约指猎头民族），岛上盛产优质樟脑、香蕉、椰子、甘蔗和稻米。从这里可以到达加巴岛，加巴岛很大，上面有火山，其国王信佛。从此再行15日，到香料园之国。此国将加巴和玛仪特（Mayt）隔开。从玛仪特向左行驶，至梯优麦赫（Tiyumah）岛。再行5日，至垓玛尔（Qamar），从垓玛尔至海岸上的栓府（Al-Sanf）为3日程。"从栓府到中国的第一个港口鲁金（Luqin），陆路、海路皆为100法尔萨赫。""从鲁金至汉府（Khanfu），海路为4日程，陆路为20日程。汉府是中国最大的港口。"①

据宋岘先生的译注，加巴即爪哇；巴陆斯为婆罗洲，即加里曼丹；香料园之国即香料群岛，今印尼东部的马鲁古群岛；玛仪特即《诸蕃志》和《文献通考》三三二卷记述的麻逸国，即菲律宾的民都洛岛；梯优麦赫和垓玛尔未注；栓府即占婆（今属越南）；鲁金即唐代的龙编，今越南河内一带；法尔萨赫为长度单位，约合6.24公里（引按：一说约3.6公里）；汉府即广府。

根据宋先生的译注，《道里邦国志》所记从斯里兰卡到中国广州的航线要经过加里曼丹岛南侧至马鲁古群岛，再北上菲律宾，而后向西横穿中国南海到越南北部，再向东穿过中国南海到广州。这样兜的圈子很大，未免舍近求远。

其实，正如周运中先生指出的，前人有时候误把阇婆（《道里邦国志》中的加巴）当作今日的爪哇岛，而实际上那是指苏门答腊岛。从个罗向中国航行一定要经过室利佛逝，穿过马六甲海峡。他还指出，"香料岛是邦加岛"，而不是马鲁古群岛，"到中国也不必绕道菲律宾，唐代菲律宾没有出现在中国文献。"② 也就是说，商船如果去中国，出了马六甲海峡以后就一定要绕过中南半

---

① ［阿拉伯］伊本·胡尔达兹比赫：《道里邦国志》，宋岘译注，中华书局1991年版，第71、72页。

② 周运中：《中国南洋古代交通史》，厦门大学出版社2015年版，第199、200页。

岛南端而北上，在今越南的港口补给，再通过中国南海到达广州。

5.《中国印度见闻录》记录的路线

《中国印度见闻录》成书于851年，是一部佚名著作①。这部书有一个特点，即书中往往以第一人称叙述见闻，仿佛亲历，因而也显得更真实一些，不像《道里邦国志》那样采自道听途说，充满了神奇的想象和夸张。但更重要的是，书中讲到了斯里兰卡到中国的航线。

（1）关于锡兰岛

在阿拉伯人9、10世纪的著作里，能看到"七海"的说法，即从阿拉伯到中国要航行通过七个海。除《中国印度见闻录》外，雅库比的《阿巴斯人史》（作于875—880年）和马苏第的《黄金草原》（作于943年）中也都提到了"七海"②。七海各有名称，周运中先生认为这七海指波斯湾、阿拉伯海、孟加拉湾、安达曼海、马来半岛两侧的海、泰国湾和中国南海③。

《中国印度见闻录》卷一第五小节讲到锡兰岛，在第三个海即孟加拉湾：

> 锡兰海岸某处，有采珠场，四周海水环绕。地面有山，称为阿尔拉洪上（Ar-Rahoun），是亚当降临之地，他的足迹深深印在山巅岩石上，清晰可见。不过山顶上只有他的一只脚印，因为据说，亚当另一只脚踏在海里。传说山顶上这个脚印长约七十肘。山周围盛产各种宝石：红宝石、黄宝石和蓝宝石。在这一岛上，有两个国王。这是一个重要的岛屿，幅员辽阔，有着丰富的沉香木、黄金和宝石；海中盛产珍珠

---

① 也有人以为其作者为苏莱曼，见［法］费琅编《阿拉伯波斯突厥人东方文献辑注》，耿升、穆根来译，中华书局2001年版，第51页。

② ［法］费琅编：《阿拉伯波斯突厥人东方文献辑注》，耿升、穆根来译，中华书局2001年版，第66—67、115—118页。

③ 周运中：《中国南洋古代交通史》，厦门大学出版社2015年版，第198、199页。

和海螺，人们可用来当号角吹，是作为珍贵物品捕捞的。①

在第五十一小节，介绍了锡兰国王去世时的仪式，又说："锡兰是印度诸岛中最后的一个，是印度的一部分。有时有这样的情况，当焚烧国王的尸体时，他的妻妾也扑到火中，和国王一起焚身；但这是自愿的。"② 卷二也有一段长文讲述锡兰的宝石矿藏、宗教信仰，以及百姓斗鸡和掷骰子等习俗。

《中国印度见闻录》中关于亚当足迹和出产宝石、珍珠的记载与其他书中的记载一致。但另有几个问题值得注意：

第一，关于岛上有两个国王的问题，记载基本上符合实际。书中讲述的是851年以前的事情。正如美国史学家帕特里克·皮布尔斯指出的，进入9世纪后，有铭文显示，当时僧伽罗王国的人口中心迁移至斯里兰卡岛东南部，而泰米尔人的聚居区则扩展至北部半岛和东部海岸一带③。也就是说，当时岛上至少有僧伽罗人和泰米尔人的两个王国。

第二，关于锡兰"是印度的一部分"问题，可能只是当时阿拉伯人的看法。如果这段话不是后世插入的话，那么，在9世纪以前，锡兰始终是独立的。所以玄奘《大唐西域记》卷十末尾讲到僧伽罗国的时候，特地注明该国"非印度之境。"④ 锡兰有一段时间被南印度朱罗国（古译注辇）纳入自己的版图，那是11世纪初期的事。

第三，关于锡兰国王死后妻妾投火殉夫的问题，记载是否真

---

① 佚名：《中国印度见闻录》，穆根来、汶江、黄倬汉译，中华书局1983年版，第4、5页。

② 佚名：《中国印度见闻录》，穆根来、汶江、黄倬汉译，中华书局1983年版，第21页。

③ ［美］帕特里克·皮布尔斯：《斯里兰卡史》，王琛译，东方出版中心2013年版，第24页。

④ 季羡林等：《大唐西域记校注》，中华书局1985年版，第862页。

实，需要辨析。如果所说的国王是泰米尔人，有可能出现夫死妇殉的情况。因为当时的泰米尔人信仰湿婆教，而湿婆教有所谓"萨蒂"（寡妇殉夫制）的传统。如果所说的国王是僧伽罗人，则不大可能有夫死妇殉的事，因为僧伽罗人信奉佛教，没有所谓"萨蒂"制。

第四，关于锡兰人斗鸡和掷骰子的问题，有可能属于张冠李戴，把别处的事情记到了锡兰僧伽罗人头上，至少不应视为锡兰人的普遍情况。元代汪大渊就对锡兰人颇有好感，说当地人身"长七尺余，面紫身黑，眼巨而长，手足温润而壮健，聿然佛家种子，寿多至百有余岁者"。

（2）锡兰到中国的航线

《中国印度见闻录》卷一，从第六到第十六小节，主要讲从斯里兰卡到中国广州的航线，但叙述中时有跳跃回荡。其第十五小节说：

> 船只抢路往个罗国（Kalah-Vara）。瓦拉（Vara）的意思是"王国"与"海岸"，这是爪哇（Javaga）王国……从海尔肯德到个罗国航行一个月。然后商船向潮满岛（Tiyouman）前进……这段路程需要十天。接着，我们起航去奔陀浪山（Pan-do-uranga）：又是十天的时间。

第十六小节接着说：

> 随后，船只航行了十天，到达一个叫占婆的地方……得到淡水以后，我们便向一个叫占不牢山（Tchams）的地方前进，这山是海中一个小岛；十天之后，到达这一小岛，又补足了淡水。然后，穿过"中国之门"，向着涨海前进，这里，暗礁林立，中间被一通道隔开，船只可以由此通过。当上帝

保佑我们平安地到达占不牢山之后，船只就扬帆去中国：需要一个月的时间。但由于要按七天一段，分期穿过层层暗礁，船只通过中国门之后，便进入一个江口，在中国地方登岸取水，并在该地抛锚。此处即中国城市（广州）。①

书中叙述较乱，有的地方甚至前后颠倒，但仍能大体描绘出一条航线：锡兰（中经安达曼群岛、苏门答腊岛西段等地）——个罗（时属爪哇王国，实指苏门答腊岛的室利佛逝，个罗在今马来西亚吉打港）——潮满岛（或说今昆仑岛）——奔陀浪山（今越南藩朗）——占婆（今越南南方）——占不牢山（今越南占婆岛）——涨海（即中国海）——中国之门（珠江口）——广州。

总之，这条航线和贾耽提供的航线基本一致。

（三）唐代中斯文化交流

1. 玄奘记载的斯里兰卡

（1）总体印象

《大唐西域记》卷十一，玄奘先总体介绍僧伽罗国的情况：

> 僧伽罗国，周七千余里。国大都城周四十余里。土地沃壤，气序温暑，稼穑时播，花果具繁。人户殷盛，家产富饶。其形卑黑，其性犷烈。好学尚德，崇善勤福。

（2）两则传说

然后，玄奘用较大的篇幅讲述了两则故事。

一则是关于师子国的传说，相当于僧伽罗人的民族起源神话。斯里兰卡史书《大史》和《岛史》都有类似记载。玄奘很可能是

---

① 佚名：《中国印度见闻录》，穆根来、汶江、黄倬汉译，中华书局1983年版，第9页。

从师子国僧人那里听到这个故事的。因为玄奘在达罗毗荼时，本打算去斯里兰卡，但当时斯里兰卡内乱，许多僧人逃到印度，玄奘便放弃了去斯里兰卡的想法，而和70余名师子国僧人结伴，一同周游南印度，事见慧立、彦琮《大慈恩寺三藏法师传》卷四。既然一同游行，自然可以获得很多信息，包括执师子的传说。

另一则是关于僧伽罗的传说，内容见于多种佛经，如《本生经·云马本生》等。因此可以肯定，此故事乃玄奘采自佛经，或在印度期间闻诸当地佛教僧侣。

（3）佛教概况

玄奘又介绍了僧伽罗国佛教的状况，说佛去世后第一百年（按：此说不确），阿育王之弟摩醯因陀罗（即摩哂陀长老）到岛上传播佛教：

> 自兹以降，风俗淳信。伽蓝数百所，僧徒二万余人，遵行大乘上座部法。佛教至后二百余年，各擅专门，分成二部。一曰摩诃毗诃罗住部，斥大乘，习小教；二曰阿跋邪祇厘住部，学兼二乘，弘演三藏，僧徒乃戒行贞洁，定慧凝明，仪范可师，济济如也。①

文中所称"二部"，即两个派别："摩诃毗诃罗住部"，即通常所说的大寺派（Mahaviharavasin）；"跋邪祇厘住部"，即通常所说的无畏山寺派（Abhayagirivasin）。《法显传》中已经提到过。

接着，玄奘还记载了佛牙精舍的壮观、精舍旁小精舍的金佛像的神奇传说、国王供养僧人斋饭的宏大场面、国人采宝充当税赋的情况，骏迦山（即楞伽山）的方位（"国东南隅"），以及"十数年来，国中政乱，未有定王"的政局等。这些记录中，有许

---

① 季羡林等：《大唐西域记校注》，中华书局1985年版，第878页。

多都是当时的最新消息,应该多是从师子国70余僧人伴侣那里得来的。这本身就是一次文化交流。

但需要辩证的是,《太平御览》卷六五七引《法显记》:"僧尼(伽)罗国王以金等身而铸像,髻装宝珠。有盗者以梯取之,像渐高而不及。盗叹其不救众生,像俯首而与之。后市人擒盗,盗言其事,视像尚俯。王重赎其珠而复装之。"① 这段记载与《西域记》卷十一所记师子国金佛像俯首的神奇传说如出一辙。《太平御览》说引自《法显记》,但法显不称师子国为僧伽罗国,因疑《御览》之《法显记》为《西域记》之误。

2. 义净的记载

自晋代以来,中国与斯里兰卡的佛教交流一直未停止,到唐代又达到一个巅峰。玄奘之后,义净《大唐西域求法高僧传》中尚记有若干中国僧人去师子国观礼佛牙、学习佛法、求取佛经的情况。有下列数条。

卷上《明远传》记:"明远法师者,益州清城人也。……乃振锡南游,界于交址。鼓舶鲸波,到诃陵国。次至师子洲,为君王礼敬。乃潜形阁内,密取佛牙,望归本国,以兴供养。既得入手,翻被夺将。事不随所怀,颇见陵辱,向南印度。"

卷上《义朗传》记:"义朗律师者,益州成都人也。……与弟(义玄)附舶向师子洲,披求异典,顶礼佛牙,渐至西国。"

卷上《窥冲传》记:"窥冲法师者,交州人,即明远室洒(弟子)也。……与明远同舶而泛南海,到师子洲。"

卷上《慧琰传》记:"慧琰法师者,交州人也。即行公(智行)之室洒。随师到僧诃罗国,遂停彼国,莫辨存亡。"

卷上《智行传》记:"智行法师者,爱州人也。……泛南海,诣西天(亦途径僧诃罗国,见上条),遍礼尊仪。"

---

① 李昉等:《太平御览》,中华书局1960年影印版,第2937页。

卷上《大乘灯传》记："大乘灯禅师者，爱州人也。……遂持佛像，携经论，既越南溟，到师子国观礼佛牙，备尽灵异。"

卷下《灵运传》："灵运师者，襄阳人也……追寻圣迹，与僧哲同游。越南溟，达西国。"这里未记其师子国之旅，但他和僧哲是到过师子国的，详见下文。

卷下《僧哲传》："僧哲禅师者，澧州人也……思慕圣踪，泛舶西域。"这里也没说他到过师子国。但在其《传》后紧接着写道："僧哲弟子玄游者，高丽国人也。随师于师子国出家，因住彼矣。"也就是说，灵运、僧哲都到过师子国。

卷下《无行传》又记：无行禅师与智弘为伴，"东风泛舶，一月到室利佛逝国。……至冬末转舶西行，经三十日，到那伽钵亶那。从此泛海二日，到师子洲，观礼佛牙"。①

应当说，义净记载的这些人仅仅是义净知道的，与他同时和在他之后去过斯里兰卡而他不知道的，肯定还有。然而现有的记载已经足以说明，在玄奘的带动下，西行求法已经形成一个运动、一个高潮。中斯间的佛教交流也随之进入一个新时期。

3. 不空的师子国之行

据《宋高僧传》卷一《不空传》、《佛祖统纪》卷四十、四十一、《贞元新定释教目录》卷八、《大唐故大德赠司空大辨正广智不空三藏行状》等记载：不空全名不空金刚，梵名阿目佉跋折罗（Amoghavajra），北天竺人（一说师子国人②），婆罗门种姓。幼年失去双亲，随叔父来到中国。15岁那年，拜金刚智为师。最初教他学习梵文语法，10天即通彻，金刚智大为惊奇，于是授予他菩

---

① 以上诸条，分别见王邦维《大唐西域求法高僧传》，中华书局1988年版，第67、72、84、86、87、88、168、169、181页。

② 权德舆《唐大兴善寺故大宏教大辩正三藏和尚影堂碣铭（并序）》说："和尚法号不空，师子国人。"可备一说。《宋高僧传》对不空去师子国有细节描述，但对于其印度之行却只有一句话："次游五印度境，屡彰瑞应。"很令人怀疑他当年只去了斯里兰卡而未去印度，也让人怀疑他是师子国人。

萨戒，带他进入金刚界曼荼罗。开元十二年（724），不空于洛阳广福寺受具足戒，听习律仪和各种梵语、汉语经论。以后随侍师父，不离左右，且经常与师父一起陪同玄宗皇帝来往于长安、洛阳之间。不空精通外国语，师父常让他一起参与翻译佛经。不空渴望学习密法，师父也倾囊相授。开元二十年（732），金刚智在洛阳广福寺去世。不空处理完师父的丧事，便准备去天竺和师子国求取佛经。

初至广州，南海郡采访使刘巨邻恳请灌顶，不空便在法性寺设立道场，多次为成千上万的信众剃度、灌顶。将动身南下时，刘巨邻特地找来番禺的外商大首领，通过他叮嘱船主，务必保证不空三藏及其随行弟子含光、慧辩等37人的安全，要将大唐国书送达师子国和印度。

开元二十九年十二月（742年初），附昆仑舶离南海，经诃陵等国，途中未满一年，到达师子国。国王尸罗迷伽（Silamegha）隆重欢迎，请住宫中7日，每天以金壶盛香水，亲自为不空洗浴。后移住佛牙寺，见普贤（Samantabhadra）阿阇梨（acarya，导师），得其传授《十八会金刚顶瑜伽经》和毗卢遮那大悲胎藏法门，并使含光和慧辩等同受五部灌顶。

天宝五载（746），不空等人回到长安，向朝廷呈上师子国王尸罗迷伽的表章及细金、宝璎珞、《般若》梵夹、杂珠、白氎等礼物。此后，不空曾奏请皇帝下诏广搜先代保存的梵文经典，加以修补装订整理，未译者由他翻译。到代宗大历六年（771），不空已经翻译出77部120余卷。大历九年六月，不空生病，自知不起，遂上表告辞。代宗皇帝赐药慰问，并加封不空为肃国公。到十五日，便以香水沐浴，倚卧入定，旋即去世，享年七十。其译经总数，不同文献所载不一，有77部130余卷、110部143卷等多说。

他是唐代来华的印度僧人，佛典翻译家，中国佛教密宗的创始人之一。同时，他也是中斯友好交往的伟大使者。

4. 其他僧传中的记载

《续高僧传》卷四《那提传》：那提三藏，中印度人，本名布如乌代耶（Punyodaya），俗称那提（Nadi）。曾往执师子国，又东南上楞伽山，南海诸国随缘达化。后搜集经论五百余夹，以永徽六年（655）抵达长安。①

《宋高僧传》卷一《金刚智传》：金刚智，梵名跋日罗菩提（Vajrabodhi），南印度摩赖耶国（Malaya，今西南印度沿海地区）人。曾游师子国，登楞伽山，泛海东行，于开元七年（732）到达广州，后至长安翻译佛经。为中国佛教密宗初祖。②

《宋高僧传》卷二《智慧传》：释智慧，原名般剌若（Prajna），姓乔达摩（Gautama），北印度迦毕试国（Kapishi，今阿富汗喀布尔一带）人，泛海东迈，垂至广州，却被风吹返师子国东。又集资粮，重修巨舶，遍历南海诸国，于建中元年（780）到达广州，贞元二年（786）到达长安。随后即参加佛经翻译工作。③

《宋高僧传》卷二十九《慧日传》：慧日，俗姓辛氏，东莱人。遇义净三藏，心恒羡慕，遂誓游西域。始者泛舶渡海，自经三载，东南海中诸国，昆仑、佛誓、师子洲等经过略遍，乃达天竺。在外总一十八年，方还长安。④

另据《册府元龟》卷五二，五代后唐末帝时，曾于清泰三年（936）赐师子国婆罗门摩诃定利密多罗（Mahadhyanimitra）紫袈裟。这是一条师子国僧人来华的记录，实际上，隋唐五代期间来华的师子国僧人一定还有，只是缺乏记载罢了。

这些僧人来往，都得益于海上交通的便利与商贸的发达。

---

① 道宣：《续高僧传》，郭绍林点校，中华书局2014年版，第136—137页。
② 慧皎：《宋高僧传》，范祥雍点校，中华书局1987年版，第4—6页。
③ 慧皎：《宋高僧传》，范祥雍点校，中华书局1987年版，第22—24页。
④ 慧皎：《宋高僧传》，范祥雍点校，中华书局1987年版，第722—723页。

5. 使者和商贸往来

李肇《唐国史补》卷下记："南海舶，外国船也，每岁至安南、广州。师子国舶最大，梯而上下数丈，皆积宝货。"① 日本人元开的《唐大和上东征传》也讲到广州江中停泊有各国大船，"其舶深六七丈，师子国、大石国、骨唐国、白蛮、赤蛮等往来居住，种类极多"。② 这两条材料说明，唐代师子国到广州来做生意的商船相当多，而且很有规模，除了"宝货"囤积如山外，还有其他各种货物。

从广州到师子国，来往最多最频繁的是商人和舟师，他们中既有中国人也有外国人，当然也有斯里兰卡人。他们是最熟悉这条航线的人，却名不见经传。其实，即便是政府派遣的使者，有时也未必能在正史中留下姓名。

---

① 转引自耿引曾《中国人与印度洋》，大象出版社1997年版，第29页。
② ［日］元开：《唐大和上东征传》，汪向荣校注，中华书局1979年版，第74页。

四 郑和下西洋二事考

（一）郑和布施碑一字考

1911年，郑和布施锡兰山佛寺碑在斯里兰卡被发现，百余年来，中外学者不断有人解读其碑文。碑上刻有三种文字，汉文、泰米尔文和波斯文。其中，汉文铭文相对清晰，研究者多。另两种文字漫漶不清，研究者少。近年来，有两篇相关文章发表，使此碑汉文铭文的释读又有新进展。

1. 查迪玛和武元磊的文章

2011年，斯里兰卡学者查迪玛博士和武元磊女士曾撰文提供关于郑和布施锡兰山佛寺碑的背景资料，说："石碑的发现引起了斯里兰卡历史学家和考古学家的极大关注，他们努力考释出三种文字的碑文。斯里兰卡考古学家S. Paranavitana将中文碑文的拓片寄交英国驻北京大使馆的翻译埃德蒙·拜克豪斯（Edmund Backhouse）先生，由他释读中文碑文。泰米尔文碑文则由印度马德拉斯的碑文主管助理Rao Bahadur H. Krishna Sastri负责考释及翻译。波斯文碑文由印度专门研究穆斯林碑刻的专家J. Horrovitz博士来考释及翻译。"[1] 然后，他们对照此前5个版本的汉文解读，提出了自己的见解。他们提出的五个版本为，（1）拜克豪斯的释文；（2）山本达郎的释文（王古鲁译）；（3）向达的释文；（4）Eva

---

[1] 查迪玛、武元磊：《郑和锡兰碑新考》，《东南文化》2011年第1期。

Nagel 的释文；（5）吴之洪的释文。他们将五个版本与拓片作细致比对，然后决定去从，不乏精彩。举数例如下：

第二行第九、十字。拜克豪斯释作"清廉"，其他学者释作"贵通"。《明史》记载："永乐三年六月命和及其侪王景弘等通使西洋。"① 王景弘，原名王贵通，宣德时改名王景弘。他与郑和在斯里兰卡立碑之时尚未改名，碑上所刻应为"王贵通"②。

第三行第十三、十四字。拜克豪斯释作"道德"，吴之洪释作"通臻"，其他学者释作"道臻"。此二字与下一句"法济群伦"的"法济"二字对应，应释为"道臻"。"道"指佛祖的修为，"臻"意为到达，"到臻玄妙"是说佛祖的修为已达到玄妙的境界。释作"道德"或"通臻"则不通。

第七行第十、十一字。拜克豪斯释作"等座"，山本达郎释作"立寺"，向达、Eva Nagel 释作"等寺"。据拓片此二字应为"等寺"。

第十行第四字。吴之洪释作"铁"，拜克豪斯、向达、Eva Nagel 释作"戗"。此字应为"戗"。戗金是一种工艺，即在漆器物表面先按照设计的图案用针或雕刀阴刻出纤细的花纹，然后再在阴纹内上色漆，然后填以泥金或金箔，使花纹露出金色的阴纹。

他们对照中文碑文的拓片，结合前辈学者的释读，最终释读如下：

大明/皇帝遣太监郑和王贵通等昭告于/佛世尊，曰：仰

---

① 原注——（清）张廷玉等：《明史》，中华书局1974年版，第7766、8586页。
② 原注——陈学霖：《明王景弘下西洋史事钩沉》，《汉学研究》1991年第9卷第2期。

惟慈尊，圆明广大。道臻玄妙，法济群伦。历劫河沙，悉归弘化。能仁慧力，妙应无方。惟锡兰山介乎海南，言言梵/刹，灵感翕彰。比者，遣使诏谕诸番。海道之开，深赖慈祐。人舟安利，来往无虞。永惟大德，礼用报施。谨以金银织金纻丝宝旛、/香炉、花瓶、纻丝表里、灯烛等物布施佛寺，以充供养。惟/世尊鉴之。/总计布施锡兰山立佛等寺供养：/金壹阡钱，银伍阡钱，各色纻丝伍拾疋，各色绢伍拾疋，织金纻丝宝旛肆对，内红贰对、黄一对、青一对。/古铜香炉五个戗金座全，古铜花瓶伍对戗金座全，黄铜烛台伍对戗金座全，黄铜灯盏伍个戗金座全。/硃红漆戗金香盒伍个，金莲花陆对，香油贰阡伍伯斤，腊烛壹拾对，檀香壹拾炷。/旹永乐柒年岁次己丑二月甲戌朔日谨施。

应该指出，这段释读中间繁体字、异体字和简体字混淆使用，因而显得欠规范。

查迪玛博士首次将英国学者拜克豪斯和德国学者 Eva Nagel 的释文翻译为中文，首次将泰米尔文碑文自英文译出，他还给出波斯文已残缺不全的铭文汉译，为我们提供了又一个版本[1]。这些都是对解读郑和布施碑的新贡献。通过三种文字铭文的对比，可知，三种文字的内容是一致的，只是泰米尔铭文中以印度教大神毗湿奴，波斯文铭文中以安拉代替了汉文铭文中的佛世尊。不像有学者说的那样，"汉文、泰米尔文、波斯文意思大致相同，只是主神对象不同，布施的物品档次、数量也有递减，而以佛世尊享誉最尊，所获贡（引按：贡当为供）品也最丰厚"[2]。其实，供品并没

---

[1] 此前刘迎胜先生已提供过一个波斯文译为汉文的版本，见其文《明初中国与亚洲中西部地区交往的外交语言问题》，载《纪念郑和下西洋600周年国际学术论坛论文集》，社会科学文献出版社2005年版。

[2] 姜波：《从泉州到锡兰山：明代中国与斯里兰卡的交往》，《学术月刊》2013年7月号。

有递减，完全没有厚此薄彼的意思。否则，平等和包容如何体现？

2. 沈鸣的文章

沈鸣先生的文章发表于 2015 年，是迄今为止解读郑和碑汉文铭文的最新著作。从文中可知，他于 2009 至 2014 年在中国驻斯里兰卡使馆文化处工作，曾为中斯文化交流做过很多工作，也为郑和布施碑的保护做出了贡献。他说："笔者藉在斯里兰卡从事文化外交工作之便，查阅斯国家图书馆、博物馆所藏文献及国内外相关文献资料，身临该碑现场，反复勘查比对，去伪存真，终得出中文碑文最新释读。"①

像查迪玛博士一样，沈鸣先生也采取多版本比对法。他也采纳了五个汉文版本作参照，依次是（1）拜克豪斯的释文；（2）向达的释文；（3）龙村倪的释文；（4）吴之洪的释文；（5）查迪玛、武元磊的释文。可贵的是他还给出了比较清晰的拓片照片 4 幅，如同目睹原碑，真切可依。其实，沈先生只需用第（1）（2）（5）种来比对即可，因为拜克豪斯的释文为最早的释文，向达先生的释文则是中国最早的释文，查迪玛和武元磊的释文有新的突破。而其余二种的所谓考释不仅未有突破，反而生乱，笔者将有另文评论。

沈鸣先生通过对比，认为查迪玛和武元磊的释文"是最接近原碑中文的版本，但仍有四处异于原碑文"。于是，他在查迪玛等释文基础上对这四处作为考察释读的重点，介绍给学界：第一处在第三行末，"言言梵刹"为"客言梵刹"；第二处和第三处在第八行，"内红贰对、黄一对、青一对"为"纳红贰对、黄壹对、青壹对"；第四处在第十行，"腊烛"为"蜡烛"。应当说，沈鸣先生的释读更接近碑文原貌。但其"客言梵刹"句虽较"言言梵刹"为佳，结合上句，解释为"锡兰山介乎印度洋之南，来此的

---

① 沈鸣：《郑和〈布施锡兰山佛寺碑〉碑文新考》，《东南文化》2015 年第 2 期。

客人都称其为佛寺（之地）"仍觉有些勉强。

3. 一字考

受沈先生启发，鄙意以为，"客言梵刹"的"客"字宜判为"審（审）"。根据拓片上的字形，"審"字也有沈先生所描述的一撇一捺笔锋。如是，此句则为"审言梵刹"。"梵刹"一词有二义，一为佛土，二为佛寺。此处为第一义。"审"意为果真、确实。"审言"即审如其言，即果真如其所言。"审言梵刹"的意思是"真是人们所说的佛的世界"，即"真正的佛土"，指锡兰。如此，上下句连起来便好解释了："锡兰山介于海南，乃真正的佛土境界，一向有灵验感应显现。"

"审言"在古代已成为固定用法，故有人取之为名，如杜审言、李审言等。更为有力的支持是汉译佛经中也有此用法，与碑文同义。《最胜问菩萨十住除垢断结经》卷十："如来神力，审言正法，不起狐疑是非之想。"[①] 意思是"如来的神力，的确是正法，不容对它产生是对是错的怀疑"。

如此，郑和布施碑的汉文全文应该是：

> 大明／皇帝遣太監鄭和、王貴通等昭告于／佛世尊曰：仰惟慈尊，圓明廣大，道臻玄妙，法濟群倫。歷劫河沙，悉歸弘化，能仁慧力，妙應無方。惟錫蘭山介乎海南，審言梵／刹，靈感翕彰。比者遣使詔諭諸番，海道之開，深賴慈祐，人舟安利，來往無虞，永惟大德，禮用報施。謹以金、銀、織金紵絲寶旛、／香爐、花瓶、紵絲表裏、燈燭等物，布施佛寺，以充供養。惟／世尊鑒之。／總計布施錫蘭山立佛等寺供養：／金壹阡錢、銀伍阡錢，各色紵絲伍拾疋、各色絹伍拾疋、織金紵絲寶旛肆對（納紅貳對、黃壹對、青壹對），／古

---

① 《最胜问菩萨十住除垢断结经》，《大正藏》第10册，台北新文丰出版公司1983年版，第1040页。

銅香爐五箇餙金座全、古銅花瓶伍對餙金座全、黃銅燭臺伍對餙金座全、黃銅燈盞伍箇餙金座全、/硃紅漆餙金香盒伍箇、金蓮花陸對、香油貳阡伍佰觔、蠟燭壹拾對、檀香壹拾炷。/旹永樂柒年歲次己丑二月甲戌朔日謹施。

（二）锡兰王子羁华考

1. 不剌葛麻巴忽剌批

郑和第七次下西洋及其以后，锡兰曾三次派遣使者来华"入贡"。一在宣德八年（1433），即第七次船队返回的当年，见《明史》卷九；一在正统十年（1445），见《明史》卷十；一在天顺三年（1459），见《明史》卷十二。

另据《明实录》卷一百五，宣德八年，"锡兰山国王不剌葛麻巴忽剌批遣使门你得奈等"来华。据《明实录》卷一百二十六，正统十年，"锡兰山国遣使臣耶巴剌谟的里亚等"来华。这两次来华的主使都是记有名字的，"门你得奈"可以有多种对音，如 Manidenai，Mennitunaya 等，很难确定；"耶巴剌谟的里亚"也可以有多种对音，如 Yaparamadiriya 等，亦难确定。这些使节很可能出自当时锡兰的名门望族，不排除其中有王子。或许今后会在斯里兰卡古文献或碑铭中窥见其痕迹。

而"不剌葛麻巴忽剌批"，即波罗迦罗摩巴忽六世（Parakramabahu Ⅵ）。波罗迦罗摩巴忽，梵文为 Parakramabahu，其中，Parakrama 意为力量，bahu 意为臂膀；剌批，应为 raja 一词音译"剌此"的误写，又译剌查、剌惹，意为国王，传统译为"罗阇"。合起来，不剌葛麻巴忽剌批的意思是"强有力臂膀的国王"，可简称为"力臂王"。斯里兰卡"力臂王"这个词显然来自印度。如上所说，梵文 Parakrama 意为力量，与另一个梵文词 bala 同义。梵文词 bahu-bala 即强有力的意思，引申为英勇。在印度耆那教文献中，上古时代有一位 bahubali 王，即力臂王。

2. 昔利把交剌惹

值得注意的是，关于天顺三年锡兰使者来华事，各文献记载有出入。黄省曾《西洋朝贡典录》卷中记："其王葛力坐夏[①]，昔利把交剌惹复遣使来贡。"郑晓《皇明四夷考》卷下记："王葛力生夏剌昔利把交剌惹复遣使朝贡。"严从简《殊域周咨录》卷九记"王率其子葛力生夏剌昔利把交把惹[②]遣使贡。"王圻《续文献通考》二三六记"国王葛力生夏剌昔利把交剌惹复遣使朝贡。"从这四种明代人的记载看，出入有二：一是锡兰王是否亲自来华，二是王名究竟孰对孰错。

笔者以为，《西洋朝贡典录》和《殊域周咨录》的校勘有问题，明显有错乱。而《皇明四夷考》和《续文献通考》的记载虽然一致，但仍有国王名字过长的问题。显然，"葛力生夏剌昔利把交剌惹"可以分成两个部分，前半部分"葛力生夏剌"可能与印度教大神克里希那（Krishna）有关，可能是王名也可能是称号；后半部分"昔利把交剌惹"是王名或国王的称号。而后半部分又可分三部分：开头的"昔利"，即梵文 Sri 或僧伽罗文 Siri，吉祥的意思，汉译佛经中常译为室利，偶尔亦译为世利（这是羁华锡兰王子姓世的依据），既可以是敬称，又可以是名字的一部分；结尾的"剌惹"，即梵文 raja，国王的意思，也算是敬称；唯独中间的"把交"，一时难以找到合适的对音。锡兰学者也说："中国史传中所记载最后一年派遣使节的锡兰国王的名字，和现存资料中所说波罗迦罗摩巴忽的任何别名或称号，都不相同。但是当时锡兰没有别的统治者可以派遣这一使节。"[③] 因此，这位昔利把交国

---

① 坐夏，恐有误。未闻锡兰王有坐夏之戒规。其他书"坐"为"生"。此据黄省曾《西洋朝贡典录》，谢方校注，中华书局1982年版，第84页。

② 把惹，显误，另二书均为剌惹，即 raja 的音译。此据严从简《殊域周咨录》，余思黎点校，中华书局1993年版，第313页。

③ ［锡兰］尼古拉斯等：《锡兰简明史》，李荣熙译，商务印书馆1964年版，第314页。

王，就应该是波罗迦罗摩巴忽六世。上面说过，"波罗迦罗摩"是梵文词 Parakrama 的音译，而其巴利文形态为 Parakkama，正好是"把交"的对音。这就证明，中国文献中的"昔利把交剌惹"正是斯里兰卡历史上大名鼎鼎的波罗迦罗摩巴忽六世。我们从锡兰学者那里得到的信息是，波罗迦罗摩巴忽六世 1412—1467 年在位①。而中国一侧，天顺三年为 1459 年，也正是波罗迦罗摩巴忽六世在位期间。这与斯里兰卡方面的记载是吻合的。

3. 锡兰王子来华时间

张星烺先生曾经说过，"不剌葛麻（Parakkana）似有子孙遗留在中国泉州。乾隆《泉州府志》卷五五，《国朝文苑·世拱显传》云：'世拱显字尔韬，号山小（引按：当为小山之误），晋江人，本锡兰山君长巴来那公之后，康熙癸巳恩科举人。'"并说，"巴来那即 Parakkana 之译音，而略去中间喉音 ka 也"。"明英宗天顺三年（1459），为锡兰岛末次通中国。古代中国在锡兰之势力，亦以此时为终止。"② 应当说，张星烺先生的考证方向是正确的。只不过他说"巴来那"的对音是 Parakkana，有误。前文说过，其对音应为 Parakkama。"巴来那"显然是"耶巴乃那"的音变。至于有人以为锡兰王子的名字是昔利把交剌惹，也显然不对，如前所说，"剌惹"一词是国王的意思，不是王子的意思。

关于锡兰王裔留居泉州的原因，据李玉昆、李秀梅二位先生介绍③，主要有三种说法：一为"软禁说"，二为"永乐年间奉使来华说"，三为"天顺三年奉使来华说"。二位李先生认为"软禁说"理由不够充分"尚需进一步论证"，又在文中列出"奉使说"

---

① [锡兰]尼古拉斯等：《锡兰简明史》，李荣熙译，商务印书馆 1964 年版，第 355 页。

② 张星烺编著：《中西交通史料汇编》第六册，中华书局 1979 年版，第 413、414 页。

③ 李玉昆、李秀梅：《中斯友好与泉州的锡兰王裔》，《海交史研究》1999 年第 2 期。

两种意见的主要理由和文献依据，出于谨慎，未明确表示意见，只是有倾向于永乐间来华的意思。二位论文的重点是结合乾隆《泉州府志》、道光《晋江县志》、台湾《世氏族谱》抄本等文献的记载，对泉州锡兰王裔墓葬与碑铭做了研究考证。从中得知，锡兰王裔自明代早期到清朝晚期的400余年间，兴衰荣辱，起伏不定。虽子孙绵绵，却也有无嗣过继之时。其中虽不乏举人进士、节女贞妇，却也有酒赌之徒、远遁之客。

关于锡兰王子何时来华，笔者亦倾向于永乐间来华说。由于持"天顺三年奉使来华说"者受中国文献传抄致译名混乱的影响，没有弄清"昔利把交剌惹"即国王波罗迦罗摩巴忽六世这一关键问题，才做出错误的判断。另外，如果锡兰王子是天顺三年来华的，根据锡兰学者的意见，波罗迦罗摩巴忽六世1467年去世，离天顺三年（1459）已有8年。据"世家坑"那块"使臣世公，孺人蒲氏，孙华立"的墓碑，可知立碑者为世公之孙世华。再据乾隆《泉州府志》："晋江世华妻童氏，年二十五夫殁。无子，妾周氏遗腹生男五月而亡，氏抚育成立。寿七十六卒。嘉靖二十三年旌表。"则童氏至迟于1544年去世。其生年当为1469年或其稍前，世华去世当在1493年或其稍前。则立碑时间必在1493年之前。就算是1493年立碑，离波罗迦罗摩巴忽六世去世仅26年。试想，使臣世公如果因父王去世国内生变而未归，留在泉州，先要娶蒲氏为妻，与蒲氏生子，子成人后再娶妻，子妻生孙世华，世华长大后立碑，这一切在短短的26年间如何能完成？更何况这26年还是满打满算出来的，实际的时间只能比26年短。仅此即可证明，锡兰王子使臣世公必非天顺三年来华者。

五 郑和锡兰山碑研究述评

（一）回溯

据《星槎胜览》记载："永乐七年，皇上命正使太监郑和等赍捧诏敕、金银、供器、彩粧、织金宝幡，布施于寺，及建石碑，以崇皇图之治，赏赐国王、头目。"①

可知，郑和等人是奉旨到斯里兰卡建立石碑的。郑和下西洋过程中，曾在多处立碑纪念。但到目前为止只有在锡兰立的碑被发现，学界通常称之为"郑和布施锡兰山佛寺碑"。此碑于1911年被发现，上有汉、泰米尔和波斯三种文字的铭文。此碑被发现后的百余年间，中外研究者和介绍者络绎不绝。

在中国，向达先生于20世纪50年代末曾据拓片释出其汉文，并附于其校注的《西洋番国志》之后，这是中国最早的释文。为比较的方便，录于下（原文繁体）：

> 大明皇帝遣太监郑和、王贵通等昭告于佛世尊曰：仰惟慈尊，圆明广大，道臻玄妙，法济群伦。历劫河沙，悉归弘化，能仁慧力，妙应无方。惟锡兰山介乎海南，言言梵刹，灵感翕彰。比者遣使诏谕诸番，海道之开，深赖慈佑，人舟安利，来往无虞，永惟大德，礼用报施。谨以金银织金纻丝

---

① 费信：《星槎胜览校注》，冯承钧校注，商务印书馆1938年版，第30页。

宝幡、香炉、花瓶、纻丝表里、灯烛等物，布施佛寺，以充供养。惟世尊鉴之。总计布施锡兰山立佛等寺供养：金壹仟钱、银伍仟钱，各色纻丝伍拾疋、各色绢伍拾疋、织金纻丝宝幡肆对内红贰对黄壹对青壹对、古铜香炉五对、戗金座全古铜花瓶伍对、戗金座全黄铜烛台伍对、戗金座全黄铜灯盏伍个、戗金座全朱红漆戗金香盒伍个、金莲花陆对、香油贰阡伍佰觔、腊烛壹拾对、檀香壹拾炷。时永乐七年岁次已丑二月甲戌朔日谨施。①

应当说，向先生的解读非常难能可贵，为后人的研究打下了基础。但今天看来仍有不足，主要是断句问题：一是有些地方当断未断，如"谨以金银织金纻丝宝幡"句，断为"谨以金、银、织金纻丝宝幡"似更妥，可与后文"金壹仟钱、银伍仟钱"相应。再如"织金纻丝宝幡肆对内红贰对黄壹对青壹对"句，似宜断为"织金纻丝宝幡肆对，内红贰对、黄壹对、青壹对"。二是"戗金座全"四字宜归为前句而非后句，宜改为"古铜香炉五对戗金座全，古铜花瓶伍对戗金座全"等，否则"戗金座全朱红漆戗金香盒伍个"一句便不通顺。另外，南京大学历史系刘迎胜教授曾提出，向先生未介绍碑上有汉、泰米尔和波斯文三种铭文、汉文释文未按碑文原貌作分行处理，是一缺憾。②

我国改革开放后，郑和研究出现新高潮。1981年第1期《南亚研究》上即发表了袁堃先生的《斯里兰卡的郑和布施碑》一文③。本文的贡献是介绍了郑和布施碑的发现等概况，并录出碑文，这是中国学者首次给出既有分行又有标点的碑文。碑文的依

---

① 巩珍：《西洋番国志》（附录二），向达校注，中华书局2000年版，第50页。
② 刘迎胜：《明初中国与亚洲中西部地区交往的外交语言问题》，载《纪念郑和下西洋600周年国际学术论坛论文集》，社会科学文献出版社2005年版，第104—113页。
③ 袁堃：《斯里兰卡的郑和布施碑》，《南亚研究》1981年第1期。

据仅注为"《东洋学报》第21卷第3号",虽语焉不详,但可知应即日本学者山本达郎《郑和西征考》中的文字,而山本先生此作已于1935年由王古鲁先生译为汉文①。袁坚所录碑文中,"圆明广大"被录为"园明广大",此误不在录者,而是当时实行临时汉字简化方案所致;"海道之开"被录为"海道口开",问题在山本先生;"戗金座全"被放置于句尾,如"古铜香炉伍个戗金座全",纠正了向达先生句读的失误;而末句"甲戌"被误写为"甲戍",问题出自录者或捡字员。

此后,又有几人介绍过郑和布施碑,如邓殿臣先生的《斯里兰卡的"郑和碑"》是一篇不到400字的短文②。陈得芝先生的《关于郑和下西洋年代的一些问题》中提到锡兰山碑并引用部分碑文。③ 李玉昆、李秀梅二先生《中斯友好与泉州的锡兰王裔》一文中全引了向达先生的释文。④

(二) 评论

进入21世纪,中国学界对郑和布施碑的研究又有新动向、新成果和新进展,值得一评。下面大体按照时间先后,对如下几位学者的文章予以评论。

1. 吴之洪的文章

吴之洪先生发表过两篇相关文章,一为《〈布施锡兰山佛寺碑〉碑文及相关史实》(《郑和研究》2005年第4期);二为《郑和〈布施锡兰山佛寺碑〉碑文考》(《黑龙江史志》2009年第20期)。其第二篇为第一篇内容之略,主要是略去了第一篇中有关郑

---

① [日] 山本达郎:《郑和西征考》,《文哲季刊》1935年2月号。
② 邓殿臣:《斯里兰卡的"郑和碑"》,《百科知识》1983年第9期。
③ 陈得芝:《关于郑和下西洋年代的一些问题》,《郑和与海洋》,中国农业出版社1999年版,第206—212页。
④ 李玉昆、李秀梅:《中斯友好与泉州的锡兰王裔》,《海交史研究》1999年第2期。

和从斯里兰卡请回佛牙的所谓"史实"。现据第一篇内容评论如下。

吴文开宗明义，说"要依据第一手资料，从考证该碑的碑文做起，进而以《布施锡兰山佛寺碑》为突破口，考证郑和下西洋的一个至关重要的政治目的——恭请释迦摩尼佛牙舍利"[①]。这里，把释迦牟尼写成"释迦摩尼"是犯了个常识性错误。

文中第一部分先引明代刻《北本大藏经》中的《大唐西域记》卷十一那段明人插入的关于郑和带回佛牙的传说，以及《图书集成》卷六六七《江宁府部记事》载："静海寺建成后，佛牙即移往该寺供养。"然后按下不表，开始介绍郑和布施碑的发现、形制、三种文字的铭文、锡兰学者的重视与解读等，但文中不慎将"马德拉斯"误译为"马德里"，斯里兰卡学者查迪玛指出了这一错误[②]。第二部分介绍作者如何受委派去斯里兰卡考察、回国后如何请有关专家大费周章集体释读碑文的情况。然后录出他们释读后的汉文碑文（分行无标点）。与我们已知的碑文相较，此碑文不仅未有新进展，反而遗漏了几处文字、误释了几处文字。限于篇幅，不在此一一指出。第三部分介绍泰米尔和波斯文铭文。第四部分提出若干"思考"，竟然认为汉文碑铭中的佛世尊"被波斯文译者错误地译成了'安拉'"[③]。最后，作者用了较大篇幅议论佛牙问题，说郑和1411年迎回锡兰山的佛牙，1412年"中国皇帝慨然将这粒珍贵的'佛牙'归还给了锡兰山国。可想而知，在1412年的新王加冕仪式上，锡兰山人民终于又见到了久违了的'佛牙'，全国人民找到了精神支柱，举国欢呼，举国安宁"。说完这话，作者自己都觉得不对劲，说"问题是，当时郑和还在南

---

① 吴之洪：《〈布施锡兰山佛寺碑〉碑文及相关史实考》，《郑和研究》2005年第4期。
② 查迪玛、武元磊：《郑和锡兰碑新考》，《东南文化》2005年第4期。
③ 吴之洪：《〈布施锡兰山佛寺碑〉碑文及相关史实考》，《郑和研究》2005年第4期。

京督造大报恩寺,一年以后才开始第四次下西洋,这粒佛牙是怎么返回锡兰山国供奉的?"[1]

其实,如果吴先生早一点读到周绍泉、文实二先生的《郑和与锡兰》,也许就不会写出这样荒唐的话了。周、文二先生在文章中列举了七条理由,有理有据地批驳了郑和取回佛牙的说法,指出,郑和没有去取佛牙的任务,也从未取过佛牙回来。[2]

2. 龙村倪的文章

2006年,台湾学者龙村倪先生以中华科技史学会会员身份发文指出,"最早公布之全碑拓本,为1917年之Perera;最早读解碑文中文文本者为Edmond Backhouse(1913,北京英国大使馆翻译,并在北大任教);Backhouse因受到中国学者之大力协助,故能完成初步破译。我国学者则以向达从伦敦大英博物馆抄回碑文拓片,进行研究为最早(1959);日本山本达郎(1934,Yamamoto)亦拓有碑文;西方学者进行研究者有多人,以法国大汉学家沙畹(1915,Charannes)及伯希和(1933,Pelliot)最早,最出名。"[3] 还说,他所见"近年"的有关著作主要有两种:一是日本大隅晶子的日文文章(1997);另一是Era Negas的英文文章(2001)。他说:"大隅晶子论文对'郑和碑'之出土、收藏、型制、石材、纹饰及汉文碑文等均有详细考究,除列有汉文碑文全文之比勘外(略有误),还有根据汉文转译之英、日文本。对另外两种文字(泰米尔文及古波斯文)能认出者,也都附有日、英文之转译。""Era Negas之论文对'郑和碑'做了更进一步的历史考证,并对比了相关郑和下西洋(1405—1433)时代的多种石刻,并附有中文原文、中文'汉语拼音'对照表及中文参考书目,十分可贵,

---

[1] 吴之洪:《〈布施锡兰山佛寺碑〉碑文及相关史实考》,《郑和研究》2005年第4期。

[2] 周绍泉、文实:《郑和与锡兰》,《南亚研究》1986年第2期。

[3] 龙村倪:《郑和布施锡兰山佛寺碑汉文通解》,《中华科技史学会会刊》2006年第12期。

为英文研究'布施碑'之最新成果。"① 他在未见过碑文拓片的情况下，主要依据此二文对中文部分"综合勘订"，并加标点（原文繁体，改为简体录出）：

> 大明
>
> 皇帝遣太监郑和、王贵通等昭告于佛世尊曰：仰惟慈尊，圆明广大，道臻玄妙，法济群伦，历劫河沙，悉归弘化，能仁慧力，妙应无方。惟锡兰山介乎海南，信言梵刹，灵应翕彰。比者遣使诏谕诸番，海道之开，深赖慈佑。人舟安利，来往无虞。永惟大德，礼用报施。谨以金银、织金、纻丝、宝幡、香炉、花瓶、表里、灯烛等物，布施佛寺，以充供养。惟世尊鉴之。
>
> 总计布施锡兰山立佛等寺供养：金壹阡钱，银伍阡钱，各色纻丝伍拾疋，各色绢伍拾疋，织金纻丝宝幡肆对，纳：红贰对、黄壹对、青壹对。古铜香炉五个饰金座全，古铜花瓶伍对饰金座全，黄铜烛台伍对饰金座全，黄铜灯盏伍个饰金座全。朱红漆饰金香盒伍个，金莲花陆对，香油贰阡伍佰觔，腊烛壹拾对，檀香壹拾炷。皆永乐柒年岁次、己丑二月、甲戌朔日谨施。②

最后，龙先生自信地写道："对汉文碑文之通解，笔者自认虽不敢说完满，但出现错失之机率想已极小。"③ 我们应当首先肯定并感谢他为考释郑和布施碑提供的信息和所做的努力，但也不能不

---

① 龙村倪：《郑和布施锡兰山佛寺碑汉文通解》，《中华科技史学会会刊》2006年第12期。
② 龙村倪：《郑和布施锡兰山佛寺碑汉文通解》，《中华科技史学会会刊》2006年第12期。
③ 龙村倪：《郑和布施锡兰山佛寺碑汉文通解》，《中华科技史学会会刊》2006年第12期。

指出其文中的一些疏忽和错失。文中大小毛病很多，仅举数端。如将 Edmund 误写为 Edmond；将大隅晶子文章标题「コロンボ国立博物館所蔵の鄭和碑文について」误写为「ユロソボ国立博物館所蔵の鄭和碑文にフぃて」（错了 3 个假名），将德国学者的名字 Eva Nagel 误写为 Era Negas 等。所解读的铭文中，将"言言"改为"信言""灵感"改为"灵应"，皆属随心臆改，于文意无补；将"织金纻丝宝幡"点断为"织金、纻丝、宝幡"亦纯属误断；将原本"纻丝表里"四字去掉"纻丝"二字更是对碑文的阉割；将末句"永乐柒年岁次己丑二月甲戌朔日谨施"断开则属蛇足，尤其错失者是将"甲戌"写成"甲戍"，十二地支中何尝有戍字？

3. 刘迎胜的文章

刘迎胜先生在多种著作中论及郑和布施碑的铭文，今仅对其《锡兰山碑的史源研究》一文略加评论。

刘文第一部分介绍"楞严寺刻本"（又称《径山本》、《嘉兴藏》本、明刻《北本大藏经》等）刊刻情况。第二部分介绍《大唐西域记》卷十一中那段有关郑和俘获阿烈苦奈儿和取回佛牙的插话。第三部分将明成祖致哈立麻喇嘛敕书与插话对比，得出结论："对比的结果显示，明嘉兴藏本《大唐西域记》'僧伽罗国'条有关郑和在锡兰山用兵的资料，当出于明成祖敕书，或两者具有共同的史源。"[①] 第四部分介绍锡兰山碑的概况，考证制碑、立碑的地点和时间。

文中，刘先生对汉文碑文未作评论，用的是向达先生现成释文。刘文的主要贡献有三点：第一是找到明成祖的敕书，证明了明刊《北本大藏经》中《大唐西域记》卷十一"僧伽罗国"条明代人插话的史源，进而为郑和在锡兰山被迫用兵找到新的证据。对于佛牙问题，刘先生因谨慎而未予置评。第二是推测出锡兰山

---

① 刘迎胜：《锡兰山碑的史源研究》，《郑和研究》2008 年第 4 期。

碑的制作地当在南京东郊汤山附近，受到学界重视。第三是考证了刻碑时间和立碑时间，这对于确认郑和第三次出航的时间和经历具有重要价值。

但是，人无完人，文无完文。刘先生文中也难免有失校处和值得商榷处。其第一部分多次提到"丙戌"，及引锡兰山碑汉文铭文末句之"甲戌"，均应为"丙戌""甲戌"的误录。在刘先生其他文章中出现过"甲戌"一词，是对的，则此文失校。此外，第四部分引王韬文中，将"赍"误录为"赉"。

值得商榷处在其文第四部分，说清人王韬"游历锡兰时，借当地土人导游，入一小寺，寺中有卧佛……王韬虽未直接提及此碑（引按：指郑和立锡兰山碑），但他在描述自己参观当地一所卧佛寺时突然提到郑和布施之事，证明他曾亲见此碑"[①]。这完全违背事实，容易误导他人，有失谨慎。不得不辩驳几句，多引几句王韬原文："入山，一路皆茂林修竹，风景幽静……佛祠俱建于山脊，须盘折而上。有一古兰若，据山之阜，颇觉荒寂，佛像剥落，窗槛损坏，树木萧疏，苔藓遍地。至其建置之年，寺中并无碑志，不可得而考也。闻有卧佛长三丈许，几于横塞一屋，旁侍二尊者，法像亦巨。寺在沙地，殿宇狭隘，规制卑陋，不足称也，余故未及往观。"[②] 王韬记得很清楚，这座卧佛寺中"并无碑志"，而且他也"未及往观"。那么，刘文中"入一小寺，寺中有卧佛"从何而来？寺中并无碑志，王韬又如何得见郑和所立之碑？经刘先生这一误导，果然有人信以为真，详见后文。

4. 查迪玛、武元磊的文章

2011年，斯里兰卡学者查迪玛博士和武元磊女士曾撰文提供关于郑和布施锡兰山佛寺碑的背景资料，说："石碑的发现引起了斯里兰卡历史学家和考古学家的极大关注，他们努力考释出三种

[①] 刘迎胜：《锡兰山碑的史源研究》，《郑和研究》2008年第4期。
[②] 王韬：《漫游随录·扶桑游记》，湖南人民出版社1982年版，第72页。

文字的碑文。斯里兰卡考古学家 S. Paranavitana 将中文碑文的拓片寄交英国驻北京大使馆的翻译埃德蒙·拜克豪斯（Edmund Backhouse）先生，由他释读中文碑文。泰米尔文碑文则由印度马德拉斯的碑文主管助理 Rao Bahadur H. Krishna Sastri 负责考释及翻译。波斯文碑文由印度专门研究穆斯林碑刻的专家 J. Horrovitz 博士来考释及翻译。"① 然后，他们对照此前 5 个版本的汉文解读，提出了自己的见解。他们提出的五个版本为，（1）拜克豪斯的释文；（2）山本达郎的释文（王古鲁译）；（3）向达的释文；（4）Eva Nagel 的释文；（5）吴之洪的释文。他们将五个版本与拓片作细致比对，然后决定去从，不乏精彩。举数例如下：

  第二行第九、十字。拜克豪斯释作"清廉"，其他学者释作"贵通"。《明史》记载："永乐三年六月命和及其侪王景弘等通使西洋。"② 王景弘，原名王贵通，宣德时改名王景弘。他与郑和在斯里兰卡立碑之时尚未改名，碑上所刻应为"王贵通"③。

  第三行第十三、十四字。拜克豪斯释作"道德"，吴之洪释作"通臻"，其他学者释作"道臻"。此二字与下一句"法济群伦"的"法济"二字对应，应释为"道臻"。"道"指佛祖的修为，"臻"意为到达，"到臻玄妙"是说佛祖的修为佛祖的修为已达到玄妙的境界。释作"道德"或"通臻"则不通。

  第七行第十、十一字。拜克豪斯释作"等座"，山本达郎释作"立寺"，向达、Eva Nagel 释作"等寺"。据拓片此二字应为"等寺"。

---

① 查迪玛、武元磊：《郑和锡兰碑新考》，《东南文化》2011 年第 1 期。
② 原注——（清）张廷玉等：《明史》，中华书局 1974 年版，第 7766、8586 页。
③ 原注——陈学霖：《明王景弘下西洋史事钩沉》，《汉学研究》1991 年第 9 卷第 2 期。

第十行第四字。吴之洪释作"铁",拜克豪斯、向达、Eva Nagel 释作"戗"。此字应为"戗"。戗金是一种工艺,即在漆器物表面先按照设计的图案用针或雕刀阴刻出纤细的花纹,然后再在阴纹内上色漆,然后填以泥金或金箔,使花纹露出金色的阴纹。

文中写道:"笔者对照中文碑文的拓片,进行辨认、解读,结合前辈学者的释读,最终释读如下":

大明/皇帝遣太监郑和王贵通等昭告于/佛世尊,曰:仰惟慈尊,圆明广大。道臻玄妙,法济群伦。历劫河沙,悉归弘化。能仁慧力,妙应无方。惟锡兰山介乎海南,言言梵/刹,灵感翕彰。比者,遣使诏谕诸番。海道之开,深赖慈祐。人舟安利,来往无虞。永惟大德,礼用报施。谨以金银织金纻丝宝旛、/香炉、花瓶、纻丝表里、灯烛等物布施佛寺,以充供养。惟/世尊鉴之。/总计布施锡兰山立佛等寺供养:/金壹阡钱,银伍阡钱,各色纻丝伍拾疋,各色绢伍拾疋,织金纻丝宝旛肆对,内红贰对、黄一对、青一对。/古铜香炉五个戗金座全,古铜花瓶伍对戗金座全,黄铜烛台伍对戗金座全,黄铜灯盏伍个戗金座全。/硃红漆戗金香盒伍个,金莲花陆对,香油贰阡伍伯斤,腊烛壹拾对,檀香壹拾炷。/旹永乐柒年岁次己丑二月甲戌朔日谨施。

应该指出,这段释读中间繁体字、异体字和简体字混淆使用,因而显得欠规范。

查迪玛博士还首次将泰米尔文碑文自英文译出,内容与汉文碑文一致,只是供养对象为印度教大神毗湿奴。他还给出波斯文已残缺不全的铭文汉译,为我们提供了又一个版本①。这都是对解读郑和布施碑的新贡献。此不再录。

5. 姜波的文章

姜波先生在 2013 年 7 月号的《学术月刊》上发表《从泉州到锡兰山:明代中国与斯里兰卡的交往》一文。文章分三部分,第一部分即关于"郑和布施锡兰山佛寺碑"的。这里要评论的是这一部分。

这部分开头,作者回顾了中外学界对郑和布施碑的研究和介绍情况,做了不少查阅工作,是值得肯定的。

他指出,"释文方面,斯里兰卡学者查迪玛对此前诸多学者的释文进行了综合比较,提出了自己的释文方案……这是迄今为止最为可靠的释文版本;南京大学刘迎胜则对碑文中的汉文、泰米尔文、波斯文进行了综合对比研究,特别是对波斯文进行了解读,其释文也颇具价值"。② 可以说,这个评价大体正确。

他紧接着还说:"本文介绍'郑和布施锡兰山碑'的情况,即以查迪玛和刘迎胜的释文为基础。"有了这句"为基础",于是他在引用查迪玛先生文章中提供的三种文字的释文时,便不再注明出处。于是在有意无意间出现了下面几个问题:第一,泰米尔文铭文引文不仅未注明出处,反而说"泰米尔文碑文按 S. Paranavitana 的英文释读转译如下",给人造成泰米尔文释文是姜先生自己译自英文的假象;波斯文译文也似乎是他释读的。第二,汉文释文第 4 行的引文衍一"遵"字,第 11 行误将"己丑"改为"乙丑"。第三,文中沿袭了查迪玛博士的失误,将所谓"印度《史诗》"注释为 Purana。首先,印度史诗在不特指某一部

---

① 此前刘迎胜先生已提供过一个波斯文译为汉文的版本,见其文《明初中国与亚洲中西部地区交往的外交语言问题》,载《纪念郑和下西洋 600 周年国际学术论坛论文集》,社会科学文献出版社 2005 年版。

② 姜波:《从泉州到锡兰山:明代中国与斯里兰卡的交往》,《学术月刊》2013 年第 7 期。

时，是不能加书名号的；其次，Purana 的意思不是史诗，而是往世书。还有一些小失误，包括正文和注解里都有，不一一列出。

此外，文中还有几处值得商榷的说法。如，他说"锡兰山碑后来还被中外旅行家提及，如清代王韬曾游历斯里兰卡，在其《随行漫录》中曾言及一小佛寺，内有卧佛……"这明显是援引刘迎胜先生的说法，却不注明。关于刘迎胜先生的这个说法，上文已经辩驳。姜先生人云亦云，接受了误导还不算，又把《漫游随录》抄写成《随行漫录》，使讹上加讹。又如，他罗列郑和与佛教关系的相关事例 8 条。最后一条是"南京静海寺（郑和曾捐赠锡兰佛牙、佛像等于该寺）"。关于这个"锡兰佛牙"的问题，前文已经说过，可参见周绍泉、文实二先生的《郑和与锡兰》一文。

6. 沈鸣的文章

沈鸣先生的文章发表于 2015 年，是迄今为止解读郑和碑汉文铭文的最新著作。从文中可知，他于 2009—2014 年在中国驻斯里兰卡使馆文化处工作，曾为中斯文化交流做过很多工作，也为郑和布施碑的保护做出了贡献。他说："笔者藉在斯里兰卡从事文化外交工作之便，查阅斯国家图书馆、博物馆所藏文献及国内外相关文献资料，身临该碑现场，反复勘查比对，去伪存真，终得出中文碑文最新释读。"①

像查迪玛博士一样，沈鸣先生也采取多版本比对法。他也采纳了五个汉文版本作参照，依次是（1）拜克豪斯的释文；（2）向达的释文；（3）龙村倪的释文；（4）吴之洪的释文；（5）查迪玛、武元磊的释文。可贵的是他还给出了比较清晰的拓片照片 4 幅，如同目睹原碑，真切可依。

沈鸣先生通过对比，认为查迪玛和武元磊的释文"是最接近

---

① 沈鸣：《郑和〈布施锡兰山佛寺碑〉碑文新考》，《东南文化》2015 年第 2 期。

原碑中文的版本，但仍有四处异于原碑文"。① 于是，他在查迪玛等释文基础上将这四处作为考察释读的重点，介绍给学界：第一处在第三行末，"言言梵刹"为"客言梵刹"；第二处和第三处在第八行，"内红贰对、黄一对、青一对"为"纳红贰对、黄壹对、青壹对"；第四处在第十行，"腊烛"为"蜡烛"。应当说，沈鸣先生的释读更接近碑文原貌。但其"客言梵刹"句虽较"言言梵刹"为佳，结合上句，解释为"锡兰山介乎印度洋之南，来此的客人都称其为佛寺（之地）"②仍觉有些勉强。

（三）"审"之判

受沈先生启发，鄙意以为，此字宜判为"审"。根据拓片上的字形，繁体"审"字也有沈先生所描述的一撇一捺笔锋。如是，此句则为"审言梵刹"。"审"意为果真、确实。"审言"即审如其言，即果真如其所说。"审言梵刹"的意思是"真是人们所说的佛的世界"，即"真正的佛土"，指锡兰。如此，上下句连起来便好解释了："锡兰山介于海南，乃真正的佛土境界，一向有灵验感应显现。"

"审言"在古代已成为固定用法，故有人取之为名，如杜审言、李审言等。更为有力的支持是汉译佛经中也有此用法，与碑文用意同。《最胜问菩萨十住除垢断结经》卷十："如来神力，审言正法，不起狐疑是非之想。"③

此解权备一说，不敢专断，谨供学界参考。

总之，郑和布施碑作为中斯文化交流的见证，意义非凡，理应受到中外学界的重视。碑文的研究，已日益接近真相，非常可喜。

---

① 沈鸣：《郑和〈布施锡兰山佛寺碑〉碑文新考》，《东南文化》2015年第2期。
② 沈鸣：《郑和〈布施锡兰山佛寺碑〉碑文新考》，《东南文化》2015年第2期。
③ 《最胜问菩萨十住除垢断结经》，《大正藏》第10册，台北新文丰出版公司1983年版，第1040页。